Zur Problematik der Freiverantwortlichkeit beim Suizid

Europäische Hochschulschriften Recht

European University Studies in Law

Publications Universitaires Européennes de Droit

Band/Volume **6110**

Baekeun Jeong

Zur Problematik der Freiverantwortlichkeit beim Suizid

PETER LANG

Bibliografische Information der Deutschen Nationalbibliothek
Die Deutsche Nationalbibliothek verzeichnet diese Publikation in der Deutschen Nationalbibliografie; detaillierte bibliografische Daten sind im Internet über http://dnb.d-nb.de abrufbar.

Zugl.: Göttingen, Univ., Diss., 2017

D 7
ISSN 0531-7312
ISBN 978-3-631-79270-4 (Print)
E-ISBN 978-3-631-80011-9 (E-PDF)
E-ISBN 978-3-631-80012-6 (EPUB)
E-ISBN 978-3-631-80013-3 (MOBI)
DOI 10.3726/b16064

Diese Publikation wurde begutachtet.

www.peterlang.com

Inhaltsverzeichnis

Einleitung

In der modernen Zeit hat sich eine Kluft zwischen Leben und Tod aufgetan, die nicht nur durch eine rasante medizinische Entwicklung bedingt ist. Mit deren Hilfe lässt sich das Leben eines noch lebensfähigen Menschen durch die Gabe von Schmerzlinderungsmitteln „unvorsätzlich" verkürzen, oder auch das Leben eines dem Tode nahen Menschen vermittels künstlicher Ernährungs- oder Atmungshilfen – freiwillig oder unfreiwillig – verlängern.

In unserer Gesellschaft, die von einer pluralistischen Weltanschauung geprägt ist und in der sowohl traditionelle moralische, ethische und theologische Sichtweisen sowie davon gänzlich unterschiedliche Auffassungen wie z.B. die Idee der Autonomie und der Selbstbestimmung miteinander verschmelzen, ist klar, dass die in der vorliegenden Arbeit erörterte Problematik besonders im Kontext von Sterbehilfe und Tötung auf Verlangen eine äußerst schwierige und diffizile Frage darstellt.

Die Befreiung von dem schon veralteten, ja gewissermaßen anachronistischen Gedanken, dass das Überleben eines Menschen „um jeden Preis" sicherzustellen sei, ist zwingend mit der Notwendigkeit verknüpft, eine gründliche Überlegung zu wagen, die im Namen der Humanität und der Menschenwürde im Kontext unserer Gesellschaft und Rechtsordnung anzustellen ist. Davon betroffen sind sowohl der ohne Hoffnung auf Besserung unter einer schweren Krankheit leidende Patient als auch sein vermeintlich glückliches Gegenüber, dem es gegeben ist, im Namen der Selbstbestimmung zwischen Leben und Tod zu wählen.

Vor diesem Hintergrund ist die Veränderung der Perspektive zum Suizid in der Rechtsordnung unweigerlich: Von einem traditionellen Standpunkt, in der der Suizid moralisch bewertet oder dem Lebensschutz Vorzug zuerkennt wird, zu der jüngsten Anschauung, in der die Suizidproblematik mit der Selbstbestimmung und der eigenen Verantwortlichkeit behandelt wird.[1] Die Regie-

1 Zur Entwicklung und Wandlung der Rspr. *Wessels/Hettinger*, BT I, Rn. 44 ff.; *Scheffler*, JahrbRuE 1999, 341.

rungen mancher Länder – namentlich die Niederlande[2], Belgien[3] sowie die

2 Bezüglich Tötung auf Verlangen gem. § 216 StGB hat die in den Niederlanden als eine Ausnahme unter bestimmte Voraussetzungen nicht strafbar gemacht. Art. 293 Abs. 2 nlStGB: 1. Wer vorsätzlich das Leben eines anderen auf dessen ausdrückliches und ernstliches Verlangen hin beendet, wird mit Gefängnisstrafe bis zu zwölf Jahren oder mit einer Geldstrafe der fünften Kategorie bestraft. 2. Die in Absatz 1 genannte Handlung ist nicht strafbar, wenn sie von einem Arzt begangen wurde, der dabei die in Artikel 2 des Gesetzes über die Kontrolle der Lebensbeendigung auf Verlangen und der Hilfe bei der Selbsttötung genannten Sorgfaltskriterien eingehalten und dem Leichenbeschauer der Gemeinde gemäß Artikel 7 Absatz 2 des Gesetzes über das Leichen- und Bestattungswesen Meldung erstattet hat.; Vgl. auch niederländischer Gesetz über die Kontrolle der Lebensbeendigung auf Verlangen und der Hilfe bei der Selbsttötung, Art. 2: 1. Die in Artikel 293 Absatz 2 Strafgesetzbuch genannten Sorgfaltskriterien beinhalten, dass der Arzt a) zu der Überzeugung gelangt ist, dass der Patient seine Bitte freiwillig und nach reiflicher Überlegung gestellt hat, b) zu der Überzeugung gelangt ist, dass der Zustand des Patienten aussichtslos und sein Leiden unerträglich ist, c) den Patienten über dessen Situation und über dessen Aussichten aufgeklärt hat, d) gemeinsam mit dem Patienten zu der Überzeugung gelangt ist, dass es für dessen Situation keine andere annehmbare Lösung gibt, e) mindestens einen anderen, unabhängigen Arzt zu Rate gezogen hat, der den Patienten untersucht und schriftlich zu den unter den Buchstaben a bis d genannten Sorgfaltskriterien Stellung genommen hat, und f) bei der Lebensbeendigung oder bei der Hilfe bei der Selbsttötung mit medizinischer Sorgfalt vorgegangen ist. 2. Wenn ein Patient, der das sechzehnte Lebensjahr vollendet hat, nicht in der Lage ist, seinen Willen zu äußern, jedoch vor Eintritt dieses Zustands als zur vernünftigen Beurteilung seiner Interessen fähig angesehen werden konnte und eine schriftliche Erklärung abgegeben hat, die eine Bitte um Lebensbeendigung beinhaltet, kann der Arzt dieser Bitte entsprechen. Die in Absatz 1 genannten Sorgfaltskriterien finden sinngemäß Anwendung. 3. Wenn ein minderjähriger Patient sechzehn oder siebzehn Jahre alt ist und als zur vernünftigen Beurteilung seiner Interessen fähig angesehen werden kann, kann der Arzt einer Bitte des Patienten um Lebensbeendigung oder Hilfe bei der Selbsttötung entsprechen, nachdem der Elternteil oder die Eltern, der oder die die Gewalt über ihn ausübt oder ausüben, beziehungsweise sein Vormund in die Beschlussfassung einbezogen worden sind. 4. Wenn ein minderjähriger Patient zwischen zwölf und fünfzehn Jahre alt ist und als zur vernünftigen Beurteilung seiner Interessen fähig angesehen werden kann, kann der Arzt, wenn der Elternteil oder die Eltern, der oder die die Gewalt über ihn ausübt oder ausüben, beziehungsweise sein Vormund mit der Lebensbeendigung oder der Hilfe bei der Selbsttötung einverstanden sind, der Bitte des Patienten entsprechen. Absatz 2 findet sinngemäß Anwendung.

3 Art. 3 § 1 belgisches Gesetz zur Sterbehilfe vom 28. Mai 2002: Der Arzt, der die Sterbehilfe vornimmt, begeht keine Straftat, wenn er sich vergewissert hat, dass der Patient volljährig ist oder für volljährig erklärt wurde, zurechnungsfähig und im Zeitpunkt Verlangens bei Bewusstsein ist; das Verlangen freiwillig, gut durchdacht und wie-

Schweiz[4] – haben bereits damit begonnen, sogar die aktive Sterbehilfe und den ärztlich assistierten Suizid als Ausnahmefälle oder auch als durch die Organisation Suizidbeihilfe begleitet gesetzlich zuzulassen.[5]

Eine solche Tendenz findet sich auch in vielen wissenschaftlichen Diskussionen und den Versuchen des Gesetzgebers in Deutschland. Diese Wandlung und Entwicklung wirft zahlreiche Streitpunkte im strafrechtlichen Bereich auf. Praktisch braucht das Strafrecht nicht nur allein den Tod des Suizidenten zu behandeln. Ein Grund, weshalb Strafrecht in eine Suizidproblematik eingreift, liegt in der Entscheidung, ob der am Suizid Beteiligte strafbar ist, wenn ein Anderer sich am Suizid beteiligt. In der Prüfung der Strafbarkeit des Beteiligten gem. § 211, § 212, § 216, § 217 n. F.[6] sowie § 323c StGB liegt der strafrechtliche Fokus bei der Suizidproblematik.

Nach der geltenden deutschen Rechtslage sind Anstiftung und Beihilfe zum Suizid straflos, weil der Suizid strafrechtlich kein strafgesetzliches Unrecht darstellt und es somit an der nach §§ 26, 27 StGB erforderlichen Haupttat fehlt (Akzessorietätsgrundsatz, sog. Teilnahmeargument).[7] Aber die Abgrenzung zwischen strafloser Beihilfe zum Suizid und strafbarer Fremdtötung (die Tötung in mittelbarer Täterschaft gem. §§ 212, 25 I Alt. 2 StGB oder die Tötung auf Verlangen gem. § 216 StGB) stellt ein äußerst schwieriges Problem dar. Stellt der Beteiligte das

---

derholt zum Ausdruck gebracht worden ist und nicht auf Druck von außen beruht; der Patient sich in einer medizinisch aussichtslosen Lage und in einem Zustand von dauernden, körperlich oder seelisch unerträglichen Qualen befindet, welcher nicht gelindert werden kann und auf einem schweren und unheilbaren, unfall- oder krankheitsbedingten Leiden beruht, und er die in diesem Gesetz vorgeschriebenen Voraussetzungen und Verfahrensvorschriften betrachtet.

4 Sterbehilfeorganisation Dignitas; dazu *Gavela*, Ärztlich assistierter Suizid und organisierte Sterbehilfe, 2013, 85 ff.; s. u. Teil 3, I, 4.

5 Zur solchen ausländischen Rechtslage *Duttge*, ZfL 2004, 34 ff.; *Gavela*, Ärztlich assistierter Suizid und organisierte Sterbehilfe, 2013, S. 85 ff.; *Roxin*, in: Roxin/Schroth (Hrsg.) Handbuch des Medizinstrafrechts, S. 348; *Schreiber*, FS-Rudolphi, S. 546 ff.; *Sowada*, Rechtliche Entscheidungen am Lebensende: Rechtssituation in Deutschland im Vergleich zu den Niederlanden, in: Kumbier/Teipel/Herpertz (Hrsg.) Ethik und Erinnerung, 2010, S. 129 ff.

6 Seit langem heftig diskutiert die Kriminalisierung von Organisation und Gewerbsmäßigkeit der Suizidbeihilfe. Schließlich ist die neue Regelung zur Strafbarkeit der geschäftsmäßigen Förderung der Selbsttötung in 2015 gesetzt. (§ 217 n. F. StGB); dazu *Duttge*, ZfL 2012, 51 ff.; *Saliger*, Selbstbestimmung bis zuletzt, S. 156 ff.; *Schöch/Verrel*, GA 2005, 582 ff.; *Schöch*, FS-Kühl, S. 598 f.

7 BGHSt 2, 150, 152; 6, 147, 154; 24, 342, 343; 32, 262, 263 f.; 367,371 f.; 46, 279, 284.

tödliche Mittel dem Suizidenten lediglich zur Verfügung und der Suizident begeht damit den Suizid, so ist der Beteiligte straflos, wenn der Suizident den Suizidentschluss und die Tötungshandlung frei, selbstbestimmt und eigenverantwortlich vornimmt, sowie er die Herrschaft über den unmittelbar zum Tod führende Akt hat. Ist der Suizident unfrei oder handelt er nicht eigenverantwortlich und erkennt der Beteiligte das, so kommt für ihn eine Strafbarkeit wegen Tötung in mittelbarer Täterschaft gem. §§ 212, 25 I Alt. 2 StGB in Betracht.

Die Feststellung der Freiverantwortlichkeit eines Suizids ist maßgeblich für die Bestimmung der Strafbarkeit des Beteiligten. Das Vorliegen der Freiverantwortlichkeit des Suizidentschlusses fällt exklusive im Falle des Todeseintritts in den Verantwortungsbereich des Suizidenten. Wann können wir dann von einem freiverantwortlichen Suizid sprechen? Mit welchen Kriterien und unter welchen Voraussetzungen kann die Freiverantwortlichkeit festgestellt werden?

Dieser Beitrag beschäftigt sich zuerst mit der allgemeinen Betrachtung zum Suizid und der strafrechtlichen Behandlung bei Suizidkonstellation. Auf Grund eines umfassenden Verständnisses des Suizids wird das Kriterium für die Freiverantwortlichkeit und deren wesentliche Begriff erörtert.

Teil 1. „Suizid“ - eine Einführung in die Thematik

Das Problem des Suizids ist ebenso alt wie die Geschichte des Menschen selbst und seit jeher heftig diskutiert worden. Kein anderes Thema dürfte in der gesamten Menschheitsgeschichte moralisch und sittlich unterschiedlicher bewertet worden sein. „Suizid“ wird immer wieder nicht nur im Alltag sondern auch wissenschaftlich erörtert. Traditionell wurde der Suizid nach theologischer und nach philosophischer Ansicht als unmoralisch angesehen, weshalb er insbesondere vom theologischen Standpunkt aus als Widerspruch zu dem Willen Gottes streng verboten war. Weiterhin ist in der Philosophie immer wieder darüber gestritten worden, ob der Suizid als eigenes philosophisches Thema behandelt werden kann. Bisweilen heißt es, dass der Suizid nicht Gegenstand philosophischer Reflexion sein könne, sondern nur unter soziologischen bzw. psychologischen Gesichtspunkten zu bewerten sei. Demgegenüber erachtet *Albert Camus*, der Philosoph des Absurden, den „Selbstmord“ als „ein wirklich ernstes philosophisches Problem.“[8]

Das philosophische Nachdenken über den Suizid gestaltet sich unterschiedlich, entsprechend dem zugrundeliegendem philosophischen Ansatz. So wie *Platon*, *Aristoteles* und auch *Sokrates*, der selbst den Schierlingsbecher geleert hat, stand die klassische griechische Philosophie dem Suizid tendenziell negativ gegenüber. Andererseits findet der Suizid bei den Vertretern der stoischen und der epikureischen Philosophie und in der Neuzeit etwa sowie noch später bei *Nietzsche*, *Montaigne*, *Montesquieu*, *Voltaire*, *Rousseau* und *Hume* Verständnis und Rechtfertigung.[9]

Verglichen mit der klassischen griechischen Philosophie geht die moderne Suizidforschung über eine moralische und sittliche Bewertung des Suizids hinaus und untersucht ihn unter soziologischen Gesichtspunkten, wobei der Schwerpunkt auf die empirische Erforschung der Ursachen des Suizids bzw. auf deren Prävention gerichtet wird. So hat etwa der französische Soziologe *Emil Durkheim* den Suizid in seinem Werk „*Le Suicide*“[10] von 1897 unter sozialen Gesichtspunk-

8 *Stoecker*, Ein wirklich ernstes philosophisches Problem, Zeitschrift für Bürgerrechte und Gesellschaftspolitik, 2006, 4 ff.

9 S.u. Teil 1, II., 3.

10 Zur deutschsprachigen Publikation *Durkheim*, Der Selbstmord, 1. Aufl., Suhrkamp Verlag 1983.

ten betrachtet und stellt ihn als gesellschaftliches Phänomen dar[11]. Psychologen wie *Freud*, *Henseler* und *Ringel* haben sich um die Erforschung der Ursachen und der Formen des Suizids bemüht.[12]

Wie dieser skizzierte geschichtliche Überblick über die Auffassungen des Suizids gezeigt haben mag, ist es kompliziert und vielleicht sogar unmöglich, den Suizid genau und allgemeingültig eindeutig zu verstehen. Trotzdem bedarf es eines tieferen Verständnisses, um das zentrale Thema des vorliegenden Beitrags zu erhellen. Dafür soll dieses Thema zuerst terminologisch und historisch betrachtet werden.

I. Terminologie

Unter Suizid versteht man grundsätzlich einen Handlungsakt, durch welchen im Ergebnis die zielstrebige unmittelbare Herbeiführung des eigenen Todes durch die eigenen Hand erreicht wird. Dabei ist eine Differenzierung dergestalt vorzunehmen, dass geklärt werden muss, ob ein Suizid nach gewissenhafter Abwägung oder aber nach eiliger, unreifer Entscheidung erfolgt ist. Besondere Relevanz erhält diese Distinktion vor allem deshalb, weil in den unterschiedlichen Bezeichnungen des Suizids bereits verschiedene Werturteile und Perspektiven zum Ausdruck kommen.

Das durch eine solche Handlung erreichte Ergebnis tritt zudem in verschiedenen Erscheinungsformen zutage: die archetypisch angesehenen Selbsttötungshandlungen wie das Giftschlucken, das Erhängen oder das Erschießen, aber auch in speziellen medizinischen Formen wie etwa dem ärztlich assistierten Suizid, verschiedenen Arten der Sterbehilfe. Auch in der Rechtswissenschaft werden verschiedene Modelle des Suizids unterschieden, so etwa dasjenige des Zivi-Falls[13], der, obgleich er nur in der Lehre für möglich gehalten wird, tatsächlich jedoch häufig auftritt.

Der Terminus „Suizid" hat sich vor langer Zeit in der wissenschaftlichen Fach- sowie in der alltäglichen Umgangssprache etabliert und ist seitdem in Gebrauch. Demgegenüber kann man konstatieren, dass der Terminus „Suizid" ungeachtet seiner weiten Verbreitung im Rahmen seiner Anwendungsobligatorik nicht selten Gefahr läuft, als ungenauer Terminus zu gelten, weil sämtliche Bedingungen und Sinngehalte, die an seine grundlegende Definition geknüpft sind, mitnichten aus

---

11 S. u. Teil 1, II., 4., a).

12 S. u. Teil 1, II., 4., b).

13 BGH 5 StR 66/03 – Urteil vom 20. Mai 2003 (LG Hamburg) = BGH NJW 2003, 2326; s. u. Teil 3, I, 2, 10).

seiner Bezeichnung hervorgehen, wodurch Schwierigkeiten in Verbindung mit seinem Gebrauch unvermeidlich werden. Zudem ist der Begriff von einer Mehrdeutigkeit geprägt. Der Suizid wird somit in Abhängigkeit von der Intention des jeweiligen Autors zum Gegenstand von Interpretationen, die nahezu vollständig kontextgebunden sind und somit keine Invarianz kennen.

Das Gegenteil ist der Fall. Der als Suizid erscheinende Tod kann – abgesehen vom theoretischen Suizidargument im Strafrecht – im Einzelfall durchaus ambivalent bewertet werden: Ist der Tod des Sokrates ein Suizid oder eine durch Eigeneinwirkung induzierte Flucht aus auswegloser Situation? Die willkürliche Anwendung des ungeklärten Suizidbegriffes führt zwangsläufig zu Konfrontation bei der theoretischen Diskussion und der Falllösung. Die Begriffsbestimmung des Suizids kann daher nicht für alle auf den Suizid bezogenen Probleme eine Patentlösung bringen, jedoch durchaus als gedankliches Indiz dienend hilfreich sein.

Eine Handlung, in deren Ergebnis das eigene Leben endet, wird im deutschen Sprachgebrauch als „Selbstmord“, „Selbsttötung“, „Freitod“ oder „Suizid“ bezeichnet. Jeder dieser Termini hebt jeweils spezifische Aspekte hervor, wodurch abweichende Bewertungen der Natur der Sache immanent sind.[14]

1. Selbstmord

Der Terminus „Selbstmord“ enthält grundsätzlich eine negative Konnotation und drückt auch eine negative Wertung aus. Zudem handelt es sich gemäß der sprachlichen Perzeption um eine Suizidhandlung, die als „Mord“ an der eigenen Person beurteilt wird, wodurch der begriffliche Inhalt dieses Terminus sowohl juristisch als auch moralisch sehr negativ gewertet wird.

Im theologischen bzw. religiösen Kontext wird der Terminus „Selbstmord“ häufig dann gebraucht, wenn auf eine besonders schwerwiegende Komponente – in der Regel handelt es sich dabei um einen als Sünde zu bewertenden Tatbestand – hingewiesen werden soll. Im juristischen Kontext ist „Mord“ im Sinne des § 211 StGB dann gegeben, wenn dessen spezifische Merkmale vorhanden sind und damit eine besondere Verwerflichkeit und Gefährlichkeit als Qualifizierung[15]

14 Zur Betrachtung über den Gehalt der Termini Selbstmord, Freitod, Selbsttötung und Suizid, vgl. *Ach*, Selbstbestimmt sterben, S. 139 ff.; *Achenbach*, Jura 2002, 542, Fn. 4.; *Gavela*, Ärztlich assistierter Suizid und organisierte Sterbehilfe, 2013, S. 4 ff.

15 Vgl. S/S-*Eser*, vor. §§ 211 ff. Rn. 2 ff.; Dagegen erblickt der BGH nach wie vor für das systematische Verhältnis von § 211 StGB und § 212 StGB als zwei selbstständige Tatbestände. Danach hat jedoch der Mord auch einen schweren Unrechtsgehalt zum Inhalt.

des Totschlag identifiziert werden kann.[16] Bei den Mordmerkmalen handelt es sich um die Kriterien des Beweggrundes, der Ausführungsart und des verfolgten Zweckes, die bei der vorsätzlichen Tötung eines anderen Menschen erfüllt sein müssen. Vor diesem Hintergrund enthält der Terminus „Selbstmord" bereits eine negative Kennzeichnung, die eine im juristischen Sinne vermeintlich strafbare Handlung ausdrückt. Aus diesem Grunde wird die Verwendung des Terminus „Selbstmord" heutzutage in der juristischen Fachliteratur vermieden.[17]

Im Anschluss an die im juristischen Schrifttum bereits erfolgte juristische Auslegung des „Mords" als einer Handlung, die „aus Mordlust, zur Befriedigung des Geschlechtstriebs, aus Habgier oder sonst aus niedrigen Beweggründen, heimtückisch oder grausam oder mit gemeingefährlichen Mitteln oder um eine andere Straftat zu ermöglichen oder zu verdecken einen Menschen tötet", ist es kaum möglich, sich selbst zu ermorden.[18] In diesem Zusammenhang wäre es sogar absurd, für die Beschreibung eines Selbsttötungsaktes den Terminus „Selbstmord" zu verwenden.

2. Freitod

Unter „Freitod" versteht man die freie, ja freiwillige Selbsttötung einer Person. In Opposition zu „Selbstmord", dem begrifflich stets ein moralischer Vorwurf sowie ein psychiatrischer Defekt anhängt, wodurch er tendenziell negativ konnotiert ist, wird der „Freitod" meist positiver verstanden. Dieses positive Moment ist jedoch grundsätzlich noch einmal vom Altruismus oder von der Aufopferung zu unterscheiden. In diesem Sinne findet sich der Terminus „Freitod" gemeinhin in literarischen und in philosophischen Kontexten wieder, wo z.B. in Nietzsches Werk „Also sprach Zarathustra"(1883) „vom freien Tode" die Rede ist, wonach wir „zur rechten Zeit" sterben sollten: „Meinen Tod lobe ich euch, den freien Tod, […] den Tod zur rechten Zeit […]. Und jeder, der Ruhm haben will, muss […] bei Zeiten […] die schwere Kunst üben, zur rechten Zeit zu – gehn. Man muss aufhören, sich essen zu lassen, wenn man am besten schmeckt."[19]

---

16 S/S-*Eser*, § 211 Rn. 1

17 Vgl. *Achenbach*, Jura 2002, 542, Fn. 4.

18 *Ach*, Autonomer Suizid?, 2011, S. 4; Aufgrund der Auslegung der Mordmerkmale des § 211 StGB hat das Wort „Selbstmord" mindestens im juristischen Kontext große Unvereinbarkeit, weil man nicht selbst ermorden im Sinne des § 211 StGB kann.

19 *Nietzsche*, Also sprach Zarathustra: Ein Buch für Alle und Keinen, Bd. 1, 1. Aufl., Verlag Schmeitzner 1883; siehe auch in: von Volker Gerhardt u.a. (Hrsg.), Klassiker Auslegen Bd. 14, Berlin 2000, S. 346.

Den vorstehenden Ausführungen kann man entnehmen, dass „Freitod" die philosophische Vorstellung[20] vom freien Willen zum eigenen Tod[21] impliziert, worauf durch die freiwillige Willensbildung und durch den vom banalen Sozialwert erlösten mächtigen Persönlichkeitswert und deren Entfaltung Bezug genommen wird – daher klingt dieser Terminus hier geradezu „heroisch".[22] Während der „Selbstmord" etymologisch auf das Wort „begehen" bzw. „vergehen" zurückzuführen ist, sind die Verben „wählen" und „sich entscheiden" sui generis als Verhaltensweisen dem „Freitod" immanent. Ausschließlich im unmoralischen Sinne wie z.B. mit seelischem Leid oder mit Depressionen zusammenhängende krankhafte Handlungen bzw. psychische Krankheiten scheinen hier durchaus positiv verstanden zu werden.[23]

Grundsätzlich ist die Bezeichnung vom „Freitod" sehr metaphorisch und beschränkt sich sehr stark auf die Willensbestätigung. Daher ist dieses Wort als terminus technicus nicht für die Verwendung in einem wissenschaftlichen Kontext geeignet und wird demnach von vielen Wissenschaftlern abgelehnt.[24]

3. Selbsttötung

Ebenso wie der qualitative Unterschied zwischen Tötung und Mord gem. §§ 211, 212 im Strafgesetzbuch verständlich ist, sind auch die den Termini „Selbsttötung" und „Selbstmord" immanenten Konnotationen als solche begrifflich zu unterscheiden. Grundsätzlich wird Mord vor allem aus der Perspektive von Beweggrund und Begehungsweise als qualifizierter, Verwerflichkeit einschließender Begriff verstanden.[25] Das Wort „Selbsttötung" impliziert hingegen kaum eine

---

20 Dagegen zu philosophischen Versuchen der „Verurteilung" des Freitodes, vgl. *Duttge*, ZfL, 2004, 31 ff.

21 Vgl. *Arzt*, Recht auf den eigenen Tod?, JR 1986, 309.

22 *Fenner*, Gibt es überhaupt den „Affekt-" oder „Kurzschlusssuizid"?, e-Journal Philosophie der Psychologie, 2007, 1.

23 Zum ausführlichen Diskurs und auch im literarischen Sinne, *Améry*, Hand an sich legen. Ein Diskurs über den Freitod, 13. Aufl., 2008., wonach der Freitod ein „Privileg des Humanen" ist, und daher nicht gegen die „Menschenwürdegarantie" verstoßt; Horst, Grenzen des Tötungsverbotes Teil 2, JZ, 2007, 319.; Wolfersdorf/Etzersdorfer, Suizid und Suizidprävention, 2011, S. 27, wonach der Terminus „Freitod" nicht nur „das Vorhandensein der eigenen Verfügbarkeit über sich selbst und damit im juristischen Sinne die Möglichkeit einer freien Willensbestimmung" bedeutet, sondern auch „die Abwesenheit von psychischer, körperlicher, wirtschaftlicher, politischer Not und Einengung".

24 *Gavela*, Ärztlich assistierter Suizid und organisierte Sterbehilfe, 2013, S. 4.

25 Siehe auch oben Teil. 1, I., 1.

negative Bedeutung und wird daher vornehmlich im wissenschaftlichen sowie im juristischen Kontext als neutraler Terminus verwendet.[26]

Trotz der Betonung der neutralen Bezeichnung der „Selbsttötung“ ist die negative, in gewissem Sinne deliktische Konnotation, die sich aus der Tatsache der Tötung ergibt, nicht zu leugnen, weil es etymologisch mit dem Verb „töten“ in Verbindung steht. Demnach kommen hier gleichsam eine Selbstzerstörung bzw. eine Selbstvernichtung zum Ausdruck. Darüber hinaus lassen sich die der Selbsttötung zugehörigen Fälle dann weitgehend amplifizieren, wenn der äußere Handlungsakt pointiert wird. Aber jede äußerlich als Selbsttötung erscheinende Handlung kann nicht als „Suizid“ bezeichnet werden. Ungenannt bleiben etwa jene Fälle von Suizid, in denen jemand Gift trinkt, ohne davon zu wissen.[27] Zum Suizid bedarf es des sicheren Wissens, die von einer Person selbst vorgenommene Handlung muss selbst gewünscht und der eintretende Tod muss gewollt sein. Auf diesem Grunde postulieren wir, dass ein Suizid eine „absichtliche“ Selbsttötung ist.

4. Suizid

Der Terminus „Suizid“ ergibt sich etymologisch aus der Synthese der lateinischen Wörter „sui = selbst“ und „caedes = Tötung“. Wegen seines vorurteilsfreien, enttabuisierenden und auch entkriminalisierenden Charakters findet der Terminus in jüngerer Zeit häufig auch in der wissenschaftlichen Literatur Verwendung. Tatsächlich handelt es sich bei dem Terminus „Suizid“ um einen Neologismus der Neuzeit, der zur Vermeidung von durch andere Bezeichnungen implizierte, negative – verwerfliche, unmoralische und vorurteilende – Einstellungen geschaffen wurde. Je häufiger der Terminus aber in der psychologischen und der medizinischen Literatur angewendet wird, desto mehr Gewicht gewinnt der in ihm zum Ausdruck kommende psychiatrische Aspekt, wodurch krankhafte Elemente wie Depression, Verzweiflung usw. betont werden. Nichtsdestoweniger wird das Wort „Suizid“ von vielen Wissenschaftlern unterschiedlicher Disziplinen wegen seiner neutralen und vorurteilsfreien Inhaltsseite favorisiert. Nach dieser terminologischen Betrachtung soll im Folgenden das Wort „Suizid“ oder „Selbsttötung“ bevorzugt benutzt werden.

---

26 Freilich wird der Selbstmord in älterer und auch in jüngerer Zeit im juristischen Sinne wiederholt zum Ausdruck gebracht. Die unterschiedliche Wortwahl ist mit der Wertauffassung des jeweiligen Autors verknüpft.

27 In diesem Sinne ist jede selbstgefährdende Handlung dem Suizid nicht unterfällt. Z.B. RGSt 57, 172. (Memel-Fall); dazu vgl. *Duttge*, FS-Otto, 2007, S. 229 ff.

Die unterschiedlichen Bezeichnungen der suizidalen Handlung und die in ihnen jeweils implizierten vielfältigen Blickwinkel – zusammen mit der folgenden historischen Betrachtung – weisen darauf hin, dass der Suizid ein in der menschlichen Geschichte zwar schon lange diskutiertes, aber ungelöstes Thema ist. Die terminologische Betrachtung könnte zudem beinahe als nur formell und bedeutungslos erscheinen, ist aber in der Wissenschaft, besonders im juristischen Kontext, ein vielbehandeltes Thema. Daher sollte sein Begriff und seine Definition klar herausgestellt werden.

II. Historische Betrachtung

Es bedarf keiner besonderen Begründung, dass das Leben und der Tod als Anfang bzw. als Ende der menschlichen Geschichte als der Ausgangs- bzw. Endpunkt des Denkens verstanden und in Literatur, Philosophie, Kunst, Politik sowie in den Naturwissenschaften bis heute als Forschungsobjekt betrieben wird. Die dem Leben immanente, ja instinktive Furcht vor dem Sterben und zugleich die wissenschaftliche Neugier über selbiges haben die historische Debatte über die Wertmaßstäbe in Bezug auf den Tod geprägt und sind unter dem Thema „Suizid" kulminiert.

Grundsätzlich lässt sich sagen, dass es unterschiedliche Sichtweisen darüber gibt, wie der Suizid historisch darzustellen und kontextabhängig auszudeuten ist. Die Betrachtung der historischen Entwicklung, besonders derjenigen im (rechts)philosophischen Verlauf, ist daher für die Debatte der aktuellen juristischen Bewertung des Suizids unbedingt erforderlich. In der heutigen säkularisierten Gesellschaft muss das rechtliche Argument – so sehr es normativ und sogar naturrechtlich ist, denn es ist freilich kein Postulat von absoluten und isolierten Wertungssystemen – mit bisher entwickelten und debattierten Wertmaßstäben untrennbar verbunden sein.

Vor diesem Hintergrund – wie in umfangreichem Schrifttum zusammengefasst worden ist – werden drei Hauptpunkte summarisch begriffen[28]: erstens das Ethos für den Staat bzw. die Gesellschaft in der griechischen und der römischen Antike; zweitens die Moral und die Ethik des Gotteswortes in der Theologie des Mittelalters; drittens der einzelne Mensch und seine Vernunft[29].

---

28 Vgl. *Duttge*, GA 2001, 165 ff.

29 Zum historischen Rückblick auf den Suizid vgl. vor allem *v. Engelhardt*, Die Beurteilung des Suizids im Wandel der Geschichte, in: Wolfslast/Schmidt (Hrsg.), Suizid und Suizidversuch, 2005, S. 11 ff.; *Lind*, Selbstmord in der Frühen Neuzeit, 1999, S. 23 ff.; dazu siehe auch *Dreier*, JZ, 2007, 317 ff.

1. Antike

In der griechischen Antike wird vor allem nach dem „Staatsinteresse" als öffentlichem Gut gestrebt. Unter dieser Voraussetzung wird der „Selbstmord", wie bereits bei Platon und Aristoteles, vor allen Dingen im Lichte der Idee der Bewahrung bzw. der Erhaltung sowie des Nutzens des Lebens für den Staat bewertet. In diesem Zusammenhang wurde der Suizid als eine Handlung begriffen, die grundsätzlich nicht durch Gott legitimiert war, da sie ohne dessen Einverständnis erfolgte und demnach von der Gesellschaft nicht gebilligt werden konnte.

Demgegenüber konnte der Selbstmord bzw. das Sterbenlassen von Personen, die unheilbar krank waren, durchaus gebilligt werden, da das Hinscheiden solcher Menschen stets mit einer evidenten Vermeidung von Unkosten für die Gesellschaft verbunden war – das Weiterleben kranker Personen bei gleichzeitiger Untauglichkeit für die Arbeit wurde als zusätzliche Belastung verstanden, die es im Interesse der Allgemeinheit zu verhindern galt. Dies war jedoch längst nicht alles: sogar geisteskranke oder missgebildete Menschen waren von dieser Selektion betroffen, selbst Neugeborene konnten gemäß dieser Logik getötet werden. Freilich wird der Begriff der menschlichen Würde auch hier herangezogen, dies erfolgt aber als Funktion des Einzelnen innerhalb der Gesellschaft im Sinne von einer Leistungstheorie menschlicher Würde[30]. Daher, so das Argument, war es in der antiken griechischen Gesellschaft durchaus nicht unsinnig, den Tod des Menschen nach der Leistungsfähigkeit des Einzelnen zu beurteilen und zu bewerten.

Vor diesem Hintergrund haben sich *Platon* und *Aristoteles* auch gegen die künstliche Lebensbeendigung der Mitglieder einer Gesellschaft gewandt. Platon erörterte den Selbstmord im Rahmen des *Dialogs Phaidon* mit *Echekrates* über die letzten Stunden des Sokrates in seinem Werk „*Phaidon*"[31], wobei Sokrates zwei Argumentationen ins Feld geführt hat: Zum einen betrachtet er den Suizid in Bezug auf die gesellschaftlichen Verpflichtungen einer Person, zum anderen rekurrierte er auf den religiösen Gehorsam, also die Frömmigkeit des Menschen. Gemäß der erstgenannten Logik sei es verboten, das eigene Leben dem gesellschaftlichen Dienst aus egoistischen Motiven zu entziehen: „da wir Menschen

---

30 Dazu Enquete-Kommission, Schlussbericht, Recht und Ethik der modernen Medizin, 2002, BT-Drs. 14/9020, 9

31 *Platon*, Phaidon 61D-65A; Zu seinem Staatsgedanken als Hintergrund des Staatsinteresses beim Suizid, *ders*, Politeia; dazu siehe auch *Duttge*, GA 2001, 165 ff.

uns nämlich in einer Art Festung befinden, aus der man sich nicht selbst befreien und davonlaufen darf."[32]

Ferner führten der Anfang und das Ende des einzelnen Lebens zu den Göttern: „auch scheint mir sicher zutreffend zu sein, dass die Götter unsere Hüter und wir Menschen eine Herde der Götter sind"[33]. In seinem Werk „*Nomoi*" argumentiert Platon erneut mit dieser gesellschaftlichen Verpflichtung. Im gleichen Sinne hat *Aristoteles* den Suizid als „ein Unrecht", also als ein Verbrechen und als eine Schädigung sowie als feigen Akt der Verantwortungslosigkeit und der Mutlosigkeit gegen sich selbst und gegen den Staat angesehen; im Ergebnis, so *Platon*, solle dem Selbstmörder ein ehrenhaftes Begräbnis verweigert werden[34].

Aber es herrscht in der griechischen Antike freilich nicht nur allein dieser Gedanke. In Opposition zu *Sokrates, Platon* und *Aristoteles* sahen die stoischen und die epikureischen Philosophen das Individuum als Polis wie Gesellschaft bzw. den Staat als höheren Wert an, gemäß dem jeder Mensch das freie Recht und die uneingeschränkte Verfügungsgewalt über das eigene Leben und Tod habe und auch selbst darüber entscheiden könne. Unter diesem philosophischen Einfluss wird der Suizid sodann auch in der römischen Antike grundsätzlich als „ein natürliches Recht" verstanden. Der Suizid war vor allem wegen der z.T. unerträglichen Schmerzen bei einer schweren Krankheit hier zulässig; vgl. *Cato, Seneca* und *Scipio*. Ausgenommen davon war einzig die Selbsttötung bzw. der Selbsttötungsversuch von Soldaten bzw. von Sklaven, deren Tod man aus ökonomischen und patriotischen Gründen verbot; vor allem der Suizidversuch von Soldaten wurde rigoros mit dem Tode bestraft.[35]

Der sich in der griechischen und der römischen Antike grundsätzlich in verschiedener Weise herausgebildete Suizidgedanke hat mittlerweile unter dem

---

32 *Platon*, Phaidon 62B; Diese von Sokrates angeführte, auf gesellschaftlicher Verpflichtung beruhende Argumentation erstreckt sich auf die heutige Begründung der Suizidgegner, besonders i.V.m. der Pflicht zum weiteren Leben.

33 *Platon*, Phaidon 62B; Dieses auf Gottes Machtbefugnis gegründete Denkmodell findet sich wieder bei dem Kirchenvater *Augustinus* (354–430 n. Chr.), De civitate Dei (dt. Vom Gottesstaat), wie Sokrates betont hat: „man sich nicht eher selbst töten darf, bis der Gott es als notwendig bestimmt hat." (*Platon*, Phaidon 62C); vgl. mit deutschen Sprachen *Brudermüller/Marx/Schüttauf* (Hrsg.), Suizid und Sterbehilfe, Anhang I, S. 173 f.

34 *Aristoteles*, Nikomachische Ethik, 1138a 4–14; siehe auch *Brudermüller/Marx/Schüttauf* (Hrsg.), Suizid und Sterbehilfe, Anhang I, S. 180 f.

35 *Dreier*, JZ, 2007, 317 ff; *v. Engelhardt*, Die Beurteilung des Suizids im Wandel der Geschichte, in: Wolfslast/Schmidt (Hrsg.), Suizid und Suizidversuch, 2005, S. 14 f.; Für die gesamte Überblick zur Antike materialreich *Lind*, Selbstmord in der Frühen Neuzeit, S. 23 ff.

Einfluss der christlichen Theologie einen grundsätzlich negativen Charakter angenommen und wird der Natur der Sache gemäß in seiner zeitgenössischen Form abgelehnt.

2. Die theologische Ansicht

Die theologischen Wertprinzipien über das Leben basieren grundsätzlich auf dem Gedanken des absoluten Lebensschutzes, hinter welchem der Mensch als „Geschöpf Gottes" betrachtet wird, weshalb postuliert wird, dass sich dieser a priori unter der alleinigen Verfügungsgewalt Gottes befinde. Dabei wird der westlich-religiöse Blick auf die Selbsttötung entscheidend vom fünften Gebot des Dekalogs „Du sollst nicht töten" sowie repräsentativ von Philosophen wie Augustinus und Thomas von Aquin beeinflusst.

In dieser Weise wird angenommen, dass die Selbsttötung grundsätzlich niemandem gestattet sei, unabhängig davon, ob ein Mensch etwa unter einer schweren Krankheit oder unter einem unerträglichen Leiden litt. Allerdings kennt auch die Bibel keine klare Verurteilung des Suizids. Gemäß dieser theologischen Lehre wird die Selbsttötung in der christlichen Gesellschaft des Mittelalters nicht mehr erlaubt und schließlich durch die Konzilien von Arles im Jahre 452 n. Chr. und Braga im Jahre 563 n. Chr. auch rechtlich unter Strafe gestellt.[36] Dieser Standpunkt gegenüber dem „Selbstmord" als beherrschende Weltanschauung hat im Westen lange Zeit bis in die Epoche der Aufklärung überdauert.

Augustinus (354–430) ging bei seiner Argumentation vom Fünften Gebot „Du sollst nicht töten!" aus und erachtete somit auch den Selbstmord als Verstoß gegen diesen Gebot. Nach Augustinus tötet derjenige, „der sich selbst tötet", auch einen Menschen.[37] Da aber eine ausdrückliche Ablehnung des Suizids in der Bibel nicht klar formuliert wird, wollte Augustinus im Rekurs auf das Fünfte Gebot dieses Gebot analog dazu verwenden, um das Tötungsverbot des 5. Gebot nicht

---

36 Im Konzil von Arles (452 n. Chr.) wird erklärt, dass der Selbstmord ein Verbrechen sei und nur eine Folge des furor diabolicus darstellen könne. Auf dem Konzil von Braga (563 n. Chr.) wird beschlossen, dass den Selbstmördern keine Ehrung durch Gedenken im heiligen Meßopfer zuteil werden solle und ihre sterbliche Hülle ohne Psalmengesang zu Grabe getragen werden müsse. Dazu und über die kirchliche und die gesellschaftliche Strafe gegen den Selbstmörder, vgl. *Durkheim*, Der Selbstmord, S. 382 ff.; siehe auch *Laskowski*, in: Moser/Sieprath (Hrsg.), Vom Sterben und Tod im Mittelalter über Selbstmörder, ungetaufte Totgeburten, Sterbehospize und Leprakranke, Religionswissenshaft Bd. 16, 2008, S. 72 ff.

37 *Augustinus*, De civitate dei, Erstes Buch, Kap. 20., abgedruckt in: Horn (Hrsg.), Klassiker Auslegen, Bd. 11, 1997.

nur auf andere Menschen, sondern auch auf sich selbst zu beziehen.[38] In seinem bekannten Werk „*De civitate dei*" („Vom Gottesstaat") illustriert Augustinus den Selbstmord anhand des Beispiels von Lucretia, die Selbstmord wegen Vergewaltigung (des erzwungenen Beischlafs) beging[39], und kommt zu dem Schluss, dass dieser streng verboten werden müsse. In dieser Weise etablierte Augustinus die von der Kirche später tradierten Moralprinzipien in der christlichen Gesellschaft des Mittelalters[40].

Der Kirchenlehrer *Thomas von Aquin* übernahm zuerst die politische Begründung des Aristoteles, gemäß der die Selbsttötung ein Verbrechen im Sinne einer Schädigung der Gesellschaft darstellt. Darüber hinaus werden das Leben und der Körper in der christlichen Theologie von Augustinus als Gottesgeschenk angesehen, weshalb der Mensch als von Gott erschaffenes Wesen keine Verfügungsgewalt über sein eigenes Leben haben könne. Daher stelle der Selbstmord als Sakrileg die schlimmste und unentschuldbarste Sünde gegen Gott dar und bedeute gleichsam einen schweren Schaden und ein Verbrechen gegen die Gesellschaft, sowie einen Verstoß gegen die Natur. In seinem Werk „Summa Theologiae" wird dieser Gedanke von Thomas von Aquin unter Zuhilfenahme von drei Begründungen ausführlich erklärt. Wer sich das Leben selbst nimmt, handele widersprüchlich gegen die von Gott erschaffene Natur und den aus dem Naturgesetz folgenden Selbsterhaltungstrieb. Derjenige handele unrechtmäßig gegenüber gesellschaftlichen Verpflichtungen und letztlich, was am wichtigsten ist, begehe er eine Sünde gegen Gott. Nach Aquin gilt „das Leben ist Gottes Geschenk an die Menschheit und untersteht seinem Machtbereich; nur Gott darf töten und zum Leben erwecken. Daher sündigt jeder, der sich sein Leben nimmt, gegen Gott; genauso wie jemand, der eines anderen Sklaven tötet gegen dessen Halter sündigt. [...] Es steht Gott alleine zu, über Tod und Leben ein Urteil zu sprechen."[41]

Mit dieser theologisch streng formulierten Position zum Suizid werden im Mittelalter der „erfolgreiche" Suizident wie auch derjenige, der einen Suizidversuch unternommen hat, mit strikten Sanktionen belegt. Ähnlich wie bereits in der griechischen Antike, wird dem Suizidenten das kirchliche Begräbnis verweigert, und auch sein Vermögen wird nach einer gerichtlichen Entscheidung konfisziert. Auch der potentielle Suizident wird gemäß des kanonischen Rechts mit Kirchen-

---

38 Vgl. *Baumann*, Vom Recht auf den eigenen Tod, 2001, S. 16.

39 *Augustinus*, De civitate dei, Erstes Buch, Kap. 19., abgedruckt in: Horn (Hrsg.), Klassiker Auslegen, Bd. 11, 1997.

40 Darüber kurz zusammenfassend vgl. *Dreier*, JZ, 2007, Fn. 113.

41 *Thomas von Aquin*, Summa Theologiae II–II, Q 64, A 5, zitiert nach in: Speer (Hrsg.), Die Summa Theologiae: Werkinterpretationen, 2005

bußen bestraft. Die kirchliche Ahndung des Suizids wird durch die staatlichen Gewalten gesetzlich aufgenommen. In zahlreichen europäischen Ländern wird der Suizid im Mittelalter durch die Kirche und den Staat verdammt und zum Teil unter Strafe gestellt. In der Frankreich wird ein solches Gesetz durch die Revolution 1789 abgeschafft wird. In Preußen wird die Bestrafung von Suizidenten 1751 durch Friedrich II. aufgehoben. In Großbritannien, wo das älteste Gesetz für die Verurteilung wegen einer Suizidhandlung bestraft, wird überraschend bis 1961 nichts geändert.

Diese scharfe Verdammung und Verurteilung des Suizids dominiert kraft der christlichen Theologie das gesamte Mittelalter hindurch. Freilich wird der altruistische Suizid, wie etwa derjenige, der begangen wird, um das eigene Volk zu retten (wie z.B. derjenige Samsons im Alten Testament oder der von Märtyrern, die sich selbst töten, um ihren Glauben zu beweisen) ausnahmsweise, wenngleich auch sehr selten, positiv bewertet. Es fehlt dem Menschen an der freien Verfügungsbefugnis, seinem Leben eigenmächtig ein Ende zu setzen. Er sollte sich des ihm von Gott geschenkten Interesses freuen und bis zum Tod gemäß dem göttlichen Gebot leben[42].

---

42 Anders als in der westlichen Religion wird die Selbsttötung von der buddhistischen Lehre betrachtet. Bei Christentum wie Monotheismus werden Gott als „Schöpfer" und der Mensch als dessen „Geschöpf" angesehen. Dies gilt auch im Judentum und im Islam. Danach sind die Menschen Eigentum Gottes und haben keine Verfügbarkeit über ihr eigenes Leben, und deshalb in die Selbsttötung eine Sünde gegen Gott: nur Gott allein hat das Recht, über Tod und Leben zu entscheiden. Aber in der buddhistischen Weltanschauung gibt es von vornherein keinen solchen „Schöpfer", und daher kann die Selbsttötung nicht als eine solche Majestätsbeleidigung behandelt werden. Im Buddhismus wird die Selbsttötung – dieser Ausdruck in zutreffender als „Suizid" – im Zusammenhang mit der Lehre von „Karma" und „Seelenwandlung" betrachtet. Freilich beruht er grundsätzlich auf dem Gedanken des Lebensschutzes, aber traktiert nicht ausnahmslos den Suizid mit Vorwürfen. Das im Buddhismus erstrebte summum bonum, sich aus der Fessel von Karma und Wiedergeburt – im Sinne von Reinkarnation – zu befreien: dazu dürfe der Mensch in seinem irdischen Leben den eigenen Körper und das eigene Leben nutzen, und daran verdient nicht das Prinzip vom restriktiven absoluten „äußeren" Lebensschutz. Vielmehr wird der mit dem Mitgefühl oder dem Mitleid sowie dem Altruistismus verknüpfte Suizid bzw. die Beihilfe in Kauf genommen bzw. ferner sogar gelobt. Dennoch in der Suizid bzw. die ärztliche Beihilfe wegen Krankheit und Leiden in der buddhistischen Weltanschauung in vielen Fällen nicht zu billigen. Gewiss ist die buddhistische Betrachtung über Suizid anders als diejenige von Christentum, Judentum sowie Islam, die als Monotheismus auf „Moral des Gehorsams" beruhen. Der Suizid wird gemäß dem Motiv des Suizidenten und dessen Gesinnung hinsichtlich des Lebensbeendungsaktes in der buddhistischen

3. Neuzeit und die Aufklärung

Im Gegensatz zum von theologischem Denken dominierten Mittelalter und der grundlegenden Ablehnung des Suizids als Todsünde wird im Zuge der Renaissance allmählich ein gegenläufiger Gedanke entwickelt. Durch die mannigfaltige Kritik an der uneingeschränkten Auffassung von Gott und der Kirche begünstigt, findet der Humanismus in zahlreichen sozialen Sphären Verbreitung, so dass es allmählich zu einer neuen Sichtweise auf den Suizid kommt. In der Neuzeit und der Aufklärung besteht jedoch noch keine grundlegende Einigkeit über die Bewertung des Suizids. Nichtsdestoweniger konnte dieser von dem ihm bisher immanenten deliktischen Sinne gegen die Gemeinschaft oder Gott als Schöpfer befreit werden, da sich die Idee eines zunehmenden Anspruchs auf die persönliche Freiheit sowie auf die Entdeckung von menschlicher Würde in Gegensatz zu der Vorstellung vom Menschen als einer Kreatur Gottes durchsetzte. Allerdings wurde die traditionelle, auf der Theologie beruhende Ablehnung des Suizids von nicht wenigen der damaligen Philosophen als Leitgedanke übergenommen. Dies ist besonders deshalb nicht verwunderlich, da lutheranische, calvinistische und andere Theologen den Suizid noch immer als „teuflische und schlimmste Sünde" verurteilten. Außerdem haben sich nur wenige Denker wie *Montaigne* oder *Hume* mit Philosophen dieser Zeit, wie beispielsweise *Locke* und *Kant* überhaupt beschäftigt.

Die theologische Tradition, den Suizid streng zu verurteilen, beruht auf dem metaphorischen und oberflächlichen Argument der „Heiligkeit des Lebens", des Lebens als „Geschenk Gottes", des „Geschöpf Gottes" sowie auf dem Argument, der Suizid sei ein Verstoß gegen die Gesellschaft und den Suizidenten selbst. Dies scheint indes einseitig im Rekurs auf die Verpflichtung des Suizidenten zum Weiterleben und ohne Berücksichtigung seines Interesses, daher fehlt es dabei an einer überzeugenden Begründung. Erstaunlicherweise war dieser Leitgedanke aber bei vielen Intellektuellen der damaligen Zeit weit verbreitet, bei welchen die Handlung, sich selbst das Leben nehmen, umstritten war.

Weltanschauung unterschiedlich bewertet.; siehe auch über die buddhistische Betrachtung des Suizids den Überblick bei *Kreß*, Ärztlich assistierter Suizid, Zentrum für medizinische Ethik, 2012, Heft 192, S. 6 ff.; auch *Heller*, Sterbehilfe im Hinduismus und Buddhismus: Gut Sterben unter den Bedingungen von Karma und Wiedergeburt, 2008, S. 53 ff.; vgl. zur islamischen Ansicht, wobei der Koran aber nur kurz betrachtet wird, *Baumann*, Vom Recht auf den eigenen Tod, 2001, S. 15 ff.; siehe auch *Durkheim*, Der Selbstmord, S. 385 ff.

Locke lehnt die Suizidhandlung in seinem Werk „*Two Treatises of Government*" mit Thomas von Aquins Argument ab, dass der Mensch grundsätzlich Gottes Eigentum sei, so dass die natürliche Freiheit des Menschen niemals die Freiheit bedeuten könne, sich selbst zu töten: „though man in that state have an uncontrollable liberty to dispose of his person or possessions, yet he has not liberty to destroy himself, or so much as any creature in his possession, but where some nobler use than its bare preservation calls for it. [...] no one ought to harm another in his life, health, liberty or possessions; for men being all the workmanship of one omnipotent and infinitely wise Maker; all the servants of one sovereign Master, sent into the world by His order and about His business; they are His property [...] Every one as he is bound to preserve himself, and not to quit his station willfully [...]." (*J. Locke, Two Treatises of Government, Essay II, Chapter II, §6*)

Auch *Kant* geht von der religiösen Basis aus, argumentiert mit drei traditionellen Gründen. Er begreift den Suizid als Handlung gegen Gott, gegen die Natur sowie gegen die Gesellschaft. Sein Hauptargument basiert allerdings weitgehend auf der Würde des Menschen und dessen Leben. Auf dieser Grundlage argumentiert Kant vorzugsweise weitaus ethischer als theologisch und kommt zu dem Schluss, der Suizid sei ein Verstoß gegen den kategorischen Imperativ, das Sittengesetz, die Natur und die Pflicht einer Person zur Selbsterhaltung[43] und stelle vor allem eine große Verletzung gegen die Würde des Menschen dar: „Wenn es denn also ein oberstes praktisches Princip und in Ansehung des menschlichen Willens einen kategorischen Imperativ geben soll, so muß es ein solches sein, das aus der Vorstellung dessen, was nothwendig für jedermann Zweck ist, weil es Zweck an sich selbst ist, ein objectives Princip des Willens ausmacht, mithin zum allgemeinen praktischen Gesetz dienen kann. Der Grund dieses Princips ist: die vernünftige Natur existirt als Zweck an sich selbst. So stellt sich nothwendig der Mensch sein eigenes Dasein vor; sofern ist es also ein subjectives Prinzip menschlicher Handlungen. So stellt sich aber auch jedes andere vernünftige Wesen sein Dasein zufolge eben desselben Vernunftgrundes, der auch für mich gilt, vor; also ist es zugleich ein objektives Princip, woraus als einem obersten praktischen Grunde also Gesetze des Willens müssen abgeleitet werden können." (*I. Kant, Grundlegung zur Metaphysik der Sitten, 1785, §2 IV 429*)

Inspiriert von *Kants* Idee, begannen die deutschen Philosophen des Idealismus wie *Fichte* und *Hegel* in der gleichen Tradition über den Suizid nachzudenken.

---

43 Zur Rechtswidrigkeit des Suizids bei kantischer Ethik *Kühl*, JA 2009, 324, wonach bei Kant wird die Selbstentleibung als den Verstoß gegen eine Tugendpflicht bewertet, die sich aber gegen sich selbst und nicht gegen andere richtet.

Gemäß *Fichte* sollte jeder Mensch die Pflicht zum Leben akzeptieren und dieses auch dann ertragen, wenn es auch noch so unerträglich und mühsam ist. Bei *Fichte* besteht ist Suizid, der niemals als eine Pflicht dargestellt ist, gemäß dem so großen und bedeutsamen kantischen Moralprinzip unter keinen Umständen mit seiner Sittenlehre vereinbar[44], so dass er den Suizid als moralisch unerlaubte Handlung bewertet[45]. Gemäß *Hegel* lässt sich ein Recht auf Suizid vom Menschen ebenfalls keineswegs aus ethischen Gründen ableiten.

Anders als *Kant*, *Fichte* und *Hegel* verteidigten andere deutsche Philosophen wie *Nietzsche* und *Schopenhauer* den Suizid. *Schopenhauer* hat sich dabei zuerst darum bemüht, dass der Suizid nicht die selbigen zugrundeliegenden Probleme wesentlich lösen könne; möglich aber sei eine Befürwortung des Suizids grundsätzlich schon – nämlich dann, wenn eine Person sich nach reiflicher Überlegung dazu entschieden habe, den Suizid also selbst wählt und dieser somit im Sinne des Bilanzsuizids erfolgt. *F. Nietzsche* hingegen befürwortet und lobt den Suizid mit den Worten „Freitod“, weil „ich will – nicht die Natur oder ein Gott es will.“[46]

Hume (1711–1776) definiert den selbstgewählten Tod nicht als Verstoß gegen das Gesetz Gottes, die Gesellschaft und sich selbst. Seine Ansicht über den Suizid ergibt sich aus der Ablehnung der damals allgemeinverständlichen drei Hauptgründe, gemäß denen der Suizid eine Verletzung der Pflicht gegenüber Gott, der Gesellschaft und uns selbst sei. Dieser Gedanke wird ausführlich in Humes Werk „Essay on suicide“(1783) dargelegt, der erst nach Humes Tod veröffentlicht wurde. Der Grund für diese Verspätung bestand darin, dass Hume es wohl nicht wagte, sich der – wie er vermutete – harschen Kritik auszusetzen, mit der er rechnete.

Hume beschäftigte sich mit einer Vorstellung, gemäß der der Suizid eine von jedem Vorwurf der Schuld oder des Tadels befreite Handlung darstelle, also eine Freiheit „ohne irgend welche Schuld oder Tadel“ sei und demnach eine völlig freie Verfügungsgewalt über das Leben, in der sowohl der Selbsterhaltungsbetrieb als auch das Recht auf den eigenen Tod und auf Selbstzerstörung zusammengefasst werden. Darüber hinaus, so *Hume*, sei der Mensch von Gott mit dieser Freiheit

44 *Fichte*, Das System der Sittenlehre, 1798; vgl. *Lind*, Selbstmord in der Frühen Neuzeit, 116; *Bronisch*, Der Suizid, 86.

45 Er hat die Suizidhandlung noch zwischen Mut und Feigheit beurteilt; in dieser Weise sei der Suizid ein feige Tat, zu der niemals ermutigt werden könne: denn „es kann vom Menschen nichts höheres gefordert werden, als dass er ein ihm unerträglich gewordenes Leben dennoch ertrage. Dieser Mut fehlt dem Selbstmörder“, *Fichte*, Das System der Sittenlehre (1798), Hamburg 1995, 265.

46 *Nietzsche*, Also sprach Zarathustra, (1885); vgl. *Benzenhöfer*, Der gute Tod?, 2009, 78 ff.

ausgestattet worden, weshalb der Suizid kein Verstoß gegen den göttlichen Willen darstellen könne, sondern als von Gott vorgesehene Handlungsoption eines Menschen verstanden werden müsse.

An dieser Stelle ist zu konstatieren, dass *Hume* die von anderen vertretene These invertiert hat. Anstelle des Postulats, Gott habe dem Menschen keine Verfügungsgewalt über das eigene Leben zugedacht geschweige denn, diesen mit einer solchen ausgestattet, setzt Hume den Lehrsatz, dass Gott dem Menschen die totale Freiheit über das eigene Leben gewähre. Im Hinblick auf die Pflicht gegenüber der Gesellschaft sei der Suizid vornehmlich sogar als „lobenswert" zu betrachten, sofern denn der Suizident eine Belastung für die Gesellschaft bzw. ein soziales Übel, wie etwa ein Verbrecher darstelle. Da beim Suizid ansonsten nur die Chance, „etwas Gutes zu tun", beseitigt werde und er dadurch der Gesellschaft keinen Schaden zufüge, stelle der Suizid keine Pflichtverletzung gegenüber dem Sozium dar. Im Anschluss an die Stoiker betrachtet *Hume* zuletzt die Pflicht, „um jeden Preis", ja sogar unter Umständen wie denjenigen einer schweren Krankheit, unerträglicher Schmerzen und schweren seelischen Leids weiter zu leben, als sinnlos.

Insofern als „noch niemand das Leben weggeworfen hat, als es noch lebenswert war", stelle der Suizid keinen Verstoß gegen uns selbst dar, weil selbst in einer Situation, in der jemand den eigenen Tod wählt, diese Einschränkung schon übertreten werde. Mit seinem eigenartigen und skeptischen Worten hat *Hume* bilanziert: „Das Leben eines Menschen hat für das Weltall keine größere Bedeutung als das einer Auster."

Außer *Hume* wenden sich auch *Montesquieu* (1689–1755), *Voltaire* (1694–1778) und *Rousseau*[47] (1712–1778) gegen die Verurteilung des Suizids und die Bestrafung des Suizidenten, die nach damaligem französischen Gesetz nicht nur das Verbot der kirchlichen Bestattung oder der Bestattung auf dem Friedhof, sondern auch eine schimpfliche Behandlung der Leiche des Suizidenten vorsahen. Im Anschluss an die theologische Tradition kannte das französische Recht zu dieser Zeit verschiedene Strafen gegen den Suizidenten, wie etwa die Konfiskation seines Vermögens oder aber die physische Verstümmelung von dessen Leichnam.

Diese Strafen wurden jedoch durch die Französische Revolution von 1789 aufgehoben. Demgegenüber wurde die Bestrafung eines Suizidenten in Preußen schon durch Friedrich den Großen, der bekanntlich unter dem Einfluss *Montesquieus* und *Voltaires*[48] stand, im 1751 Jahre aufgehoben. Freilich befürworteten

---

47 Zu ihrem Einfluss und dem Hintergrund dieser Zeiträume vgl. *Schumann*, Dignitas-Voluntas-Vita, 2006, S. 11 ff.

48 Dazu *v. Engelhardt*, Die Beurteilung des Suizids im Wandel der Geschichte, in: Wolfslast/Schmidt (Hrsg.), Suizid und Suizidversuch, 2005, S. 21.

damals noch deutsche Juristen die Bestrafung des Suizidenten, wie etwa Samuel Pufendorf, Christian Thomasius und Christian Wolff[49], und nach wie vor blieb die Sanktion gegen „den Selbstmörder" im Allgemeinen Landrecht Preußens von 1794 (ALR 20 II § 803 ff.) verankert[50].

In der Aufklärungszeit stellt der Suizid selbst ein sehr umstrittenes Thema dar. Auf den ersten Blick kann man nunmehr kaum noch die strenge Position gegen den Suizid als damaligen Leitgedanken feststellen. Es ist dabei von Bedeutung, dass das diverse Spektrum an diskussionswürdiger Suizidbehandlung durch partiell auftauchende Plädoyers für den Suizid bzw. dessen verstärkenden Entpönalisierung statt nur einer einheitlichen theologischen Sichtweise hätte erwarten lassen können. Aus diesem Grunde muss der Blickwinkel auf den Suizid im Folgenden weiter ausdifferenziert und vertieft werden. Solche Bestrebungen geben zudem später Anlass dafür, die Suiziddebatte in solchen Disziplinen wie Soziologie, Medizin bzw. Psychiatrie weiterzuführen.

4. Moderne und Gegenwart

Seit dem Ende des 19. Jahrhunderts entwickelte sich die Suiziddebatte, in Abwendung von der bis dahin abstrakten und oberflächlichen Erörterung, faktenbezogen und vielseitig. Zu dieser Zeit kam es in zahlreichen Fachgebieten zu einer intensiven wissenschaftlichen Annäherung an das Thema des Suizids[51]. Im 20. Jahrhundert entstand die sog. Suizidologie als eigenständige Disziplin. War es in der früheren Suiziddiskussion überhaupt nur um Größen wie die moralische Gerechtigkeit gegangen bzw. um die Frage, ob mit allgemeinen, also in gewisser Weise „banalen" theologischen Perspektiven zu argumentieren sei, so verlagerte

49 Vgl. *Dreier*, JZ 2007, 318; dazu siehe auch Schumann, a.a.O., S. 11 ff.

50 ALR § 803. Selbstmörder sollen zwar nach ihrem Tode nicht beschimpft werden; aber doch alles dessen, womit sonst das Absterben und Andenken andrer Leute von ihrem Stande oder Range geehrt zu werden pflegt, verlustig seyn. § 804. Leute, die sich selbst das Leben nehmen, um einer durch grobe Verbrechen verwirkten infamirenden Strafe sich zu entziehen, sollen nach Befinden des den Prozess dirigierenden Gerichts, auf dem Richtplatze verscharrt werden. § 805. Ist bereits ein Strafurteil wider sie ergangen: so soll dasselbe an dem todten Körper, so weit es möglich, anständig, und zur Abschreckung Andrer dienlich ist, vollzogen werden.; dazu Dreier, JZ, 2007, Fn. 120; vgl. Baumann, Vom Recht auf den eigenen Tod, 2001, S. 23 ff.; *Gavela*, Ärztlich assistierter Suizid und organisierte Sterbehilfe, 2013, S. 8 ff.

51 Freilich ist hier nicht gemeint, dass die frühere theologische oder philosophische Betrachtung nicht wissenschaftlich gewesen sei.

sich der Schwerpunkt seit dem 19. Jahrhundert entscheidend, bewegte sich hin zum Suizidenten und zu dessen Beziehung zu sich selbst.

Dabei wurde die Hauptfrage nach der Rechtfertigung des Suizids mit dem Fokus auf das Recht des Einzelnen bzw. das sog. Selbstbestimmungsrecht eines Individuums im juristischen und im soziologischen Kontext gestellt. Außer der Problematik der Rechtfertigung und der Zulässigkeit des Suizids werden dessen Ursachen und Prävention in den Mittelpunkt der Betrachtung bedeutend angenommen.

Im Zusammenhang mit der in vielen Disziplinen vehement diskutierten Suizidproblematik wurden weitere Probleme akut, so die Frage nach dem Anfang und dem Ende des Lebens. Ebenso die Probleme, die sich auf die Euthanasie, den Schwangerschaftsabbruch, die Beihilfe zum Suizid, die Tötung auf Verlangen sowie, nach eugenischer Ansicht, die aktive Tötung von Schwerkranken und Behinderten beziehen, Probleme also, die bis heute fortbestehen. Im Folgenden soll es darum gehen, in kurzer Zusammenfassung darzulegen, wie die Suizidproblematik vornehmlich in den soziologischen und den medizinisch-psychologischen Disziplinen seit dem 19. Jahrhundert behandelt wird.

a) *Die soziologische Studie* Emil Durkheims

Als erster Wissenschaftler überhaupt hat der französische Soziologe *Emile Durkheim* eine systematische Untersuchung zum Suizid vorgenommen und deren Ergebnisse im Jahre 1897 in dem Werk „*Le suicide*" veröffentlicht. Besondere Bedeutung erlangte seine Untersuchung vor allem deshalb, weil die Debatte über den Suizid bis dahin nahezu ausschließlich von religiösen und moralischen Argumenten geprägt gewesen war. Die soziologische Studie *Durkheims* gilt seit dem 20. Jahrhundert als relevant für die damals noch jungen wissenschaftlichen Disziplinen der Psychologie bzw. der Suizidologie. Trotz zahlreicher Versuche der modernen Wissenschaft, den Suizid zu verstehen, gilt *Durkheims* Arbeit auch ein Jahrhundert nach ihrer Veröffentlichung als Klassiker der modernen wissenschaftlichen Behandlung des Suizids.

In seiner Arbeit wagt *Durkheim* zunächst den Versuch einer begrifflichen Definition des Suizids. Im Rahmen einer umfassenden Diskussion betont *Durkheim* auch die Notwendigkeit, eine objektive Definition des Suizids vorzunehmen, um somit das Problem der Mehrdeutigkeit des umgangssprachlichen Gebrauchs des Ausdrucks „Suizids" zu lösen. Zu Beginn seiner Untersuchung postuliert er zunächst ein Grundkonzept des Suizids und schreibt, dass „der Tod die Folge einer Handlung des Opfers selbst ist; der ihn erleidet, ist identisch mit dem, der ihn hervorruft."[52] Mit anderen Worten: die Identitäten von „Opfer" und „Täter" verschmelzen miteinander.

Außerdem konstatiert *Durkheim*, dass es, abgesehen von der alltäglichen Vorstellung, dass für die Selbsttötung eine gewisse körperliche Anstrengung erforderlich sei, auch durch eine rein negative Haltung oder gar durch einfache Enthaltung zum Suizid kommen könne. Die Selbsttötung müsse nicht zwangsläufig durch Feuer oder Schwert erfolgen, sondern könne gleichermaßen durch Maßnahmen wie Nahrungsverweigerung induziert werden. Es geht hier also sozusagen um die aktive Durchführung oder die Unterlassung[53]. Darüber hinaus nennt *Durkheim* noch weitere Besonderheiten. So berichtet er etwa von einem Fall, bei dem ein gläubiger Christ gewaltsam den Götzendienst unterbindet und, damit zum Märtyrer werdend, ein Majestätsverbrechen begeht, für das die Todesstrafe vorgesehen ist, die er dann auch schließlich durch den Henker erleidet.

In diesem Zusammenhang weist *Durkheim* darauf hin, dass die unmittelbare Kausalität beim Suizidgeschehen irrelevant sei. Somit differenziert er zwischen einer mittelbaren und einer unmittelbaren Kausalität einer Handlungsfolge. Damit erfasst *Durkheim* sowohl die positive Handlungsgestaltung sowie die als Folge angeführte Mittelbarkeit als auch die negative, weil unmittelbar den Tod umfassende Handlung als Suizid. Auf dieser Grundlage legt er die erste Suiziddefinition vor: „Man bezeichnet mit Selbstmord jeden Tod, der mittelbar oder unmittelbar auf eine Handlung oder Unterlassung zurückgeht, deren Urheber das Opfer selbst ist."[54]

Wenn die erste Voraussetzung für den Suizid als „(nicht im rechtlichen Sinne) Selbstverhalten" verstanden wird, kann die Unterschiedlichkeit bei Todesfällen nicht geklärt werden. Daher wäre es nahezu unmöglich, ex post in Erfahrung zu bringen, ob es sich bei einer Person, die sich aus einem Fenster gestürzt hat, um einen an Wahnvorstellungen leidenden Menschen oder aber um eine Person handelt, die mit vollem Wissen und Wollen agiert hat. In diesem Kontext stellt Durkheim schließlich die Frage, ob der Suizid nur in dem Falle gegeben sei, wenn der Suizident wirklich seinen Tod gewollt hat. So schreibt er: „Kann man sagen, daß nur dann Selbstmord vorliegt, wenn die den Tod herbeiführende Handlung vom Opfer mit dem Wunsch vorgenommen wird, dieses Ergebnis zu erzielen?"[55]

Der Versuch *Durkheims*, die oben dargelegten Merkmale für eine Definition des Suizidbegriffs zunächst vorauszusetzen und sie sodann in zwei Kategorien un-

52 *Durkheim*, Der Selbstmord, S. 27.
53 *Durkheim*, Der Selbstmord, S. 25.
54 *Durkheim*, Der Selbstmord, S. 25.
55 *Durkheim*, Der Selbstmord, S. 25.

terteilt zu beleuchten, ist aus juristischer Perspektive außerordentlich interessant: *Durkheims* erste Feststellung kann als objektive Tatbestandsprüfung im strafrechtlichen Deliktsaufbau angesehen werden. Aus strafrechtlicher Perspektive ergibt sich im Hinblick auf die allgemeinen objektiven Tatbestände die Besonderheit, dass Täter und Opfer im Rahmen des Tatobjekts und -subjekts miteinander identisch sind. Außerdem kann man konstatieren, dass die Verhaltensweise bei der Tatbehandlung sowohl der aktive Tun als auch das Unterlassen zulässt.

Im Anschluss daran bezieht *Durkheim* weitere Merkmale der Kausalität im Suizidgeschehen mit ein in die Analyse und kommt zu der Aussage, dass, „wenn die Kausalität indirekt ist, bleibt das Phänomen dasselbe. [...], als hätte er die Waffe gegen sich selbst gerichtet; wenigstens haben wir keinen Grund, die beiden Varianten in verschiedene Begriffsklassen einzuordnen."[56]

Diese seine Auffassung über die Kausalität scheint, wenngleich sie „Kausalität" genannt wird, dennoch nicht derjenigen im rein strafrechtlichen Sinne zu entsprechen. Anstatt auf dem Bindeglied zwischen der – tatbestandsmäßigen – Handlung und dem Erfolg beruht *Durkheims* Verständnis vielmehr auf der Gedankenfigur von mittelbarer Täterschaft im Strafrecht. Unter Kausalität versteht man grundsätzlich den Zusammenhang zwischen der Handlung auf der einen und dem Erfolg auf der anderen Seite, so dass die Tathandlung jedenfalls für den jeweiligen Erfolg als „ursächlich" angesehen werden muss.

Demgegenüber ist *Durkheims* Ansatz bezüglich der Kausalität des Suizidgeschehens anders konzipiert als derjenige der Rechtswissenschaft. Unter Kausalität wird in seiner Analyse über den Zusammenhang zwischen der Handlung und dem Erfolg hinaus auf den Zusammenhang zwischen der Ursache, dem Motiv sowie dem Entschluss und dem Erfolg erweitert: in gewissem Sinne gilt dies sogar für die gesamte Kausalität. Freilich ist ein derartiger Ansatz im Rahmen einer soziologischen Betrachtung durchaus vertretbar.

Der Umstand, dass *Durkheim* sodann die Frage nach der inneren Situation des Suizidenten stellt und eine Antwort darauf finden will, ob bei der Ausführung des Suizids ein ernsthafter Todeswunsch als Voraussetzung für die Selbsttötung erforderlich ist, kann im gleichen Kontext wie der subjektive Tatbestand in der Strafbarkeitsprüfung verstanden werden. Da nun „die Absicht allzu persönlich ist, um von Außenstehenden voll erfaßt zu werden"[57], hängt die Feststellung des Suizidbegriffes immer von der inneren Beobachtung ab und führt deshalb schließlich nur zur einer groben Vermutung.

---

56 *Durkheim*, Der Selbstmord, S. 26.

57 *Durkheim*, Der Selbstmord, S. 26.

Wenn die Selbsttötung nur unter Zugrundelegung einer inneren Tendenz definiert wird, bei der, wie *Durkheim* meint, eine ernste Absicht vorliegt, sich selbst zu töten, können die verschiedenen Todestypen nur schwerlich als „Suizid" bezeichnet werden. Daher geht *Durkheim* weiter der Frage nach, ob der Tod eines Soldaten, der zwar das Risiko, das eigene Leben zu verlieren, auf sich nimmt, um sein Regiment zu retten, dabei jedoch nicht sterben will, ebenso als Suizid anzusehen sei wie der Tod eines Kaufmannes, der bewusst das eigene Ableben sucht, um der Schande eines Bankrotts zu entgehen, oder wie der Tod eines Märtyrers, der für seinen Glauben stirbt, oder der Tod einer Mutter, die sich für ihr Kind opfert. Dagegen ist nun aber einzuwenden: Weder der Soldat noch der Kaufmann, noch der Märtyrer, oder die Mutter wollen sterben, sondern haben deshalb jeweils ein eigenes Handlungsziel bzw. eigene Beweggründe wie z.B. die Rettung des Regiments oder die des Kindes.[58]

Grundsätzlich gilt nach *Durkheim*, dass es nicht möglich sei, eine Handlung allein auf der Grundlage des Ziels, das der Handelnde verfolgt, zu definieren. Bei ihrem Tod gebe es zudem zu viele grundlegende Ähnlichkeiten, und überdies könne sich die Verschiedenheit der Motive, die der jeweiligen Handlung zugrunde liegen, nur in zweitrangigen Differenzen niederschlagen. Daher liegt nach *Durkheim* in wissenschaftlicher Hinsicht dann ein „Selbstmord" vor, wenn ein Handlungsentschluss ohne Berücksichtigung der Handlungsmotive zur sicheren Opferung des eigenen Lebens führt. Somit hat *Durkheim* das Motiv der Berücksichtigung der inneren Elemente beim Suizid eliminiert, da die volle Kenntnis über den eigenen Handlungsakt erforderlich sei, der die Folge des eigenen Verhaltens sein wird. Schließlich definiert *Durkheim* den „Selbstmord" wie folgt: „Man nennt Selbstmord jeden Todesfall, der direkt oder indirekt auf eine Handlung oder Unterlassung zurückzuführen ist, die vom Opfer selbst begangen wurde, wobei es das Ergebnis seines Verhaltens im Voraus kannte."[59]

Im Gegensatz zur alltäglichen Sprachverwendung ist die Definition *Durkheims* äußerst differenziert: Bei der gedanklichen Erfassung des „Selbstmord" in zwei Richtungen blickend, indem er die äußerliche und die innerliche Betrachtung mit einbezieht, bestimmt *Durkheim* den Suizidbegriff gegenüber der strafrechtlichen Suiziddogmatik sehr gewöhnlich, wie dies etwa am Beispiel der Abgrenzungsproblematik einer Tötung auf Verlangen von der Beihilfe zum Suizid deutlich wird. Freilich kann es durchaus Unterschiede zwischen der soziologischen Betrachtungsweise *Durkheims* und derjenigen des Strafrechts geben, welcher die Strafbarkeit von Personen als essentiellen Teil des delikaten Abgrenzungsproblems betrachtet.

---

58 *Durkheim*, Der Selbstmord, S. 26.
59 *Durkheim*, Der Selbstmord, S. 27.

Heutzutage ist die vorherrschende Meinung in der deutschen Strafrechtslehre jedoch ganz ähnlich beschaffen. Einerseits wird geprüft, ob der Suizident durch seine freie Willensbildung selbst die Verantwortung für seinen Tod tragen kann, ob also das sog. Freiverantwortlichkeitskriterium gegeben ist, andererseits wird geprüft, ob die Herrschaft über den letztlich zum Tode führenden Akt als normatives Kriterium für das äußere Erscheinungsbild eines solchen Todes gelten kann. Es muss also geklärt werden, ob die normative Beurteilung sowohl nach der inneren Situation des Betroffenen als auch nach dem äußerlichen Tatgeschehen erfolgen kann.

Obwohl *Durkheims* Analyse – wie dargestellt – auch in juristischer Hinsicht von Bedeutung ist, konzentriert sie sich stärker auf die objektiven Merkmale – das sog. Selbst-Verursachen und das Erfolgseintritt –, so dass das Erscheinungsbild des Suizids deutlich erweitert wird. In den von Durkheim ins Feld geführten Beispielen sollte etwa der Soldat vom Gegner getötet bzw. sollte der Märtyrer durch den Henker exekutiert werden. *Durkheims* Auffassung über die subjektiven Merkmale im strafrechtlichen Sinne, bei der die Handlungsmotive bedeutungslos sind, die Handlungsabsicht und deren Erfolg jedoch erkennbar sein sollten, ist zwar durchaus angebracht, aber sein Verständnis der Geschehenserscheinung unterscheidet sich demgegenüber sehr stark von der strafrechtlichen Auffassung, was insbesondere für die Kausalität gilt, weil dieser, während in ihm nach strafrechtlicher Ansicht ein Tatgeschehen für den „Kausalzusammenhang" betrachtet werden sollte, aus sachlichem Blickwinkel ein Suizidgeschehen im gesamten und naturgemäßen Kausalitätszusammenhang erfasst.

Daher ist *Durkheims* Suizidbegriff nicht vertretbar in einem juristischen Kontext.

b) Psychologie und Medizin

Lange Zeit wurden ein Suizident sowie eine Person, die einen Suizidversuch unternimmt, juristisch als zu bestrafende Verbrecher sowie moralisch als Sünder angesehen. Dieser Bewertung liegt ein nur partieller äußerlicher (Selbst)Tötungsakt zugrunde, vermittels dessen der gesamte Verlauf des Suizids kategorisiert wird. Vor dem Vollzug jedes Suizids sucht sich jeder dazu entschlossene Mensch irgendein Motiv bzw. stellt eine bestimmte Überlegung an – diese ist entweder spontan oder umsichtig.

Jedoch gilt die moralische Bewertung nicht nur der Handlung, sondern auch anderen Elementen des Suizids unter medizinischen und psychologischen Gesichtspunkten, wobei der Fokus hier besonders auf den inneren Vorstellungen des Suizidenten liegt. Vor allem aber werden von etlichen Psychologen die psychischen Ursachen des Suizids sowie der Zustand des Suizidenten erforscht.

Sigmund Freud (1856–1939) definiert den Suizid als den Ausdruck einer gegen sich selbst gerichteten Aggressivität: „Eine Person hat gegenüber einer anderen Person aggressive Emotionen, die die Person jedoch nicht zu artikulieren in der Lage ist; da sich die Aggressivität durch diese Hemmung aber intensiviert und dadurch zugleich immer mehr der Entladung bedarf, wenden sich die Aggressionen letztlich gegen das eigene Ich, und es kommt zur Selbsttötung". Auch spricht Freud in diesem Zusammenhang vom Ausdruck eines den Lebenserhaltungstrieb überwindenden Todestriebes: „Jeder Mensch hat von der Geburt ein Todestrieb und zugleich einen Lebenstrieb. Aber wenn der Erste (Todestrieb) möglicherweise aufgrund eines bestimmten Vorfalls den letzten (Lebenstrieb) überwiegend dominieren würde, dann entstünde die suizidale Handlung"[60]. Nach *Freud* liegt die grundsätzliche Problematik des Suizids in dem psychischen Element und die das suizidale Verhalten verursachende Aggressivität und der Todestrieb entstehen überhaupt erst aus eminenter Depression und Melancholie[61]. Für *Freud* sind das suizidale Verhalten und die Depression nicht voneinander zu trennen, sondern werden als eine Wendung der Aggression gegen sich selbst verstanden. Die Wendung dieser Aggression führe durch Schuldgefühle und Selbstentwertung letztlich zum Suizid[62]. Der amerikanische klinische Psychiater *Karl Menninger* rekurriert ebenfalls grundsätzlich auf den psychischen Zustand des Suizidenten, so wie dies *Freud* getan hat, nämlich in der Weise, dass er sagt, jeder Mensch habe ein angeborenes, selbstdestruktives Potential[63].

Die auf der Depression basierende Suizidtheorie Freuds wird von *Henseler* weiterentwickelt, wobei dieser die sog. Narzissmustheorie vertritt. Wie bereits *Freud* es getan hat, so geht auch *Henseler* davon aus, dass der in letzter Instanz auftretende Selbsttötungsakt eine Wendung der Aggression gegen das eigene Ich sei. Er weist dabei auf die narzisstische Problematik bei Personen hin, die einen Suizidversuch unternommen haben, und darauf, dass sie bei der Aggressivität zu beobachten sei. Schließlich sei der Suizid oder der Suizidversuch als eine aus einer narzisstischen Krise verursachte, auf sich selbst gerichtete Aggressivität zu charakterisieren, und dabei lasse sich der Betroffene von inneren Größenideen,

---

60 Dazu *Piltz*, Der Suizid in der deutschsprachigen Erzählliteratur, dargestellt in ausgewählten Werken des 19. und 20. Jahrhunderts, 2013, S. 25.

61 Vgl. *Freud*, in: von Alexander Mitscherlich u.a. (Hrsg.), Trauer und Melancholie, Psychologie des Unbewußten, Studienausgabe, Bd. 3, Frankfurt/M 1994, S. 205 f.; auch *ders.*, a.a.O, S. 248 ff.

62 Vgl. *Bronisch*, Der Suizid, 41 ff., S. 73 ff.

63 Aber die Menningers Selbstdestruktivität hebe sich von der Suizidtheorie Freuds ab, dazu vgl. *Bronisch*, Der Suizid, S. 75.

wie im Sinne der Suizidphantasie *Ringels*, einsperren: „Die Berücksichtigung einer narzisstischen Problematik und der für sie typischen Regressionsvorgänge hat eine große erklärende Kraft nicht nur für zahlreiche Besonderheiten der idealtypischen suizidalen Persönlichkeit und ihrer Suizidhandlung, sondern auch für die Problematik des konkreten Suizidenten sowie für sein Erleben und Verhalten. Insbesondere dürfte die Rolle narzisstischer Konflikte für die zur Suizidhandlung führenden Situationen deutlich geworden sein."[64]

Letztlich sollte das präsuizidale Syndrom von *Erwin Ringel* über die psychologischen Ergebnisse der Erfahrung der Suizidproblematik in moderner Zeit nicht hinweggehen. In den frühen 1950er Jahren hat *Ringel* 745 Patienten untersucht, die einen Suizidversuch unternommen hatten. Auf der Grundlage dieser Untersuchungen konnte er genau bestimmen, welche Phasen ein Patient insgesamt durchläuft.[65] Nach *Ringel* lassen sich die Einengung, die Aggression und die Phantasie – also die Flucht in die Irrealität – bei fast allen von ihm untersuchten Patienten beobachten. Dieses Phänomen hat *Ringel* später unter der Beziehung des „präsuizidalen Syndroms" zusammengefasst[66].

c) Die deutsche Situation in der ersten Hälfte des 20. Jahrhunderts

Des Weiteren ist die spezielle Diskussionslage bemerkenswert, die Deutschland in der ersten Hälfte des 20. Jahrhunderts geprägt hat. Ihr Spektrum erstreckte sich dabei freilich nicht nur auf die reine Suizidproblematik, sondern ebenso auf die Euthanasie bzw. die aktive Sterbehilfe. Besonders die Billigung der Euthanasie für Schwerbehinderte oder für unheilbar Kranke nahm aufgrund des damals bestehenden ökonomischen Risikos, des durch den Ersten Weltkrieg verursachten Drucks sowie wegen der allgemeinen Stimmung im Dritten Reich erheblich zu.[67]

Zunächst unternahmen der bedeutende deutsche Strafrechtslehrer *Karl Binding* (1841–1920) und der deutscher Psychiater *Alfred Hoche* in ihrem Werk „*Die Freigabe der Vernichtung lebensunwerten Lebens sowie Ihr Maß und Ihre Form*" (1920)

---

64 Henseler, Narzißtische Krisen: Zur Psychodynamik des Selbstmords, 2. Aufl., 1984, S. 172.

65 *Ringel*, Der Selbstmord: Abschluss einer krankenhaften psychischen Entwicklung, 1953.

66 Zu dem präsuizidalen Syndrom *Ringel*, Der Selbstmord, 10. Aufl., 2008, 104 ff.; vgl. auch *Bronisch*, Der Suizid, S. 38 ff.

67 Z.B *Jost*, Das Recht auf den eigenen Tod, 1895; *Haeckel*, Ewigkeit. Weltkriegsgedanken über Leben und Tod, Religion und Entwicklungslehre, 1915, und von ihm gegründete „Deutsche Monistenbund" (1906); zu diesem Zeitraum vgl. *Große-Vehne*, Tötung auf Verlangen, „Euthanasie" und Sterbehilfe, 2005, S. 125 ff.

den Versuch, die Zulässigkeit und die Möglichkeit der aktiven Sterbehilfe bzw. die Bestimmung des „lebensunwerten Lebens" theoretisch zu klären. Im ersten Teil dieses Werks, der von *Binding* aus rechtlicher Perspektive verfasst worden ist, kommen drei Gruppen für eine Freigabe der Tötung in Betracht: die erste Gruppe bilden, „die zufolge Krankheit oder Verwunderung unrettbar Verlorenen, die im vollen Verständnis ihrer Lage den dringenden Wunsch nach Erlösung besitzen und ihn in irgendeiner Weise zu erkennen gegeben haben"[68], die zweite Gruppe besteht, „aus den unheilbar Blödsinnigen – einerlei, ob sie so geboren oder etwa wie die Paralytiker im letzten Stadium ihres Leidens so geworden sind"[69]; die dritte Gruppe ist, „die der geistig gesunden Persönlichkeiten, die durch irgendein Ereignis, etwa sehr schwere, zweifellos tödliche Verwundung, bewusstlos geworden sind, und die, wenn sie aus ihrer Bewusstlosigkeit noch einmal erwachen sollten, zu einem namenlosen Elend erwachen würden."[70] Nach *Binding* ist vornehmlich zu beachten, dass auch der Schwerstkranke, der unheilbar Blödsinnige bzw. ein Mensch mit sog. lebensunwertem Leben einen eigenen Willen über ihr Leben besitze, der grundsätzlich zu respektieren sei: „[....] die unbedingte Achtung des Lebenswillens aller, auch der kränksten und gequältesten und nutzlosesten Menschen."[71] Vom Standpunkt einer höheren staatlichen Sittlichkeit aus könne jedoch die unbedingte Erhaltung solchen „lebensunwerten Lebens" nur als eine „Übertreibung" angesehen werden, weil ein solches Leben nicht bloß „wertlos" sei, sondern sogar erheblich „etwas Negatives"[72] impliziere.

Im zweiten Teil dieses Werks finden sich ärztliche Bemerkungen von Alfred Hoche, bei denen der Autor hauptsächlich darüber sinniert, wann Ärzte zur Euthanasie berechtigt seien. Außerdem plädiert er für die Tötungsfreigabe bei den von Binding vorgeschlagenen drei Gruppen, die besonders vor dem Hintergrund

---

68 *Binding/Hoche*, Die Freigabe der Vernichtung lebensunwerten Lebens, 1920, S. 29; dazu *Benzenhöfer*, Der gute Tod?, 2009, S. 91

69 *Binding/Hoche*, Die Freigabe der Vernichtung lebensunwerten Lebens, 1920, S. 31; dazu *Benzenhöfer*, Der gute Tod?, 2009, S. 91

70 *Binding/Hoche*, Die Freigabe der Vernichtung lebensunwerten Lebens, 1920, S. 33; dazu *Benzenhöfer*, Der gute Tod?, 2009, S. 92

71 *Binding/Hoche*, Die Freigabe der Vernichtung lebensunwerten Lebens, 1920, S. 28 f., 56 f.: „[...] die Beseitigung der geistig völlig Toten kein Verbrechen, keine unmoralische Handlung, keine gefühlsmäßige Rohheit, sondern einen erlaubten nützlichen Akt darstellt."

72 Dies insinuieren Termini wie der „geistige Tod", „lebensunwert", „Blödsinnige", „Idioten", „Defektleben" sowie „nutzloser Mensch".

ökonomischer Aspekte relevant sei.[73] Die Rezeption dieser Schrift hat eine heftige Kontroverse zwischen Juristen und Medizinern ausgelöst. Bei den Medizinern findet sich hauptsächlich eine vehemente Ablehnung einer etwaigen Tötungsfreigabe, während die Juristen überwiegend bzw. teilweise den Vorschlägen *Bindings* zustimmten[74]. Die von *Binding* und *Hoche* erörterte Problematik stimulierte eine Diskussion über die Euthanasie bzw. die Früheuthanasie von „lebensunwertem Leben" und lieferte später der Politik des Nationalsozialismus sowie deren rücksichtslos vollzogener Euthanasiepraxis eine theoretische Basis.

Seit dem 19. Jahrhundert werden die willkürliche Abstufung und die Verfügung über das Leben aus volkswirtschaftlichen und staatlichen Gründen durch Ideen wie derjenigen des Sozialdarwinismus, der Degenerationslehre und der Rassenhygiene induziert und die institutionelle Vernichtung lebensunwerten Lebens wird sogar legitimiert. In der Folgezeit führte dies im Nationalsozialismus zu einem endgültigen Dammbruch.

5. Zwischenergebnis

Aus der zuvor angestellten Betrachtung kann man den Schluss ziehen, dass sich der Suizidgedanke ideengeschichtlich mitnichten zu einem bestimmten Kulminationspunkt hin entwickelt hat, sondern grundsätzlich Zyklen Pro und Contra unterworfen gewesen ist. Die oben genannte Hauptsäule, bestehend aus Gott, der Gesellschaft und dem Individuum, sieht sich dabei in Abhängigkeit von verschiedenen Zeitepochen jeweils neuen Argumenten konfrontiert. Diesen Umstand hat der deutsche Schriftsteller *R. Willemsen* mit folgenden Worten beschrieben: „Jede Zeit kultiviert ihr Interesse am Selbstmord neu."[75] In der Vergangenheit wurde der Suizid sowohl mit Begründung von der menschlichen Freiheit verteidigt, als auch aus religiösen und moralischen Gründen vorgeworfen. In gleicher Weise ver-

73 *Binding/Hoche*, Die Freigabe der Vernichtung lebensunwerten Lebens, 1920, S. 54: Die Anstalten, die der Idiotenpflege dienen, werden anderen Zwecken entzogen; soweit es sich um Privatanstalten handelt, muß die Verzinsung berechnet werden; ein Pflegepersonal von vielen tausend Köpfen wird für diese gänzlich unfruchtbare Aufgabe festgelegt und fördernder Arbeit entzogen; es ist eine peinliche Vorstellung, daß ganze Generationen von Pflegern neben diesen leeren Menschenhülsen dahinaltern, von denen nicht wenige 70 Jahre und älter werden.; danach gebe es 20–30.000 Idioten in Anstalten und betrage der durchschnittliche Aufwand pro Kopf und Jahr für eine Person 1.300 RM.; dazu *Benzenhöfer*, Der gute Tod?, 2009, S. 92 f., Fn. 33.

74 Dazu *Benzenhöfer*, Der gute Tod?, 2009, S. 93 f.

75 *Willemsen*, Der Selbstmord, 2002, S. 13; vgl. *Wolfersdorf/Etzersdorfer*, Suizid und Suizidprävention, S. 13 ff.

mischen sich heutzutage die unterschiedlichen Bewertungen über den Suizid. Im Laufe der Menschheitsgeschichte haben sich demzufolge Phasen der Bekämpfung bzw. der Bestrafung sowie der Rechtfertigung bzw. der Befürwortung von Suizid stets wiederholt.

An der Suiziddebatte der Gegenwart ist auffällig, dass der Suizid nunmehr im Sinne einer praxisnahen Tendenz wissenschaftlich analysiert und erforscht wird. Dies gilt auch für die moderne Rechtswissenschaft, die im Gegensatz zur Vergangenheit, als der Suizid noch mit Ehren- und Vermögensstrafen sanktioniert wurde, heutzutage in Bezug auf die Problematik von pro und contra einen neutralen Standpunkt[76] einnimmt und vielmehr auf die aus verschiedenen Suizidkonstellationen abgeleitete theoretische Problematik sowie auf die Praxisfälle eingeht.

III. Arten und Erscheinungsformen des Suizids

Der Suizid kann grundsätzlich in unterschiedlichen Formen in Erscheinung treten. Er kann erfolgen, indem man sich etwa mit einer Handfeuerwaffe in den Kopf schießt oder aber in Flüssigkeit auf gelöstes Gift zu sich nimmt. Es ist auch möglich, das eigene Leben indirekt zu beenden: Hungerstreiks bzw. die Verweigerung von Flüssigkeitsaufnahme führen nach einer bestimmten Zeit zwangsläufig zum Tode.

Im Hinblick auf die Ausführung des Suizids gibt es darüber hinaus noch weitere Unterschiede: So entscheiden sich manche Menschen dazu, allein und in Panik versunken, sich das Leben zu nehmen, während andere gemeinsam mit einer weiteren Person, wie z.B. dem Lebenspartner, Suizid begehen. Wieder andere geraten durch finanzielle Krisen oder durch Verlusterfahrungen in eine suizidale Situation. Es ist bekannt, dass sich jeder Mensch den Suizid vorstellt und mindestens einmal in seinem Leben von ihm „träumt". Nichtsdestoweniger sind die meisten Menschen nicht dazu in der Lage, die Schwelle zum Suizid tatsächlich zu überwinden, da hierfür – wie es scheint – großer „Mut" nötig ist.

Vor diesem Hintergrund kann es durchaus vorkommen, dass die Überschreitung dieser Hemmschwelle im Rahmen des Verlaufes einer suizidalen Handlung mit fremder Hilfe erfolgt, indem der Vollzugsakt an einen Dritten delegiert wird. In einem solchen Falle wird der Entschluss, einen Suizid zu begehen, erst nach ernsten

76 Mit „neutral" ist hier das Recht gemeint, gemäß dem der Suizid weder verboten noch garantiert wird. In diesem Sinne ist das Recht gegenüber dem Rechtsgutsverzicht von dessen Träger gleichgültig oder respektiert die Persönlichkeit sowie das Selbstbestimmungsrecht des Einzelnen. Somit ist sichergestellt, dass der Rechtsstandpunkt den Suizid geschichtlich in erheblichem Maße umgestaltet.

Überlegungen sowie unter dem Einfluss anderer Personen getroffen. In der Regel entspringt der Suizid jedoch der Impulsivität und Dynamik einzelner Momente, in denen der Betroffene starke seelische Schmerzen erfährt und in dieser Weise voreilig handelt. In Analogie zu den mannigfaltigen äußeren Erscheinungsformen des Suizids können auch dessen innere Manifestationsformen analysiert werden. Da es jedoch unmöglich ist, die genaue Anzahl von Motiven, Ursachen sowie Suizidenten selbst zu ermitteln, muss das vorliegende Problem äußerst diffizil bleiben.

Eine wissenschaftliche Betrachtung der endogenen Elemente des Suizids kann erst durch solche modernen Disziplinen wie Psychologie und klinische Psychiatrie ernsthaft bewerkstelligt werden. Dabei wird stets auf die zahlreichen psychischen Ursachen zu rekurrieren sein, während die Analyse des Phänomens grundsätzlich unter klinischen Aspekten erfolgt, gemäß denen der Suizid sui generis als eine Krankheit anzusehen ist.

Im Folgenden soll es darum gehen, den Suizid im Hinblick auf seine äußeren Erscheinungsformen zu kategorisieren sowie nach psychologischen und klinischen Seiten zu befragen. Da dieses Unterfangen gemäß der Natur der Sache ein hohes Maß an Fachkunde erfordert, ist es nahezu unmöglich, sämtliche damit verbundenen Aspekte in der vorliegenden Studie zu betrachten. Nichtsdestoweniger soll im Rahmen des klinischen Bereichs die korrekte Verwendung des Terminus „Suizid“ herausgestellt werden.

1. Der Suizid und die Fremdtötung

Insgesamt kann man konstatieren, dass beim Tod begrifflich zwischen einer natürlichen und einer unnatürlichen Variante unterschieden werden kann. Hierbei entspricht der aus Krankheit oder hohem Alter resultierende Tod der erstgenannten Variante. Technisch genommen – dies erscheint allerdings sehr ironisch – kann der Sterbevorgang tatsächlich bereits unmittelbar nach der Geburt beginnen. Trotzdem kann man nicht einfach davon sprechen, dass das ganze Leben eines Individuums mit dem Vorgang des Todes gleichzusetzen sei: dies gilt mehr und mehr mindestens im juristischen Kontext für das Sterben. Vielmehr ist daher entscheidend, inwiefern die letztlich zum Tode führende Ursächlichkeit unmittelbar bzw. mit an Sicherheit grenzender Wahrscheinlichkeit mit dem Sterbevorgang zusammenhängt. Damit können die Natürlichkeit und die Künstlichkeit des Sterbens voneinander unterschieden werden.

Dies ist allerdings längst nicht nur mit dem etwa künstlichen Eingriff in den Sterbevorgang für den künstlichen Tod festzustellen. Grundsätzlich stellt sich hier die Frage, ob der Tod bei „künstlichen“ lebenserhaltenden Maßnahmen, wie z.B. dem Einsatz eines Beatmungsgeräts, tatsächlich künstlich ist. Freilich obliegt die

Feststellung des Todes stets einem Arzt, wobei gleichermaßen das klinische und das juristische Kriterium gelten. Nichtsdestoweniger ist dies der Gegenstand des Todesbegriffs und der Todesfeststellung. Für die Entscheidung über dessen Natürlichkeit bleibt bei diesem Kriterium kein Raum. Der Tod bedeutet das Ende des Lebens. Somit impliziert der Todesbegriff die Verkürzung der Lebenszeit und deren Beschleunigung. Daher umfasst der Begriff des unnatürlichen Todes nicht die künstliche Maßnahme, die im Rahmen des Sterbevorgangs mit dem Zweck der Lebenserhaltung, der Lebensverlängerung oder der Heilbehandlung geleistet wird. Somit ist der künstliche Tod als ein künstlicher Eingriff zu verstehen, der dem Zwecke dient, den Tod absichtlich zu beschleunigen oder aber diesen zu verursachen.

Darüber hinaus kann beim künstlichen Tod weiter im Hinblick auf das Subjekt der Tötungshandlung differenziert werden. Hierbei geht es also um ein Abgrenzungsproblem von Suizid und Fremdtötung. Gemäß der allgemeinen Sprachverwendung scheint diese Abgrenzung prima facie einfach zu sein. Entlang dieser Grenzlinie lassen sich aber schärfere juristische Probleme lokalisieren. Die Frage muss also dahingehend erörtert werden, ob der Bereich des künstlichen Todes in Suizid und Fremdtötung unterteilt werden kann. An dieser Grenze befindet sich ein weiterer Grenzpunkt, wie z.B. in Fällen von illegalen Autorennen oder der Sterbehilfe. Aus Grenzproblemen dieser Art entstehen unter anderem heftig diskutierte strafrechtliche Fragen. Hierzu wird in einem späteren Abschnitt noch genauer Stellung genommen werden.

2. Beteiligungsform

Aus den bereits dargestellten Zusammenhängen kann man nun die Frage ableiten, in welchen Formen der Suizid überhaupt erscheint? Wie bereits erwähnt, kann sich der Suizid in Relation zu verschiedenen Kriterien in unterschiedlicher Weise manifestieren – so z.B. nach seinen Motiven, nach seinen Ursachen, nach seinen Handlungsmitteln, nach seinen Beteiligungsformen, sowie nach seinen Unterstützungsformen etc. In Hinblick auf die strafrechtliche Perspektive ist dabei zunächst die Einordnung nach den Beteiligungsformen von besonderer Relevanz. Unter Rückgriff auf die Strafrechtstheorie im Sinne von § 25 ff. StGB kann der Suizid wie folgt differenziert und charakterisiert werden: Der Einzelsuizid, der Doppelsuizid bzw. der Gruppensuizid und der von Dritten assistierte Suizid. Letztgenannter wird dabei zusätzlich ausdifferenziert: der ärztlich assistierte Beihilfesuizid (im Sinne der §§ 26, 27 StGB, die sog. Beihilfe zum Suizid) oder der von einer Organisation assistierte Suizid, wie etwa im Falle der schweizerischen Vereine Exit und Dignitas. Die daraus resultierende Problematik wird später in einem anderen Abschnitt behandelt werden.

3. Bilanz-, eilige impulshafte- (Verzweiflungssuizid) und Appellsuizid

Jeder Suizident kann den Entschluss, sein Leben zu beenden, mit individuell verschiedenen Motiven begründen. Grundsätzlich ist es möglich, den Suizid in Abhängigkeit vom Maß der Abwägung für den Suizidentschluss zu charakterisieren. In Fällen mit einer Konstellation, bei der der Suizident nicht ernsthaft das Ziel verfolgt, sein Leben zu beenden, sondern lediglich auf seine Probleme aufmerksam machen will, ist vom sog. Appellsuizid die Rede. Dabei steht der Appell an die Mitmenschen durch die Suizidhandlung klar im Vordergrund, wie man ihn z.B. im Falle von Liebeskummer kennt. Der Appellsuizid weist sehr oft ein typisches Arrangement auf. So erfolgt der vermeintliche Suizid bzw. dessen Versuch in der Regel direkt im Wahrnehmungsfeld derjenigen Personen, an die sich der Appell richtet, damit eine möglichst große Wahrscheinlichkeit besteht, dass die Tat registriert wird.[77]

Demgegenüber wird der „echte“ Suizid gemeinhin nach reiflicher Überlegung begangen, in der positive und negative Aspekt des eigenen Lebens einander gegenüber gestellt und sodann bilanziert und bewertet werden, so dass die letztliche Entscheidung zum Suizid mit dem freien Willen zu begründen ist, ohne dass hier etwaige Defekte wie z.B. eine unheilbare Krankheit, schreckliche und unerträgliche Schmerzen oder die Aussichtslosigkeit und Perspektivlosigkeit des eigenen Lebens ins Gewicht fielen. Bei einer solchen selbstbestimmten und freiheitlichen Willensbildung wird stets eine negative Bewertung der eigenen Lebensbilanz gezogen, woraus sich unmittelbar der Entschluss ergibt, dem eigenen Leben ein Ende zu setzen. Einen Suizid dieser Art bezeichnet man als sog. Bilanzsuizid.[78]

Diese hier genannten Begriffe stammen eigentlich aus der psychologischen Betrachtung der Einzelaspekte des Suizids. In dieser Weise ist die Bezeichnung „Bilanzsuizid“ zum einen zwar theoretisch angemessen, zum anderen ist jedoch fraglich, ob es sinnvoll sein kann, diese in der Wirklichkeit auch dieserart voneinander abzugrenzen. Nichtsdestoweniger wird dieser Begriff auch häufig im Rahmen juristischer Debatten angewendet. In der Tat – so kann man konstatieren – ist der Unterschied in rechtlicher Hinsicht deshalb so bedeutend, weil nur die Beihilfe zum echten Bilanzsuizid, also zum freiverantwortlichen Suizid, unter strafrechtlichen Gesichtspunkten straflos ist, während die Beihilfe zum Appellsuizid ggf. strafbar sein kann.

---

77 *Bronisch*, Der Suizid, S. 15.

78 In der Tat ist ein derartiger Suizid sehr selten. Die Fälle der „echten Billanzselbsttötung“ betrugen nur ungefähr 5% der versuchten und 50% der vollendeten; siehe auch *Hiersche*, Sitzungsberichte der 56. DJT in der strafrechtlichen Abteilung, M 9 f.; vgl. auch *Wolfersdorf/Etzersdorfer*, Suizid und Suizidprävention, 2011, S. 65 f.

IV. Suizidbegriff

Wie vorstehend erörtert, wird die Problematik des Suizids in vielen Wissenschaftsbereichen bereits seit langer Zeit unter vielen verschiedenen Perspektiven kontrovers diskutiert. Weil der Suizid in Disziplinen wie Theologie, Philosophie, Psychologie, Soziologie, Anthropologie und Rechtswissenschaft ein umfangreiches und komplexes Problem darstellt, ist es sehr schwierig, dieses Phänomen für alle Fachrichtungen eindeutig allgemeingültig und klar zu definieren. Geht man von einer bestimmten Ansicht über den Suizid aus, wird gemäß dem Wortlaut freilich ein grundsätzlicher Begriff des Suizids nicht außer Acht gelassen: „Suizid" bedeutet „das Sich-selbst-Töten bzw. die vorsätzliche Auslöschung des eigenen Lebens." Auf diesem Wortsinn basierend, ist es für den Suizidbegriff erforderlich, diesen um gewisse Aspekte zu ergänzen. Grundsätzlich lässt sich sagen, dass ein solch elementarer Begriff wie der Suizid der vielschichtigen Problematik dieses Themas nicht angemessen ist. Vor diesem Hintergrund ist vor allem *Bronischs* Rat[79] bemerkenswert, gemäß dem der Suizid vom Handlungsmotiv bis hin zum Todeserfolg ein umfassender Begriff ist.

Zunächst geht dem Suizid in der Regel der „Wunsch" voraus, dem eigenen Leben ein Ende zu setzen. Davon ausgehend, ist gewöhnlich dann von Suizid die Rede, wenn sich eine Person gezielt und mit bewusster Absicht das Leben nimmt, nämlich mit dem Ziel, sich selbst zu töten, und mit dem Wissen, dass die jeweilige Handlung den eigenen Tod bedeuten könnte. Strafrechtlich gesprochen, ist für den Suizid die dem dolus directus 1. Grades entsprechende Absicht (der Wille zum eigenen Tod und das Wissen um den Erfolgseintritt) erforderlich. Somit ist also der Suizidbegriff im Sinne des Vorsatzes zu definieren. Daher ist ein gefährliches Verhalten im Sinne von riskanten sportlichen Aktivitäten, wie z.B. Bergsteigen, Autofahren oder Skifahren, bei denen man sich der Gefahr des drohenden Todes stets bewusst ist und durchaus ohne die Intention, zu sterben, das eigene Leben verlieren kann, bereits nicht mehr mit dem Begriff „Suizid" fassbar.[80] Somit ist auch die Handlung des Passagiers im Memel-Fall[81] nicht mehr

---

79 Vgl. *Bronisch*, Der Suizid, S. 12 ff.

80 In diesem Zusammenhang hat *Menninger* (ein amerikanische Psychiater, 1938) dies als „verzögerte Selbsttötung" beschrieben und schließt diese Verhaltensweisen von Suizidversuch und Suizid aus. Vgl. *Bronisch*, Der Suizid, S. 13 f.

81 RGSt 57, 172; In diesem Fall hat das Reichsgericht einen Fährmann, der trotz Unwetters zwei drängende Passagiere über die Memel hatte setzen wollen, mit der Begründung freigesprochen, dass eine Sorgfaltswidrigkeit auf Seiten des Gefährdenden fehle, wenn das Opfer sich in Kenntnis des Risikos einer Gefahr freiwillig aussetzt. Der Fährmann habe beide „auf das Gefährliche des Unternehmens wiederholt und nachdrücklich

als Suizidverhalten anzusehen, sondern stellt vielmehr eine Konstellation von eigenverantwortlicher Selbstgefährdung dar.

Bei einem „bedingten Vorsatz", bei dem man seinen eigenen Tod nicht unmittelbar anstrebt, diesen aber billigend in Kauf nimmt, oder aber bei Vertrauen auf dessen Nichteintritt im Sinne der bewussten Fahrlässigkeit, spricht man daher grundsätzlich nicht von Suizid. Vor diesem Hintergrund ist der Suizid sui generis also der Selbstgefährdung oder Selbstschädigung zuzuordnen, wobei jedoch längst nicht jede das Individuum selbst gefährdende oder schädigende Handlung mit dem Suizid gleichgesetzt werden kann. Auf demselben Grund ist auch die indirekte Sterbehilfe insofern als eine Form des Suizids zu verstehen, als ihr ein gezielter Todeswunsch vorausgeht. Demzufolge ist es für den Suizid unabdingbar, „vorsätzlich" den eigenen Tod zu verursachen. Somit versteht man unter Suizid den bewussten und willentlich angestrebten, gegen das Individuum selbst gerichteten Tod.

Bei der begrifflichen Bestimmung des Suizids in Hinblick auf dessen subjektive Elemente sind vor allem noch das Motiv und das Ziel problematisch. Besonders in der psychologischen Fachliteratur, die den psychischen Zustand des Suizidenten analysiert, wird verstärkt auf den Beweggrund bzw. die Zielsetzung des Suizids eingegangen. Das hierfür typische Beispiel sind der sog. Opfertod, der ein „Sich-Opfern für einen anderen Menschen oder eine Gemeinschaft, für eine Idee, Ideologie oder einen Glaubensinhalt"[82] bedeutet, oder auch Askese und Märtyrertum. Weil der Suizid im heutigen psychologischen und medizinisch-psychiatrischen Fachgebiet meist als „eine krankhafte Krise" oder „ein für sich selbst getaner letzter und bester Ausweg" bezeichnet wird, muss ein derartiger Tod grundsätzlich vom Suizidbegriff unterschieden werden,[83] wobei der mit dem für sich selbst angestrebten Zweck und dem abnormalen psychiatrischen Motiv einhergehende Tod vom Suizidbegriff auszuschließen ist. Können aber das Motiv und das Ziel des suizidalen Verhaltens den Begriff des Suizids überhaupt bestimmen und wenn ja, ist dafür ein entscheidendes Element notwendig? Weil die Ursache und die Entwicklung des Suizids in einem derartigen Fachgebiet als Hauptthema behandelt werden, sind das subjektive Motiv und die Zielsetzung des Suizids von besonderer Relevanz.

---

hingewiesen [...] und erst auf ihr unausgesetztes Drängen [...], widerwillig nachgegeben [...] Darin liegt keine Pflichtwidrigkeit", RGSt 57, 174; dazu krit. *Roxin*, JZ, 2009, 399 ff.; siehe auch *Lasson*, ZJS, 2009, 365; *Duttge*, FS-Otto, 2007, S. 227 ff.

82 *Bronisch*, Der Suizid, S. 13 f.

83 *Bronisch*, Der Suizid, S. 13 f; vgl. *Wolfersdorf/Etzersdorfer*, Suizid und Suizidprävention, 2011, S. 27 f.

Die Frage nach dem Motiv und dem Ziel ist jedoch von den jeweiligen Umständen abhängig und wird somit zu einem subjektiven Problem. Daher ist diese nicht für die Begriffsbestimmung geeignet. Die Sinngebung beruht hier auf der Eigentümlichkeit der medizinisch-psychologischen Forschung und konstituiert dabei sogar wesentlich den Suizidbegriff.[84] Die Berücksichtigung des Motivs und der Zielsetzung des Suizids spielt im rechtswissenschaftlichen Kontext indes keine Rolle für die Begriffsbestimmung.

Wenn die subjektive Kategorie begrifflich, wie oben beschrieben, bestimmt wird, dann muss auch nach der objektiven Perspektive gefragt werden. Bei dieser objektiven Begriffsbestimmung geht es allein um die Suizidhandlung. Dabei ist allerdings zunächst problematisch, dass das Handlungssubjekt, nämlich diejenige Person, die den suizidalen Akt begeht, selbst handelt.

In Bezug auf das Handlungssubjekt ist es nötig, das suizidale Verhalten[85] mit eigener Hand auszuführen. Bei dessen Vollzug ist aber auch Beihilfe oder Anstiftung möglich. Unter diesem Aspekt ist die Eigenhändigkeit prima facie im Sinne des eigenhändigen Delikts im Strafrecht als Suizid zu charakterisieren, weil beim eigenhändigen Delikt die Tatmerkmale nur vom Täter selbst verwirklicht werden können. Die Eigenhändigkeit des Suizids ist allerdings ohne langes Überlegen zu verneinen, soweit sie analog verwendet wird, da beim eigenhändigen Delikt die mittelbare Täterschaft und ebenso die Mittäterschaft ausgeschlossen sind. Die Folge, der eigene Tod, kann hier als Folge des Suizids durch fremde Hand oder durch die Mitwirkung von Fremden verwirklicht werden.

Hieraus ergibt sich nun eine Reihe strafrechtlich umstrittener Probleme, zu denen im Wesentlichen die folgenden gehören: die Quasi-Mittäterschaft, die mittelbare Täterschaft, die dann gegeben ist, wenn der Suizident einen Hintermann einsetzt. Selbstverständlich wird dies nicht mehr als Suizid angesehen, sondern lediglich gem. § 216 StGB als Tötung auf Verlangen bestraft, da der Suizident den letzten, für den Tod irreversiblen Vollzugsakt vollständig an Dritte delegiert. Allerdings ist es in Fällen, in denen der Suizident und ein Dritter im Sinne einer Mittäterschaft zusammengewirkt haben oder in denen der Suizident einen Drit-

---

84 Die wissenschaftliche Begriffsbestimmung ist nicht unabhängig vom jeweils betreffenden Fachgebiet. Daher werden alle Suizidfälle mit einzigen Begriff nicht eingeleuchtet. Vgl. *Wolfersdorf/Etzensdorfer*, a.a.O., S. 27 f.: Allerdings deckt der im medizinisch-psychosozialen Bereich verwendete Begriff von Suizidalität manche Phänomene nicht ausreichend ab.

85 Hier ist nicht die umfangreiche Handlung im Sinne der Suizidalität in psychologischer und in medizinisch-psychiatrischer Hinsicht, sondern nur der letztlich zum Tod führende Akt im strafrechtlichen Sinne gemeint.

ten als Werkzeug in mittelbarer Täterschaft steuert, nicht mehr ohne weiteres möglich, ein klares Urteil zu fällen.

Kurz zusammengefasst, ist das Subjekt in dieser Weise einzuordnen:

1) der Suizident handelt allein,
2) der Suizident wirkt mit anderen zusammen,
3–1) ein Dritter wird als Werkzeug benutzt, und der Suizident tritt als Hintermann in mittelbarer Täterschaft auf,
3–2) ein Dritter fungiert als Hintermann, und der Suizident tritt als Werkzeug in mittelbarer Täterschaft auf,
4) ein Dritter vollzieht eine Tötung auf Verlangen des Suizidenten.

In den Fällen 1) und 4) handelt es sich ohne weiteres um Suizid bzw. Fremdtötung (ggf. Tötung auf Verlangen). Als problematisch erweisen sich hingegen die Fälle 2) und 3). Das dazu notwendige schärfere theoretische Argument soll später ausführlich erörtert werden. Bis dahin ist jedoch beim Suizidbegriff klar, dass eine eigenhändige Handlung für die Herbeiführung des eigenen Tods nicht erforderlich ist. Darüber hinaus stellen der ärztlich assistierte Suizid und der Abbruch lebenserhaltender Maßnahmen unter diesem Aspekt ebenfalls sehr umstrittene Streitfragen im medizinischen Bereich dar.

Weiter werden noch die Verhaltensweise und -methode für einen objektiven Wesenszug bei der Begriffsbestimmung des Suizids genannt. Für erstgenannte kann der Suizid durch aktives Handeln, aber auch durch Unterlassen verwirklicht werden. Der Sterbewillige kann den Suizid grundsätzlich sowohl dadurch vollziehen, dass er etwa sich selbst die Pistole an die Schläfe setzt und abdrückt als auch dadurch, dass er die Aufnahme von Nahrungsmitteln oder das Trinken von Wasser verweigert. Dabei ist die Variationsbreite der konkreten Suizidmittel bzw. der Suizidmethoden sehr groß. In der Fachliteratur werden diese gemäß der Stärke als starke Methode oder schwache Methode unterteilt, wobei jedoch dieser Einteilung hat keine entscheidende Bedeutung bei der Begriffsbestimmung zukommt. Besonders im strafrechtlichen Sinne spielt es keine Rolle, den Suizid zu definieren.

Aber ist eine derartige Begriffsbestimmung nun ausreichend? Zumindest nicht im strafrechtlichen Kontext. Bei der Betrachtung des schon oben erwähnten Handlungsverlaufs des Suizids geht es bei dessen Begriffsbestimmung einerseits um den äußerlich erscheinenden Handlungsvollzug. Andererseits spielt zugleich der sich innerlich entwickelnde psychische Verlauf eine wichtige Rolle. Darüber hinaus muss auch der Gesamtprozess vom Suizidgedanken bis hin zum Suizidentschluss geprüft werden.

Bis heute sind von zahlreichen Psychologen und klinischen Psychiatern verschiedene Modelle über die Entwicklung von Suizidalität bzw. den Verlauf des Suizids analysiert und modifiziert worden.[86] Obwohl es keine einheitlichen allumfassenden Paradigmen gibt, zeichnen sich diese Modelle im Wesentlichen durch eine geringe Divergenz voneinander aus, da sie stets auf den psychischen Anlass, nämlich auf einen etwaigen innerlichen Defekt oder eine vergleichbare Störung sowie auf die Abwägung des Suizidgedankens bis hin zum Entschluss zur Verwirklichung der Suizidhandlung hinweisen. Der konkrete Inhalt dieser Modelle unterscheidet sich voneinander. Nichtsdestoweniger berücksichtigt sie aber stets folgende Schritte, erstens Entstehung der Suizidalität und des Suizidgedankens, zweitens die Abwägung und drittens der Suizidentschluss.

Im vorliegenden Fall ist das Stadium der Abwägung von größerer Bedeutung als die unmittelbar vorangehende Etappe des Suizidentschlusses und als das letzte Stadium der internen suizidalen Entwicklung. Selbst wenn verschiedene krankhafte Symptome wie eine depressive oder eine affektive Störung, Schizophrenie, verschiedene Persönlichkeitsstörungen etc. aus klinischer Sicht als Ursache eines Suizids verstanden werden, so wird doch jeder einzelne Betroffene mehr oder weniger kritisch über derartige Auslösesituationen nachdenken.

In diesem Zusammenhang trifft der Betroffene manchmal nach reiflicher Überlegung und Bilanzierung zwischen der Ursache bzw. dem Beweggrund und dem eigenen Tod eine „vernünftige oder annehmbare" Entscheidung. Andererseits entschließt er sich dagegen manchmal auch voreilig und impulsiv zu einem Suizid. In wiederum anderen Fällen sind auch an Dritte gerichtete Hilfeappelle ausschlaggebend. Aus klinischer Sicht werden zur Suizidalität bzw. zum Suizid immer wieder Statistiken zu potentiellen Suizidenten ins Feld geführt, gemäß

86 Zu einem Gesamtüberblick *Wolfersdorf/Etzersdorfer*, Suizid und Suizidprävention, 2011, S. 63 ff.; danach werden die Entwicklung und die Entstehung von Suizidalität im Ganzen in drei Gruppen angeordnet: „Entwicklungsmodelle", „Ätiopathogenesemodelle", „Komplexe Modelle". Im Entwicklungsmodell von Ringel, Pöldinger und Woltersdorf wird die Suizidalität „mit der Beschreibung der Entwicklung eines suizidalen Geschehens von einem postulierten Beginn bis zur Durchführung der Handlung" erklärt. Im Ätiopathigenesemodell, wie dem Krisenmodell (Caplan, Cullberg, Sonneck), narzisstische Krise (Henseler), Krankheitsmodell, bezüglich etiology werden Aussagen über die Ursachen und die Auslösung von Suizidalität getroffen. Im komplexen Modell wird die Suizidalität als eine komplex mitwirkende Handlung in Zusammenhang mit unterschiedlichen Faktoren wie Biologie, Soziologie, der Lebensgeschichte und gesellschaftlichen Faktoren u. ä verstanden.

denen diese sich nach nur sehr kurzer Überlegungszeit zum Suizid entschließen,[87] weshalb dieser a priori als ein krankhaftes Symptom verstanden wird. Aus diesem Grunde – so die Medizin – sei dieser auch grundsätzlich psychotherapeutisch oder psychiatrisch behandelbar.

Tatsächlich aber ist es in beiden Fällen äußerst fraglich, ob bei erfolgreichen und bei potentiellen Patienten jeweils ein wahrnehmbares Kriterium gegeben ist bzw. ob der Suizidentschluss in vollem Maße überlegt oder eilig getroffen wird. Selbst bei entsprechenden Statistiken, die jeweils lediglich diejenige Patientengruppe miteinschließt, die einen Suizidversuch durchgeführt hat, ist die zeitliche Dauer der einzige Bewertungsmaßstab für eine mängelfreie Abwägung. Die Frage aber, ob das Suizidbedenken ausreichend ist und ob der Entschluss durch den freien Willen bestätigt wird, ist längst nicht nur mit der Zeitdauer zu beantworten.

Darüber hinaus ist es selbst mithilfe nachträglicher Untersuchung nicht einfach, das Abwägungsmaß von bereits verstorbenen Suizidenten zu beurteilen. Vielmehr können hier nur solche Patienten untersucht werden, die bei dem Versuch, Suizid zu verüben, erfolglos geblieben sind. Somit kann hier höchstens der Zusammenhang zwischen der zeitlichen Bedenkdauer und dem Erfolg des Suizids ermittelt werden. Der Betrachtung zur Abwägung und deren Kriterium kommt sehr wohl eine erhebliche Relevanz bei der Erklärung der Suizidalität und des Verlaufs des Suizids und rechtswissenschaftlich auch im Sinne des Merkmals „Ernstlichkeit" gem. § 216 StGB zu. Dabei hat aber die Abwägung der zeitlichen Dauer keine Bedeutung für die Begriffsbestimmung. Allerdings ist die Betrachtung strafrechtlich derart relevant, dass in der Bedenkzeit bis zum Entschluss zum Suizid hinreichend überlegt wird. Selbst wenn die Willensentscheidung bezüglich der unten zu erörternden Zwangsläufigkeit ohne äußeren Einfluss und ohne Druck getroffen wird, ist „die Ernstlichkeit" des Entschlusses nicht zu bejahen, ohne diese Entscheidung qualitativ zu garantieren: der sog. Appell- oder Verzweiflungssuizid.

Vielmehr ist dem Zwang im gesamten Stadium bis hin zum Entschluss der Willensbildung, also des Suizidentschlusses, für den Suizidbegriff Rechnung zu tragen. Wie bereits aus dem Wortbestandteil „selbst, auto" des Terminus „Selbst-

---

87 Gemäß den Studien des Psychiatrieprofessors *Linden*, Der Suizidversuch (1969), wiesen zwei Drittel der von ihm untersuchten Suizidversuchspatienten eine Bedenkzeit (die Dauer vom Auftauchen der ersten Suizididee bis zum Entschluss) von weniger als einem Tag auf; ferner brauchten 88% der Patienten die Entschlusszeit (die Dauer vom Suizidentschluss bis zur Ausführung der Suizidhandlung) von weniger als sechs Stunden; dazu siehe auch *Wolfersdorf/Etzersdorfer*, Suizid und Suizidprävention, 2011, S. 65 f.

tötung" ersichtlich, ist beim Suizid nicht nur der unmittelbare Selbstvollzug der Tötungshandlung, sondern auch die freie, die von selbst gebildete Willensentscheidung ohne Anwendung oder Androhung von äußerer Gewalt erforderlich. Selbst wenn die äußerliche Tötungshandlung vom Suizident selbst vollgezogen wird, kann dieser Tod dann nicht als Suizid angesehen werden, sofern die Selbstständigkeit des Betroffenen bei der Willensbildung nicht gewährgeleistet ist.

Im Bereich des Strafrechts findet diese Sache als Problem der mittelbaren Täterschaft. Selbstverständlich befindet sich der Suizidwillige im weiteren Sinne zwangsläufig unter einem gestaltlosen psychischen Druck, weil er sowohl die ihm nun bevorstehende Hemmung, den todbringenden Akt an sich selbst zu vollziehen, aus eigener Kraft überwinden muss, als auch davor über die den Suizidgedanken auslösenden Umstände und Bedingungen, nämlich über positive oder negative, eine Entscheidung treffen muss. Gegenüber dieser Hemmung ist der physische Zwang von außen bzw. von Fremden zurecht beim Suizident auszuschließen (vis absoluta). Bezüglich letzterer sollte der Suizident sehr wohl in der Lage sein, seinen Willen ohne willensbeugende Einwirkungen und starken Einfluss von außen unter psychischem Druck zu bilden (vis compulsiva). Daher ist die Freiwilligkeit der (Suizid)Willensbildung erforderlich.

Problematisch sind dabei jedoch das Maß und die Tragweite des inneren psychischen Zwanges und Drucks, weil die Freiwilligkeit jedes Suizids damit einfach nicht zu verneinen ist. Diese Problematik stellt in der vorliegenden Arbeit strafrechtlich die Frage nach der „Freiverantwortlichkeit" des Suizidenten dar, und zwar nicht nur bei der Willensentscheidung, sondern auch im gesamten Suizidverlauf.

Zusammenfassend ist der Suizid begrifflich folgendermaßen zu definieren:

Der Suizid ist eine freiverantwortlich gewollte, absichtliche Selbsttötung eines Menschen durch eine bestimmte zielgerichtete Handlung.

Dazu können jedoch noch folgende Ergänzungen vorgenommen werden:

1) Der Suizid muss absichtlich, also ein bewusst und willentlich angestrebter Tod sein: Der Suizidwillige muss über den Sinn seiner Handlung genau reflektieren und muss unmittelbar den aus seiner Handlung resultierenden Erfolg anstreben. Der als dolus eventualis in Kauf genommene Tod oder die erkennbare Möglichkeit stellen wohl eine – eigenverantwortlich – Selbstschädigung bzw. -gefährdung dar, nicht aber einen Suizid. In diesem Sinne sind der Suizid und die Rechtsfigur der Selbstschädigung bzw. -gefährdung nicht mehr deckungsgleich.

2) Beim Suizid ist das Motiv oder die etwaige bestimmte Zielsetzung nicht relevant. Daher stellt auch der sog. Opfertod, wie z.B. das Märtyrertum, einen Suizid dar.
3) Beim Vollzug des letztlich todbringenden Aktes ist mindestens die Einwirkung des Suizidenten nicht auszuschließen. Problematisch sind hier der Suizid eines handlungsunfähigen Patienten beim Abbruch lebenserhaltender Maßnahmen bzw. die therapeutische Abgrenzung sowie der ärztlich assistierte Suizid.
4) Der Suizid ist sowohl durch aktives Tun wie auch durch Unterlassen möglich. Seine Mittel und Methoden sind zudem nicht begrenzt.
5) Der Entschluss zum Suizid ist freiwillig zu bilden. Dabei ist die willensbeugende Zwangsläufigkeit ausschließlich zu untersagen, wobei auf der Basis einer vollen Urteilsfähigkeit eingehend überlegt werden muss. Insofern diese Willensbildung allerdings auf einer freiverantwortlichen und ernstlichen Entscheidung beruht, ist dieser Entschluss auch strafrechtlich zu respektieren. Die dabei zu garantierende Freiverantwortlichkeit des Suizidentschlusses ist bis zum Ende des Suizids vorzubehalten.

Teil 2. Juristische Bewertung des Suizids

I. Die Straflosigkeit des Suizids im Strafrecht

Heutzutage herrscht in der Fachliteratur trotz sporadischer Versuche, den Suizid als Unrecht zu charakterisieren[88], ein allgemeiner Konsens darüber, dass dieser nicht von Tötungstatbeständen im Sinne der §§ 211 ff. StGB erfasst werden kann, was hauptsächlich mit der kontextuellen Auslegung der „Tötung eines Menschen" begründet wird.[89]

1. Die Auslegung von „Tötung eines Menschen" im Sinne der §§ 211 ff. StGB

Wie bereits eingangs erwähnt, erfassen die §§ 211 ff. StGB nur die Tötung eines Menschen, im Unterschied zu der Körperverletzung gem. § 223 StGB, die eine „andere Person" treffen muss.[90] Dies ergibt sich nicht nur aus rechtshistorischer Perspektive, sondern auch bereits aus dem Wortlaut des § 212 StGB sowie aus der gesetzessystematischen Auslegung.[91]

Nach dem „eindeutigen" Wortlaut der §§ 211 ff. StGB kann der Suizid grundsätzlich unter das Tötungsdelikt fallen, weil in § 212 StGB ausdrücklich nicht von „anderen Menschen", sondern lediglich von „Menschen" die Rede ist[92]. Demgegenüber kann man konstatieren, dass die Meinung, der zufolge sich die Tatbestandsmäßigkeit des Suizids aus diesem „eindeutigen" Wortlaut der §§ 211, 212

---

88 *Klinkenberg*, JR 1978, 441; *Schmidhäuser*, Welzel-FS 1974, 801; *Bringewat*, ZStW 87 (1975), 623 ff., siehe auch unten Teil 3, II.

89 Siehe auch *Ingelfinger*, Grundlagen und Grenzbereiche des Tötungsverbots, 2004, S. 218f., wonach die Auslegungsbegründung als „formaler Ausgangspunkt" bezeichnet und darüber hinaus der fehlende Unrechtscharakter der Selbsttötung aus *materieller* Sicht betrachtet wird.

90 Zur Auslegung von Tötungsdelikt gem. § 212, *Kühl*, JA 2009, 321 ff.; In neueren Entwürfen zur Reform der Tötungsdelikte wird schon mal gefordert, in § 212 mit „einen anderen Menschen" zu verändern, dazu vgl. GA 2008, 201; *Kühl*, Ebd. 324.

91 *Roxin*, Dreher-FS, S.336f.; *Achenbach*, Jura 2002, 542f.; *F.C Schroeder*, ZStW 106(1994), 566 f.; NK-*Neumann*, vor § 211 Rn 36 f.; MK-*Schneider*, vor §§ 211 ff. Rn 30; Sch/Sch-*Eser*, vor §§ 211 ff. Rn 33.

92 *Hoerster*, NJW, 1986, 1788, wonach sich die Zulässigkeit der Tötung auf Verlangen weitgehend auf unheilbare Krankheiten beschränke; dazu krit. *Duttge*, GA 2001, 169 f.; *Schmidhäuser*, Welzel-FS, S. 801 ff.

StGB ergibt, nicht selten als „eine isolierte Interpretation“[93] kritisiert wird. Aus dem Umstand, dass als Rechtsfolge des § 212 StGB die Freiheitsstrafe angedroht wird, folgt logisch, dass die Tatbestände der §§ 211 ff. StGB nur auf die Fälle der Fremdtötung anwendbar sind.[94] Im Vergleich zur Körperverletzung des § 223 StGB, in dem ausdrücklich von „einer anderen Person“ die Rede ist, weil selbst dem Selbstverletzenden andernfalls eine Strafe drohen müsste, ist diese Folgerung auch sachgerecht.

Bereits in systematischem Hinblick auf die Tötungstatbestände im Verhältnis zwischen § 212 StGB und § 216 StGB lässt sich schlussfolgern, dass sich das Tötungsobjekt nur auf einen „anderen“ Mensch beschränken sollte. Vor diesem Hintergrund wäre es z.B. widersinnig, dass der Tötende im Sinne des § 216 StGB einen Privilegierungstatbestand erfüllen würde, während der Suizident dem Tötungsdelikt als Totschlag gem. § 212 StGB unterliegen müsste.[95] Folgerichtig bezieht die Rechtsprechung die Tötungsdelikte nur auf die Fremdtötung und verneint die Tatbestandsmäßigkeit des Suizids.[96]

Wagt man einen historischen Einblick in die Gesetzesentwicklung, dann wird deutlich, dass das Tötungsdelikt im Strafgesetzbuch nur die Fremdtötung erfasst. Die Schaffung eines eigenständigen Tatbestandes zur Strafbarkeit des Teilnehmers am Suizid ist bis heute wiederholt in Gesetzentwürfen thematisiert worden; der Gesetzgeber erkennt heutzutage die Straflosigkeit der Beihilfe zum Suizid mit Ausnahme von § 217 n. F. StGB an.[97] [98]

---

93 NK-*Neumann*, vor § 211 Rn 37.

94 NK-*Neumann*, vor § 211 Rn 37.

95 *Ingelfinger*, Grundlagen und Grenzbereiche des Tötungsverbots, 2004, S. 219; NK-*Neumann*, vor § 211 Rn. 38; *Schroeder*, ZStW 106(1994), 565, 566.

96 BGHSt 2, 150; 32, 367; 46, 279; dagegen zutreffend kritisiert *Ingelfinger*, Grundlagen und Grenzbereiche des Tötungsverbots, 2004, S. 220; NK-*Neumann*, vor §§ 211 Rn. 40; *Sternberg-Lieben*, JR 2002, 153.

97 *Ingelfinger*, Grundlagen und Grenzbereiche des Tötungsverbots, 2004, S. 219; *Roxin*, FS-Dreher, 1997, S. 331, 336.

98 Der Deutsche Bundestag hat am 06. 11. 2015 neues Gesetz § 217 StGB beschlossen, das mit Wirkung zum 10. 12. 2015 die geschäftsmäßige Förderung der Selbsttötung unter Strafe stellt. Trotz Unterstrafstellen einer Form der Suizidbeihilfe bedeutet § 217 n. F. StGB keine kategorische Verbot gegen alle Suizidbeihilfe. Trotz § 217 n. F. StGB ist die Straflosigkeit der Beihilfe zum Suizid als der grundsätzliche Standpunkt des Strafrechts in Deutschland anzusehen. Dieser Beitrag geht auch davon aus, dass § 217 n. F. StGB keine kategorische Verbot, sondern nur Ausnahmefall darstellt und die Beihilfe zum Suizid in Deutschland noch grds. straflos ist.

2. Die Rechtswidrigkeit des Suizids in der Rechtsprechung

Der Suizid ist nicht tatbestandsmäßig und nach § 11 Abs. 1 Nr. 5 StGB im strafrechtlichen Sinne nicht rechtswidrig. Allerdings hat der BGH im Falle des „Überlassens eines Betäubungsmittels zum freien Suizid an einen unheilbar Schwerstkranken" den Suizid in der Rechtsordnung als *„rechtswidrig"* angesehen.[99] In diesem Fall hat der BGH die Strafbarkeit nach § 29 Abs. 1 Nr. 1, 6b BtMG abgelehnt, eine Bestrafung allerdings wegen der leichtfertigen Herbeiführung der Todesfolge gem. § 30 Abs. 1 Nr. 3 BtMG bejaht. Bei der Verneinung der Strafbarkeit hat der BGH zu Recht auf das Prinzip der Eigenverantwortlichkeit verwiesen. Dabei handelt es sich um den etablierten Standpunkt der Rechtsprechung, gemäß welchem sich derjenige wegen eines Körperverletzungs- oder Tötungsdelikts nicht strafbar macht, der lediglich eine eigenverantwortlich gewollte bzw. eine verwirklichte Selbstgefährdung(-schädigung) veranlasst, ermöglicht oder fördert.[100] Zudem ist das Beschaffen und Überlassen des tödlich wirkenden Betäubungsmittels als straflose Teilnahme am (*freiverantwortlichen*) Suizid gewürdigt worden.

Allerdings geht der BGH dabei in fragwürdiger Weise von der bereits thematisierten absoluten Werttheorie des Lebens aus, obwohl er freilich *nicht* die absoluten Gesichtspunkte akzeptiert, die eine Relativierung des Lebens zulässt, wie er mit der sog. „indirekten Sterbehilfe"[101] gezeigt hat. Nach der vom BGH gefällten Grundentscheidung zur Rechtsordnung steht das Leben eines Menschen an oberster Stelle: „Das Leben eines Menschen steht in der Werteordnung des Grundgesetzes – ohne eine zulässige Relativierung – an oberster Stelle der zu schützenden Rechtsgüter. Die Rechtsordnung wertet eine Selbsttötung deshalb – von äußersten Ausnahmefällen abgesehen – als rechtswidrig, stellt die Selbsttötung und die Teilnahme hieran lediglich straflos."[102] Zudem wertet der BGH die Vorschrift des § 216 StGB: „[...],dass die Rechtsordnung die Mitwirkung eines anderen am Freitod eines Menschen grundsätzlich missbilligt."[103]

---

99 BGHSt 46, 279 = BGH NStZ 2001, 324 m. Anm. *Sternberg-Lieben*, JZ 2002,153; *Duttge*, NStZ 2001, 546; vgl. auch BGHSt 6, 147; BGH JZ 2002, 150.

100 BGHSt 32, 262; 46, 279, 288; 49, 34; NJW 1985, 690; NStZ 1987, 406; NJW 2000, 2286; NStZ 97, 341; OLG Zweibrücken NStZ 1995, 89.

101 Zur Kritik dieser im gegebenen Fall falschen Darstellung *Duttge*, NStZ 2001, 546; Auch wird wieder widersprüchlich in dieser Rspr. als „direkt auf den Tod" gezeichnet; siehe auch *Kühl*, JA 2009, 324 f.

102 BGH NStZ 2001, 326.

103 BGH NStZ 2001, 326.

Gegenüber zu dieser vom BGH gesamtrechtlichen Grundentscheidung über das Leben und § 216 StGB, ist das Recht auf Leben nach Art. 2 Abs. 2 Satz 1, 3 GG nicht absolut zu schützen, sondern mit gesetzlichen Gründen durch Verhältnismäßigkeitsprüfung einzugreifen, wie z.B. beim polizeilichen Rettungsschuss. Auch schließt eine in Notwehr erlaubte Verteidigungshandlung den absoluten Lebensschutz aus. Anders als der Standpunkt des BGH missbilligt das Gesetz in der strafrechtlichen Rechtsordnung nicht jede Mitwirkung am Suizid, sondern nur die täterschaftlich handelnde Tötung. Deshalb wird eine solche Grundentscheidung des BGH als „überholt" kritisiert.[104]

Das Thema „Leben – Sterben" wird in der Menschengeschichte überaus kontrovers diskutiert; deshalb gibt es dazu sehr viele unterschiedliche Ansichten, weshalb eine richtige Lösung der Natur der Sache wird nicht erwartet wird. In Anbetracht dieser Meinung sowie der oben genannten „überholten" Rspr. und der dem Suizid zu indizierenden Meinung, steht der kulturell und geschichtlich ausgeprägte *generelle* Gedanke, das Thema „Tod" tabuisieren zu wollen. Man kann konstatieren, dass sich daraus sozusagen ein „Kompulsionsgedanke" ergeben hat, der darin besteht, den *heiligen* Wert des Lebens an oberster unantastbarer Stelle (also *ohne Relativierung*) lokalisieren zu wollen: In diesem Sinne wäre es eine „schwerfallende" Sache, diese Höchstwertigkeit ausnahmsweise – besonders strafrechtlich – abzustufen. In normativen Bereichen, besonders in der Rechtswissenschaft, in der vielfältige Meinungen und keine einzige Wahrheit bestehen, wäre ein Wort wie „absolut" gänzlich unangemessen und muss daher unbedingt vermieden werden. Mit der Einstellung zur Harmonisierung zwischen der objektiven Wertordnung und dem subjektiven Interesse an der Wertordnung können das Leben und der Lebensschutz nicht dem Einzelnen verpflichtet werden und nicht als *absolut* gelten. Die im Grundgesetz verankerte Lebensschutzpflicht und die Respektierung der Selbstbestimmung des Einzelnen stehen dabei nicht gegenüber.

Abschließend sei darauf hingewiesen, dass der Suizid weder grundrechtlich garantiert noch in der gesamten Rechtsordnung verboten ist.[105] Im Strafrecht ist der Suizid zudem auch weder tatbestandsmäßige noch rechtswidrige Handlung.

---

104 *Duttge*, NStZ 2001, 547; NK-*Neumann*, vor §211, Rn. 40; *Sternberg-Lieben*, JZ 2002, 153.

105 *Kunig*, in: von Münch/Kunig, GGK I, 5. Aufl. 2000, Rn. 36 zu Art. 1; Hömig-GGK, *Antoni*, Art. 2, Rn. 11; *Lackner/Kühl*, vor §211 Rn. 9; NK-*Neumann*, vor§211, Rn. 41ff.

3. Kein Unrechtscharakter des Suizids

Wie vorstehend erwähnt, kann eine Person, die sich selbst tötet bzw. den Versuch einer Selbsttötung unternimmt, nicht als Tatobjekt eines Tötungsdelikts in Betracht kommen. Daher stellt der Suizid nach geltendem Recht *prima facie* kein Delikt dar. Die in rechtspositivistischem Sinne geradezu formale Frage, warum der Suizid kein Delikt ist, lässt sich mit dem „circulus vitiosus" beantworten, weil im kodifizierten Recht eindeutig kein Tatbestand für den Suizid gegeben ist. Somit muss hier nolens volens die Frage formuliert werden, „warum der Gesetzgeber keinen Tatbestand regelt, um den Suizid zu bestrafen?" Bei dieser ohne Zweifel äußerst bedeutsamen Angelegenheit kann die Antwort auf eine solche formallogischen Frage auch ohne eine Tautologie zufriedenstellend ausfallen. Ausgehend von der formalen Straflosigkeit des Suizids ist es von elementarer Relevanz zu beleuchten, ob dieser im materiellen Sinne ein Delikt bildet und, wenn ja, aus welchem Grunde im Strafgesetzbuch kein Tatbestand für den Suizid vorliegt.

a) *Der Grundsatz des absolutes Lebensschutzes*

Bei der Problematik, ob der Suizid materielles Unrecht beinhaltet, muss man zwei unterschiedliche Sichtweisen zur Kenntnis nehmen. Zum einen – so wird argumentiert – gehe es um die Frage, ob der Suizid das Rechtsgut Leben verletzt. Wenn die Verfügbarkeit des Rechtsgutsträgers über das eigene Leben akzeptiert würde,[106] stellte der Tod durch die eigene Hand im materiellen Sinne kein Unrecht dar.[107] Demgegenüber insinuierte der Suizid dann ein Unrecht, wenn eine solche Disponibilität verneint würde, so dass dem Rechtsgut Leben die absolute Wertigkeit gegeben und dieses somit an oberster, unantastbarer Stelle ohne Relativierung lokalisiert würde.[108] Die Verfügbarkeit über das Leben bezieht sich sehr eng auf den Grundsatz des absoluten Lebensschutzes und der Unantastbarkeit des Lebens sowie auf dessen Unverzichtbarkeit. Aus der zentralen Aussage des Grundgesetzes

---

106 Zur Verfügbarkeit des Rechtsgutes siehe *Chatzikostas*, Die Disponibilität des Rechtsgutes Leben, 2001, 209 ff.

107 Der Kern dieser Frage führt schließlich zum „Recht auf Selbsttötung", und dieses Recht wird nach verfassungsrechtlichen Ansicht unten in Teil 2. II. erörtert.

108 Gemäß diesem Standpunkt steht nur deshalb kein Deliktstatbestand auf kriminalpolitische Grund im Strafgesetzbuch, weil die Strafstellung gegen den sich selbst Tötenden sinnlos ist und der das eigene Leben beenden Wollende auch gar keinen Strafzweck erwarten kann.

„Jeder hat das Recht auf Leben und körperliche Unversehrtheit“ Art. 2 Abs. 2 S. 1 GG folgt nach h.M. der Grundsatz des absoluten Lebensschutzes.[109]

Soweit das Menschenleben als Rechtsgut ohne Rücksicht auf das Lebensgefühl, das Lebensinteresse oder das Alter und den Gesundheitszustand des Einzelnen gilt und Schutz genießen soll[110], ist das Postulat auf Lebensschutz aufrechtzuerhalten. Das Rechtsgut Leben soll freilich nicht „nach rechtlicher Beurteilung“ als „lebensunwertes Leben“ bewertet werden. Dennoch ist dieses Postulat hinsichtlich dessen „Absolutheit“ sehr wohl fragwürdig, denn z.B. die schon im Strafrecht geregelte Notwehr gem. § 32 StGB bzw. der entschuldigende Notstand gem. § 35 StGB entsprechen nicht diesem Grundsatz, wobei die Verletzung des Lebens ermöglicht werden kann. Die Anhänger dieses Grundsatzes führen auch nicht selten „Ausnahmefälle“ wie z.B. die Notwehr mit Todesfolge und die Tötung im Kriege an. Dabei versuchen sie gleichzeitig den Sinngehalt von „absolut“ im Kontext des Lebensschutzes anzuwenden.

Andererseits bedeutet nach *Schneider* die Absolutheit, dass „das Leben in jeder Phase in gleicher Weise als Rechtsgut angesehen wird“[111]. *Ingelfinger* geht hier sogar noch weiter und nimmt an, dass „das Recht keine absolute Geltung des Tötungsverbots kennt“, betrachtet aber diese Maxime als „Grundsatz des positiven Werts jedes Menschenlebens“ mit Rücksicht auf Menschenwürde und Tötungsverbot.[112] Der Lebensschutz nimmt zu Recht seine exponierte Stellung innerhalb der gesamten Rechtsordnung ein und ist demnach konsequent in der Gemeinschaft zu fundieren. Dies führt jedoch nicht automatisch zur Absolutheit des Grundsatzes, bei der desgleichen zu „einem absoluten Verbot“ zurückzukehren ist.[113] Der ausnahmslose Lebensschutz darf hier vor allem nicht dazu führen, dass die Pflicht zum Weiterleben aufrechterhalten würde.[114]

Zudem kann man konstatieren, dass die Menschenwürde verfassungsrechtlich und übergreifend die „Höchstwertigkeit“ genießt und somit noch über dem Lebensschutz steht, da dieser zugleich mindestens den Schutz menschlicher Würde

---

109 S/S-*Eser*, §216 Rn. 1; *Ingelfinger*, Grundlagen und Grenzbereiche des Tötungsverbots, 2004, 14 ff.; MK-*Schneider*, vor §§211 ff. Rn 27; *Wessels/Hettinger*, BT 1, Rn 2.

110 Zum Rechtsgut Leben und Lebensinteresse des Einzelnen bei Interessensabwägung NK-*Neumann*, vor §211 Rn 3.

111 MK-*Schneider*, Vor §§211 ff. Rn 27; auch LK-*Jähnke*, vor §§211ff. Rn 5.

112 *Ingelfinger*, Grundlagen und Grenzbereiche des Tötungsverbots, 2004, 17; *ders.*, ZfL 2005, 38, 39, wobei ist die Lebensqualität im Anschluss an diesen Grundsatz bei Entscheidungen über Leben und Tod zu berücksichtigen.

113 Vgl. *Merkel*, Früheuthanasie, 2001, 578 ff.

114 NK-*Neumann*, Vor §211 Rn 3.

bedeutet, weshalb menschliche Würde auch noch im Sterben verwirklicht werden kann.[115] Daraus folgt die Notwendigkeit, diesen Grundsatz zu modifizieren. Vor diesem Hintergrund ist es nötig, die Valenz des Lebensschutzes herabzustufen, um Missverständnisse zu verhindern.[116] Daher wäre es richtiger, den Grundsatz des „absoluten" Lebensschutzes als „bestmöglichen/größtmöglichen Lebensschutz" neu zu strukturieren. In diesem Zusammenhang formuliert *Duttge* zu Recht: „Wegen der bekannten Einschränkungen, insbesondere durch das Notwehrrecht, gelingt es uns zwar nicht, einen Standpunkt absoluten Lebensschutzes in umfassendem Sinne zu begründen und das menschliche Leben *generell* als *heilig*, als *unantastbar* und *unverfügbar* auszuweisen."[117]

b) Keine Rechtsgutverletzung gegen Gemeinschaftswerte

Weiter steht noch die Frage, ob die Rechtsgutverletzung gegen den Gemeinschaftswert beim Suizid vorliegt. Würde der Suizid also von den Mitgliedern einer Gemeinschaft als Verlust und als Verletzung des Staatsbestandes verstanden, würde dieser ein Delikt im Sinne einer rechtswidrigen Tat gegen die Gemeinschaft darstellen. Für diese Sichtweise ist es notwendig, dem Einzelnen die Pflicht zum Leben bzw. zum Überleben „um jeden Preis" aufzuerlegen. Dieser Standpunkt muss sich jedoch Kritik gefallen lassen. So kann etwa argumentiert werden, dass der Einzelne grundsätzlich Vorrang gegenüber dem Staate habe und solche Verpflichtungen gegen die allgemeine Handlungsfreiheit im Sinne des Art. 2 Abs. 1 GG verstießen, da es keinen gesetzlichen Grund gem. Art. 2 Abs. 2 Satz 3 GG für die staatliche Begrenzung der Handlungsfreiheit gebe. Daher sei dieser Standpunkt in einem freiheitlichen Verfassungsstaat nicht überzeugend.[118]

Die prinzipiell anerkannte Unverfügbarkeit des menschlichen Lebens kann nach dem Grundsatz der menschlichen Würde und der Respektierung des Selbstbestimmungsrechts durch bestimmte Beschränkungen ihre Grenzlinie überschreiten.[119] In diesem Falle sind die Verfügbarkeit und die Entscheidung des

---

115 *Otto*, Recht auf den eigenen Tod? Gutachten D zum 56. DJT, 1986, D 96.

116 Vgl. *Merkel*, in: Hegselmann/Merkel (Hrsg.), Zur Debatte über Euthanasie, 1992, 72; *Ingelfinger*, ZfL 2005, 39.

117 *Duttge*, GA 2001, 171.

118 *Dreier*, JZ 2007, 319; *Ingelfinger*, Grundlagen und Grenzbereiche des Tötungsverbots, 2004, 221; MüKo-*Schneider*, Vor §§211 ff. Rn 33.

119 Nach paternalistischer Ansicht können eine solche Entfaltung des Persönlichkeitsrechts bzw. die Verfügung über das eigene Leben dagegen wie die (strafbare)Tötung auf Verlangen und die strafbare Suizidbeihilfe in Österreich, Korea und Japan begrenzt werden.

Einzelnen über sein Leben nicht willkürlich einem anderen zu übertragen.[120] Letztlich kann konstatiert werden, dass der Suizid das Recht auf Leben als Rechtsgut nicht verletzt[121] und somit durch die Selbsttötungshandlung kein Unrecht begangen wird. Freilich kann der Suizid jedoch aus moral-theologischer Sicht eine Sünde und somit sittenwidrig sein. Dies ist jedoch nicht das Thema der vorliegenden Untersuchung.

II. Das Recht auf den Suizid?

Geht man davon aus, dass der Suizid straflos ist, stellt sich die Frage, ob dieser umkehrt als ein Recht abzusichern wäre.

Im Zusammenhang mit dem Selbstbestimmungsrecht über das eigene Lebens bzw. über den Suizid hat der BGH nicht nur in der Vergangenheit – so im Kontext seiner naturrechtlichen Phasen während der 1950er und der 1960er Jahre – aus dem Sittengesetz abgeleitet, dass „niemand selbstherrlich über sein eigenes Leben verfügen und sich den Tod geben“[122] dürfe[123], sondern dass auch im Falle des „Überlassens eines Betäubungsmittels zum freien Suizid an einen unheilbar Schwerstkranken“[124] der Suizid grundsätzlich – von äußersten Ausnahmefälle einmal abgesehen – in der Rechtsordnung als „rechtswidrig“ angesehen werden müsse[125], da „das Leben eines Menschen in der Werteordnung des Grundgesetzes ohne eine zulässige Relativierung an oberster Stelle der zu schützenden Rechtsgüter stehe“.

---

120 In diesem Sinne wirft die durch den mutmaßlichen Willen des Patienten oder den Eingriff eines Betreuers erfolgende Begrenzung bei der Sterbehilfe noch weitere Probleme auf.

121 Ausgehend von einem unterschiedlichen Handlungsunrecht bei der Selbsttötung einerseits und der Fremdtötung andererseits, kann der Suizidakt nur dann als Unrecht begriffen werden, wenn die Schädigung „mit dem interpersonalen Bezug im zwischenmenschlichen Bereich“ geschieht. Siehe dazu *Ingelfinger*, Grundlagen und Grenzbereiche des Tötungsverbots, 2004, 219 ff.

122 BGHSt 6, 147, 153

123 *Dreier*, JZ 2007, 318

124 BGHSt 46, 279 = BGH NStZ 2001, 324. *Dreier* kritisiert dazu zu Recht, JZ 2007, Fn. 127; *Duttge*, NStZ 2001, 546; NK-*Neumann*, Vor §§211 Rn. 40; *Sternberg-Lieben*, JZ 2002,153.

125 In diesem Fall hat das BGH die Strafbarkeit nach §29 Abs. 1 Nr. 1, 6b BtMG abgelehnt, aber eine Bestrafung wegen leichtfertiger Herbeiführung der Todesfolge gem. §30 Abs. 1 Nr. 3 BtMG bejaht.

In einem freiheitlichen Verfassungsstaat gibt es keine Verpflichtung zum Leben als Grundpflicht in Übereinstimmung mit den Grundrechten. Ferner hat der Einzelne vor allem grundsätzlich den Vorrang gegenüber dem Staat[126].

1. Verfassungsrechtliche Überlegung

Die Suizidproblematik ergibt sich grundsätzlich aus dem Konflikt von Suizid und grundgesetzlich gewährleisteten Grundrechten wie dem Recht auf Leben und Körper, dem Recht auf freie Persönlichkeitsentfaltung bzw. dem Recht auf Handlungsfreiheit und dem Recht auf Menschenwürde. Dabei markiert sie das Verhältnis zwischen dem daraus folgenden positiven Recht und dem in Opposition dazu stehenden umgekehrten Recht wie z.B. dem Recht auf Leben und auf Tod oder dem Recht auf den Schutz des menschenwürdigen Lebens bzw. auf den Schutz vor menschenunwürdigem Tod, die hier stets eine unvereinbare Konfliktlage erzeugen. Wenn jeder Mensch aus dem Recht auf Leben und körperliche Integrität gegen äußere Eingriffe geschützt werden sollte, impliziert dies dann ein Recht, gemäß dem nach Belieben über das eigene Leben und den eigenen Tod verfügt werden kann? Das Grundgesetz garantiert jedem Menschen die freie Entfaltung der eigenen Persönlichkeit, die durch die Handlungsfreiheit gewährleistet ist. Aber bedeutet dies auch ein Recht auf die Entscheidung, sich selbst töten zu wollen, die dafür nötigen Handlungen durchzuführen bzw. diese zu planen? Kommt die Menschenwürde als unantastbarer und zugleich höchster Wert in der Rechtsordnung tatsächlich nur im Schutz des menschlichen Lebens zum Ausdruck, oder verwirklicht sie sich nicht im Umkehrschluss auch beim Sterben?

Otto hat in seinem Gutachten zum 56. DJT ausführlich die grundrechtliche Ableitung des Rechts erörtert. Danach ist das Recht auf Leben und körperliche Unversehrtheit von Art. 2 Abs. 2 S. 1 GG als ein Abwehrrecht gegen den „Staat“ zu verstehen, und jeder Bürger solle damit gegen Eingriffe in sein Leben und seinen Körper geschützt werden.[127] Daher ist garantiert, dass dieser immer willkürlich über das eigenen Leben verfügen kann. Bezüglich der Persönlichkeitsentfaltung von Art. 2 Abs. 1 GG könnten die beiden Rechte, d.h. das Recht auf den eigenen Tod und das Recht auf die freie Persönlichkeitsentfaltung, insoweit nicht koexistieren, da der Suizid eine Zerstörung der Persönlichkeit darstelle.[128] Letztlich stellt

126 *Bottke*, Suizid und Strafrecht, 1982, S. 35 f.; *Dreier*, JZ 2007, 318; *Herzberg*, JA 1985, 131 f.; *Ingelfinger*, Grundlagen und Grenzbereiche des Tötungsverbots, 2004, 220; *Roxin*, FS-Dreher, S. 331.; MüKo-*Schneider*, Vor §§211 ff. Rn 33.

127 *Otto*, Gutachten der Verhandlung des 56. DJT, Bd.1, D 11 f.

128 *Otto*, a.a.O., S. D. 14 f.

Otto im Zusammenhang mit der in Art. 1 Abs. 1 S. 1 GG verankerten Menschenwürde fest, dass die Achtung menschlicher Würde als eigenständigen unantastbaren Wertes keineswegs die „menschenwürdige“ Vernichtung des Lebens durch die willkürliche Verfügung über selbiges anerkenne.[129] Somit könne ein subjektives Recht auf den eigenen Tod und auf den Suizid weder aus Art. 2 Abs. 2 S. 1 GG noch aus Art. 2 Abs. 1 GG sowie Art. 1 Abs. 1 S. 1 GG abgeleitet werden.[130]

In Übereinstimmung mit Ottos Gutachten hat *Tröndle* in seinem einleitenden Referat folgendes Fazit über den Zusammenhang zwischen dem Suizid und dem Grundrecht gezogen[131]: Ablehnung eines im Grundgesetz verbrieften Rechts auf Selbsttötung; aber teilweise Anerkennung der Freiheit zum Sterben als allgemeiner Handlungsfreiheit; Vorrang des Selbstbestimmungsrechts gegenüber dem Lebensschutz, besonders in Fällen des freiverantwortlichen Sterbewillens.

1. Ein Recht auf Selbsttötung erkennt die grundgesetzliche Ordnung nicht an. Daraus folgt nicht, daß sie den einzelnen zwingt, sich ärztlich behandeln zu lassen.
2. Die allgemeine Handlungsfreiheit (Art. 2 Abs. 1 GG) schließt die Freiheit zum Sterben ein. Für den Arzt ist daher die Pflicht zur Erhaltung des Lebens nicht absolut. Wider den Willen eines Patienten darf er eine Behandlung weder aufnehmen noch fortsetzen, denn die Rechtsordnung hat den – freiverantwortlich und ernstlich geäußerten – Sterbewillen von Suizidenten und von Sterbenskranken zu respektieren. In diesen Fällen hat gegenüber dem Lebensschutz das Selbstbestimmungsrecht den Primat.
3. Seine zwingende Schranke findet das Selbstbestimmungsrecht im Fremdtötungsverbot. Der Arzt darf daher einem Kranken nie gezielt todbringende Medikamente verabreichen.

Dem Einzelnen ist somit von Rechts wegen das Recht gegeben, weiterzuleben. Das Spannungsverhältnis zwischen dem Recht auf Leben und dem Recht auf den Tod hebt sich indes klar im medizinischen Bereich bzw. bei der Sterbehilfe von einer derartigen Auffassung ab. Jenseits dieser Konfliktlage befindet sich nicht die Problematik des Rechts auf Leben und Tod, sondern die grundgesetzlich vorher zu lösende Frage nach der Unterscheidung zwischen der Pflicht zum Weiterleben

---

129 *Otto*, a.a.O., D.17 f.

130 *Otto*, a.a.O., D 9 ff.; Dass das Recht auf den Suizid nicht grundgesetzlich abgeleitet wird, bedeutet jedoch für Otto nicht, dass jeder Suizid als „rechtswidrig“ zu beurteilen sei und zugleich dem Rechtsgutsträger eine Pflicht zum Weiterleben auferlege; siehe auch Ebd. D 21.

131 Thesen zum Referat von *Tröndle*, Verhandlungen 56. DJT., Bd. II, M 48.

und dem Selbstbestimmungsrecht über das Leben und den Tod. Der Anspruch auf die Achtung des Selbstbestimmungsrechts wird dem Grundsatz des – absoluten – Lebensschutzes vorgezogen. Die Achtung des Selbstbestimmungsrechts bedeutet dennoch nicht die grenzlose Freiheit über das eigene Leben und den Tod.[132] Das Recht auf den Suizid, bzw., präzisiert gesagt, auf das selbstbestimmte Recht, nicht mehr leben zu wollen, wird grundsätzlich garantiert, nicht jedoch der konkrete Erfolg dieser Bestimmung. Prima facie ist ein Recht darauf, „selbst zu sterben", ebenfalls eine Art der Selbstbestimmung und läuft in dieser Weise parallel zu der Verpflichtung, wider Willen weiter zu leben. Die Gewährleistung des Rechts auf Leben gehört somit nicht zum Recht auf den eigenen Tod. Ein willkürlich selbst verfügter Tod ist an anderer Stelle jenseits des Verzichts auf das Recht auf Leben. Ein Wille, zu sterben bzw. sich zu töten, wird zwar nicht in der Rechtsordnung zwar nicht verboten; gleichzeitig aber wird er trotzdem nicht als verfassungsrechtlich verbrieftes Grundrecht garantiert.

2. EMRK und die Entscheidung des EGMR „Diane Pretty"

Ebenfalls ist noch problematisch, ob sich das Recht auf den Suizid aus Art. 2 und Art. 8 EMRK ergeben kann. Die Kontroverse über diese Frage wird anhand des Falles von Diane Pretty deutlich, einer schwer an amyotropher Lateralsklerose leidenden Britin, deren Ehemann ihr auf ihnen eigenen Wunsch hin mit Genehmigung der britischen Behörden eine straflose aktive Sterbehilfe angedeihen lassen wollte. Jedoch haben die Behörde den Anspruch der Patientin auf Strafbefreiung ihres Ehemannes abgelehnt, so dass sie ihn später mit der Behauptung vor dem EGMR angeklagt hat, dass die Entscheidung der britischen Behörden gegen die in der europäischen Menschenrechtskonvention verankerten Rechte – das Lebensrecht bzw. das Selbstbestimmungsrecht (Art. 2 EMRK), Verbot der Folter (Art. 3 EMRK), das Recht auf Achtung des Privatlebens (Art. 8 EMRK), das Recht auf Gewissensfreiheit (Art. 9 EMRK), Verbot der Diskriminierung (Art. 14 EMRK) – verstoße. Bei dieser Entscheidung hat der EGMR das Recht des Patientin auf die – straflose – aktive Sterbehilfe verneint und die Ablehnung

132 Zur Grenzen des Selbstbestimmungsrechts, *Duttge*, Intensivmedizin 39. Erg.-Lfg. 2010, 10 f.: kraft Selbstbestimmungsrecht kann der Patient nicht dem Arzt jede ärztliche oder sogar rechtliche verbotene Verhalten verlangen. Das Selbstbestimmungsrecht des Patienten wird bspw. bei den nicht medizinisch indizierten oder gar kontraindizierten Eingriffe und Maßnahmen, bei der Suizidbeihilfe, die nach BÄK als standeswidrig gewertet wird, oder bei der aktiven Sterbehilfe bzw. Tötung auf Verlangen gem. § 216 StGB eingeschränkt.

der britischen Behörde mit dem Hinweis, dass der Staat nicht verpflichtet sei, die Suizidhandlung bzw. aktive Sterbehilfe zu billigen, nicht als Verstoß gegen solche Rechte in EMRK angesehen.[133]

Bezüglich Art. 8 EMRK (Privatsphäre, d.h. das Selbstbestimmungsrecht) schließt der EGMR einen Eingriff in den Schutzbereich von Art. 8 Abs. 1 EMRK nicht aus. Der EGMR sieht durchaus den Schutzbereich beeinträchtigt und im Ergebnis die Entscheidung von einer Abwägung mit gesellschaftlichen Belangen abhängig. Der Gerichtshof sieht den möglichen Eingriff in den Schutzbereich des Art. 8 Abs. 1 EMRK jedoch als gerechtfertigt im Sinne des Abs. 2 an.[134] Dies bedeutet, dass in Art. 8 Abs. 1 EMRK ein Recht auf einen selbstbestimmten Tod enthalten ist.

III. Das Selbstbestimmungsrecht des Suizidenten bzw. des Patienten

Seit der Aufklärung wird die aus dem freien Willen und der Selbstbestimmung gefolgerte Autonomie eines Individuums in der modernen Zeit als allgemeingültiger Wert der Menschen verstanden. Die Autonomie im philosophisch-abstrakten Sinn wird im rechtlichen Rahmen konkret als „Selbstbestimmungsrecht“ gestaltet, über das insbesondere in Bezug auf das Leben und den Tod eines Patienten sowohl theoretisch im medizinischen Bereich als auch praktisch bei der Gesetzgebung heftig diskutiert wird.[135]

Der Gedanke des Selbstbestimmungsrechts spiegelt sich auch in strafrechtlichen Gesetzen wider. Das Strafrecht stellt die fremde Verletzung der freien Willensentscheidung und -bildung des Einzelnen unter Strafe, wie etwa die Vergewaltigung im Sinne des § 177 ff. StGB oder die Nötigung im Sinne des § 240 StGB. Im weiteren Sinne wird in solchen Fällen auch die Selbstbestimmung des Einzelnen durch derartige Vorschriften geschützt. Das Rechtsinstitut, das bei der Körperverletzung durch Fremde das Unrecht der Einwilligung im Sinne des § 228 StGB ausschließt, basiert auch in der Tiefenebene auf der Selbstbestimmung.

---

133 EGMR, NJW 2002, 2851, wonach das EGMR auch festgestellt hat, dass Art.2 EMRK weder durch Verbot noch durch die Erlaubnis zur Sterbehilfe verletzt würde; vgl. *Dreier*, JZ 2007, 320; *Vöhringer*, Tötung auf Verlagen, 2007, S. 54 ff.; *Duttge*, ZfL 2004, Fn. 30.

134 *Vöhringer*, Tötung auf Verlagen, 2007, S. 55.

135 Lesenswert zur Betrachtung der Verabsolutierung des Selbstbestimmungsrechts *Duttge*, GA 2001, 160 ff.; siehe auch *ders.*, Selbstbestimmung am Lebensende, Intensivmedizin 39 Erg. 2010, 5 f.

Was im Strafrecht vornehmlich als Selbstbestimmungsrecht verstanden wird, geht bemerkenswerterweise über die Freiheit der Willensbildung oder die Disponibilität über die eigene körperliche Unversehrtheit hinaus. Besonders dann, wenn wir die Einzigartigkeit, die Irreversibilität und die „absolute" Wertigkeit des Lebens aufmerksam betrachten, ist das Selbstbestimmungsrecht auf den eigenen Körper und das eigene Leben von Bedeutung. Wie bereits deutlich gemacht, ist es in Bezug auf das Selbstbestimmungsrecht von Patienten im Falle einer therapeutischen Behandlungsbegrenzung – der sog. passiven Sterbehilfe – äußerst problematisch, ob und inwieweit deren Entscheidung beim Behandlungsgeschehen respektiert und geschützt werden muss und mit welchen Gründen die dadurch ausgelöste Lebensverkürzung hier von ärztlicher Seite erlaubt wird.

Ein solches Selbstbestimmungsrecht des Individuums im medizinischen Bereich lässt sich auf Seiten des Patienten keineswegs mit der Suizidproblematik verbinden. Zwischen Sterbehilfe und Suizid besteht freilich eine normative Distanz, weil man sich beim Suizid direkt den eigenen Tod erstrebt. Dennoch kann im weiteren Sinne – wenngleich auch nicht immer im juristischen Sinne – jedwede Sterbehilfe unter die Suizidkategorie fallen, so dass die Betrachtung der auf dem Selbstbestimmungsrecht des Patienten beruhenden geltenden Rechtslage sowie der Meinungsstand den richtigen normativen Ansatz für die rechtliche Bewertung des Suizids bieten können.

1. Die Bedeutung des Rechts auf Selbstbestimmung in der Medizin

a) Heileingriff und Einwilligung von Patienten

Zur Frage, warum die medizinische Behandlung wegen Körperverletzung im Sinne des § 223 StGB nicht als strafbar gelten kann, sind bis heute verschiedene Lösungsansätze vorgeschlagen worden[136]: Im Hinblick auf den wesentlichen Zweck der ärztlichen Heilbehandlung, durch die der Arzt die Krankheit des Patienten beseitigen oder dessen Gesundheitstand signifikant verbessern will, wird der ärztliche Heileingriff[137] durch die Lehre von der Sozialadäquanz oder von

136 Vgl. Sch/Sch-*Eser/Sternberg-Lieben*, § 223 Rn. 28 ff.

137 In der rechtlichen Debatte erfasst der Heileingriff nicht nur therapeutische ärztliche Maßnahme, wie z.B. eine Operation oder die Verabreichung von Medikamenten, sondern auch die diagnostische Untersuchung sowie die einfache Blutentnahme samt Schönheitsoperationen; zum speziellen Akt einer solchen Heilbehandlung wie Kastration, Sterilisation, Geschlechtsumwandlung, Organtransplantation sowie Hungerstreik und Zwangsernährung in Justizvollzugsanstalten siehe *Wessels/Hettinger*, BT I, Rn 334 ff.; *Lackner/Kühl*, StGB §228, Rn 18 ff.

dem sog. erlaubten Risiko als von vornherein nicht tatbestandmäßige Handlung bewertet; nach a.A. ist der als tatbestandsmäßige Körperverletzung bewertete ärztliche Eingriff nur bei einer wirksamen Einwilligung des Patienten im Sinne des § 228 StGB[138] – ggf. auch bei einer mutmaßlichen Einwilligung oder bei einem rechtfertigenden Notstand gem. § 34 StGB[139] – zulässig.

Ursprünglich erfolgte die strafrechtliche Rechtfertigung des ärztlichen Heileingriffs in Deutschland im Kontext von Strafsachen zu Schwangerschaftsabbrüchen durch Perforation. In diesem Zusammenhang ist besonders die Debatte von *Oppenheim* und *Stooss* uns von Bedeutung.[140] Während jeder ärztliche Heileingriff nach Oppenheims Ansicht grundsätzlich unter den Tatbestand des Körperverletzungsdeliktes fällt und nur dann gerechtfertigt werden kann, wenn „der ärztliche Zweck aufgrund des Gewohnheitsrechts" gegeben ist, hat Stooss vehement gegen

138 Ein genau geregeltes Gesetz über die Einwilligung zu ärztlichem Heileingriff existiert im deutschen Strafgesetzbuch nicht. Demgegenüber regelt das österreichische Strafrecht einen eigenen Tatbestand über die ärztliche Heilbehandlung: §110 [Eigenmächtige Heilbehandlung] (1) Wer einen anderen ohne dessen Einwilligung, wenn auch nach den Regeln der medizinischen Wissenschaft, behandelt, ist mit Freiheitsstrafe bis zu sechs Monaten oder mit Geldstrafe bis zu 360 Tagessätzen zu bestrafen. (2) Hat der Täter die Einwilligung des Behandelten in der Annahme nicht eingeholt, daß durch den Aufschub der Behandlung das Leben oder die Gesundheit des Behandelten ernstlich gefährdet wäre, so ist er nach Abs. 1 nur zu bestrafen, wenn die vermeintliche Gefahr nicht bestanden hat und er sich dessen bei Anwendung der nötigen Sorgfalt (§ 6) hätte bewusst sein können. (3) Der Täter ist nur auf Verlangen des eigenmächtig Behandelten zu verfolgen.; Aber ein solcher eigener Tatbestand stellt jedoch nicht ausreichend zufrieden, dazu *Beppel*, Ärztliche Aufklärung in der Rechtsprechung, Diss. jur. Göttingen, 2007, 15 f.; daher erfordert die wirksame Einwilligung für die Rechtfertigung der tatbestandlichen Körperverletzung im ärztlichen Heileingriff mehrere Voraussetzungen, dazu vgl. BGHSt 16, 309; BGH NJW 1978, 1206 (sog. Zahnextraktionsfall)

139 Dies kommt in Betracht, wenn der Patientenwille nicht mehr zur rechten Zeit eingeholt werden kann, wie Notfall oder Bewusstlosigkeit des Patienten; vgl. BGHSt 35, 246; 45, 219; siehe dazu *Köhler*, NJW 2002, 853 ff.; *Wessels/Beulke*, AT Rn 380. Zur Abgrenzung der mutmaßlichen Einwilligung und der hypothetischen Einwilligung BGH NStZ 96, 34 mit zust. Anm *Ulsenheimer*, Arztrecht, Rn 131 ff., NStZ 96, 132; *Duttge*, FS-Schroeder, 2006, 179 ff.; vgl. auch OLG Koblenz, NJW-RR 02, 816; BGH MedR 1991, 200.

140 Zu dieser Argumentation und entsprechenden. Hintergrund vgl. *Eser*, Recht und Medizin, S. 56 f.; *Oppenheim*, Das ärztliche Recht zu körperlichen Engriffen an Kranken und Gesunden, 1892, 19 f.; *Stooss*, Chirurgische Operation und ärztliche Behandlung: eine strafrechtliche Studie, 1898.

die Tatbestandsmäßigkeit des Heileingriffs im Sinne einer Körperverletzung protestiert und Oppenheims Gründe – das Berufsrecht, den ärztlichen Zweck sowie das Gewohnheitsrecht – wegen ihrer begrifflichen Unklarheit als unhaltbare Rechtfertigungsgründe kritisiert: Wenn der ärztliche Heileingriff bereits von vornherein tatbestandsmäßig eine Körperverletzung darstelle, seien dafür keineswegs Rechtfertigungsgründe gegeben. Letztlich sei dadurch entweder ein strafrechtlich sinnloser Tatbestandsausschluss oder aber ein durch entschuldigenden Irrtum bedingter Schuldausschluss gegeben. Gemäß der Rechtsprechung des Reichsgerichts von 1894[141] findet sich bei solchen älteren Argumentationen keine Befürwortung; trotz der unterschiedlichen Fazits und der verschiedenen Begründungen von *Oppenheim* und *Stooss* ist es vor diesem theoretischen Hintergrund dennoch bemerkenswert, dass „die Vernunfthoheit"[142] von Ärzten gegenüber den Patienten aus dem zentralen Blickwinkel der Ärzteschaft vorausgesetzt wird.

Mit der Emanzipierung davon, nur das ärztliche Behandlungsrecht im Verhältnis von Arzt und Patient einseitig zu beachten, geht der BGH anschließend in Bezug auf die Auffassung des Reichsgerichts[143] über den ärztlichen Heileingriff davon aus, dass dieser grundsätzlich unter den Tatbestand der Körperverletzung falle, jedoch hier nur die Selbstbestimmung des Patienten und die authentisch vom Arzt erklärte Aufklärung[144] für deren Rechtfertigung gefordert werde, die aus Art. 2 Abs. 2 GG und der Einwilligung des § 228 StGB abgeleitet sind.[145]

Daher ist es für die Rechtfertigung des ärztlichen Heileingriffs nicht nur unbedingt erforderlich, dass die ärztliche Heilbehandlung medizinisch indiziert ist

---

141 RGSt 25, 375, wonach die Tatbestandmäßigkeit der Körperverletzung und die Strafbarkeit der Amputation des Fußes eines Kindes bei der *lege artis* (medizinisch indiziert; unter Beachtung der anerkannten ärztlichen Kunstregeln durchgeführt werden; dazu s. Sch/Sch-*Eser/Sternberg-Lieben*, § 223 Rn. 35) durchgeführten und im Ergebnis erfolgreichen ärztlichen Behandlung gegen den ausdrücklich erklärten Willen des Vaters bejaht worden sind.

142 Aus diesem Gedanken kann das ethische Berufsrecht von Ärzten abgeleitet werden, damit dessen von *Oppenheim* beschriebener Sinngehalt konkret bestimmt werden kann, so dass das Berufsrecht von *Oppenheim* aus dem gewohnheitsrechtlich auf der ärztlichen Berufsethik beruhenden Berufstand standesrechtlich als „das ärztliche Behandlungsrecht" begriffen werden kann. Das so konstituierte Behandlungsrecht, welches einseitig nur den ärztlichen Aspekt ohne das Interesse von Patienten einkalkuliert, kann ob dieser Rechtfertigung freilich wegen eigenmächtiger Heileingriffe kritisiert werden. vgl. Sch/Sch-*Eser/Sternberg-Lieben*, § 223 Rn. 28 ff.

143 RGSt 25, 375.

144 RG JW 1932, 3328, dort hat RG zuerst die ärztliche Aufklärungspflicht behandelt.

145 BGHSt 35, 246.

und demzufolge lege artis eingeleitet wird, sondern auch, dass der Patient nach ausreichender ärztlicher Aufklärung in die gegen ihn selbst gerichtete Behandlung einwilligen oder diese ablehnen kann, da sonst eine rechtswidrige Körperverletzung vorläge. Für die rechtsfehlerfreie Wirksamkeit der Einwilligung muss der Patient die Bedeutung und die Tragweite einer ärztlichen bestimmten Maßnahme zu erfassen im Stande sein (Einsichtsfähigkeit). Nur auf diese Weise ist dieser dazu befähigt, das Für und Wider des Eingriffs auf der Grundlage seiner eigenen Interessen abzuwägen und sich anschließend entweder für Einwilligung oder Ablehnung zu entscheiden (Urteilsfähigkeit) und letztlich seine Entscheidung zum richtigen Zeitpunkt[146] zu kommunizieren (Ausdrucksfähigkeit). Die ärztliche Aufklärung ist vor allem für die wirksame Einwilligung des Patienten eine conditio sine qua non (sog. informed consent[147]). Sie bildet gleichsam die entscheidende Grundlage für seine Entscheidung. Diese ärztliche Aufklärungspflicht erstreckt sich auf die Diagnose-, die Behandlungs-, die Risiko- und die Verlaufsaufklärung und hat zudem auch vor der Behandlung sowie der Einwilligung des Patienten zu erfolgen, so dass der Patient ausreichende Zeit für die Nutzen-Risiko-Abwägung einer bestimmten Behandlung erhält.[148] Daher muss es die fundamentale Aufgabe des Arztes sein, dem Patienten nicht nur eine medizinisch gute Behandlung angedeihen zu lassen, sondern auch dafür Sorge zu tragen, dass dessen Selbstbestimmungsrecht durch die Aufklärungspflicht gewahrt bleibt.

Trotz vereinzelter Versuche, den Heileingriff mithilfe des Tatbestandausschlusses zu interpretieren,[149] ist dieser – so die heutige Auffassung – in der Regel nach der einer ärztlichen Aufklärung vorangegangenen Einwilligung des Patienten gerechtfertigt. Dieser Gedanke ist daher vorzugswürdig und berechtigt dazu, dass sich der Patient nicht als bloßes „Objekt“, sondern als „Subjekt“ der Heilbehandlung sieht, so dass das Interesse von Patienten im Behandlungsgeschehen gut berechnet werden kann und auch dogmatisch sowie praktisch zum Schutze des Selbstbestimmungsrechts von Patienten geeignet ist[150].

---

146 Die Einwilligung muss vor dem Eingriff vorliegen. Eine nachträgliche Genehmigung ist keine wirksame Einwilligung. Vgl. BGH NJW 92, 2351; 94, 3009; 96, 777; 98, 1784.

147 Vgl. BGH NJW 1981, 1320 ff.

148 Zur Aufklärungspflicht BGH NJW 74, 604; 80, 1905; 81, 1320; 84, 1397; 89, 2318; 90, 2928; 91, 2349; 92, 2351; 94, 793, 2414, 3012; 96, 34; 98, 1784; 00, 1784; 04, 3703; BGHSt 4, 88, 90; *Lackner/Kühl*, StGB, §228 Rn 14; zur ärztlichen Aufklärung bei Ausländern siehe OLG Düsseldorf NJW 1990, 771.

149 Vgl. Sch/Sch-*Eser/Sternberg-Lieben*, § 223, Rn. 31.

150 *Wessels/Hettinger* BT 1, Rn 332.

b) Die Sterbehilfe und das Selbstbestimmungsrecht des Patienten

Der Respekt vor der Selbstbestimmung von Patienten ist allerdings beim Abbruch lebenserhaltender Maßnahmen bei einwilligungsunfähigen Patienten von praktischer Bedeutung. Das Selbstbestimmungsrecht des Einzelnen wird aus der verfassungsrechtlich verbrieften Menschenwürde (Art. 1 Abs. 1 Satz 1 GG), dem allgemeinen Persönlichkeitsrecht (Art. 2 Abs. 1 GG) und dem Recht auf körperliche Unversehrtheit (Art. 2 Abs. 2 Satz 1 GG) abgeleitet[151] und hat Vorrang vor dem objektiven Lebensinteresse, und zwar auch dann, wenn der Patient es selbst dann ablehnt, wenn die medizinische Behandlung objektiv vernünftig und für seine Gesundheit notwendig erscheint. Die wider den Willen des Patienten durchgeführte medizinische Maßnahme ist auf keinen Fall höher zu bewerten als die selbstständig und eigenverantwortlich getroffene und erklärte Entscheidung. In diesem Sinne setzt das Selbstbestimmungsrecht die Willensbildung und deren Erklärung voraus. Hier taucht die Problematik des Selbstbestimmungsrechts eines einwilligungsunfähigen Patienten auf. Der Verlust der Einwilligungsfähigkeit führt jedoch nicht zum Verlust der Rechtsstellung als Rechtssubjekt, „nur bedarf es wegen der Unmöglichkeit einer rechtlich wirksamen höchstpersönlichen Willensbekundung anderer Ausdrucksformen des Selbstbestimmungsrechts.“[152]

Zunächst kann die Selbstbestimmung eines Einwilligungsunfähigen durch einen anderen – einen gesetzlichen Vertreter wie z.B. einen Betreuer oder die Eltern von Minderjährigen[153] im Sinne der §§ 1896 ff., 1901 f. BGB – oder durch Gesundheitsbevollmächtigung im Sinne der §§ 1896 Abs. 2 S. 2, 1904 V BGB übernommen werden. Im Fall eines bewusstlosen Patienten, bei dem wegen eines Notfalls dringend eine ärztliche Maßnahme eingeleitet werden muss, kann die Entscheidung des behandelnden Arztes nach der mutmaßlichen Einwilligung des Patienten dessen Selbstbestimmung substituieren.[154] In solchen Fällen geht es nicht mehr um die reine Interessenabwägung, sondern um das

151 Zur grundgesetzlichen Grundlage siehe Nationaler Ethikrat, Stellungnahme zur Patientenverfügung, 2009; zugänglich unter <http://www.ethikrat.org/dateien/pdf/Stellungnahme_Patientenverfuegung.pdf>.

152 *Duttge*, Selbstbestimmung am Lebensende, Intensivmedizin 39 Erg. 2010, 4.

153 Über die Selbstbestimmung bei minderjährigen Patienten siehe auch *Duttge*, Selbstbestimmung bei einwilligungsunfähigen Patienten aus rechtlicher Sicht, in: Breitsameter (Hrsg.), Autonomie und Stellvertretung in der Medizin, 2011, 34 ff.

154 Dabei stehen der vom Arzte willkürlich genommene Wille vom Patienten und der schon früher geäußerte Wille des Patienten in einem Spannungsverhältnis, sofern beide nicht identisch sind. Wenn die Willenserklärung, eine bestimmte Behandlung abzusagen, zu einem angemessenen Zeitpunkt für eine konkrete Situation nicht

Wahrscheinlichkeitsurteil versus den Willen des Rechtsgutsinhabers. Weiter kann der einwilligungsunfähig gewordene Patient durch eine zeitlich vorverlagerte Willensbekundung seine Entscheidung über medizinische Maßnahmen – bzw. über deren Einwilligung oder Ablehnung – in der sog. Patientenverfügung[155] im Sinne der §§ 1901a, b BGB festhalten (durch das 3. Gesetz zur Änderung des Betreuungsrechts). Bei der Festlegung der Patientenverfügung entscheidet der Patient nach Maßgabe der authentischen ärztlichen Aufklärung und seiner völligen Entscheidungsfähigkeit über die zukünftig gegen ihn selbst zu richtende medizinische Maßnahmen. Daher hat die Patientenverfügung höhere Wertigkeit als andere Verfügungsmöglichkeiten wie etwa die Gesundheitsbevollmächtigung, der Betreuer oder die ärztliche Alleinentscheidung nach mutmaßlicher Einwilligung zum Schutz des Selbstbestimmungsrechts des einwilligungsunfähigen Patienten.[156]

2. Die Grenzlinie der Selbstbestimmung

Die Priorität des verfassungsrechtlich verbrieften Selbstbestimmungsrechts ist zwar zweifellos vorhanden, bedeutet aber keine grenzenlose Freiheit, die über den in der Rechtsordnung erlaubten oder nicht verbotenen Rahmen hinausginge, bzw. es ermöglichte, etwas Verbotenes zu verlangen. In der Medizin ist es dem Patienten unter Berufung auf das Selbstbestimmungsrecht nicht möglich, medizinisch nichtindizierte bzw. gar kontraindizierte Behandlungen und Maßnahmen zu verlangen. Wer selbstbestimmt aus dem Leben schneiden will, kann nicht einfach von einem Arzt für die Herbeiführung des Todes geeignete Arzneimittel oder schmerzlose Maßnahmen ohne ärztliche Befund verlangen. Die selbstbestimmte Entscheidung am Lebensende des Einzelnen ist natürlich zu respektieren, tritt jedoch dort in den Hintergrund, wo sie über gesetzliche – oder ggf. sittliche – Grenzen hinausgeht, die für andere verpflichtend sind. In diesem Sinne hat die Bundesärztekammer neue „Grundsätze zur ärztlichen Sterbebegleitung“(1998)[157]

---

vorliegt, haben die mutmaßlich erkennbaren Interessen des bewusstlosen Patienten richtigerweise den Vorrang vor dessen früher geäußertem Willen.

155 Deren im Gesetz niedergelegte Legaldefinition lautet: „[…] ein einwilligungsfähiger Volljähriger für den Fall seiner Einwilligungsunfähigkeit schriftlich festgelegt, ob er in bestimmte, zum Zeitpunkt der Festlegung noch nicht unmittelbar bevorstehende Untersuchungen seines Gesundheitszustandes, Heilbehandlungen oder ärztliche Eingriffe einwilligt oder sie untersagt […]“ in §1901a Abs.1 S. 1 BGB

156 *Duttge*, Selbstbestimmung am Lebensende, Intensivmedizin 39 Erg. 2010, 5 f.

157 Die Grundsätze der BÄK zur ärztlichen Sterbebegleitung werden weiterhin durch neue Rechtsprechung und eine intensive Sterbehilfediskussion wieder spezifiziert.

als solche Grenzlinien aus standesrechtlicher Sicht vorgelegt, die diejenigen vom April 1979 durch eine längere und intensive Debatte[158] überarbeitet und erweitert haben. In der Präambel heißt es: „Die Mitwirkung des Arztes bei der Selbsttötung widerspricht dem ärztlichen Ethos und kann strafbar sein."[159] Daher verbietet die BÄK den Ärzten standesrechtlich in den Praxen vor allem die ärztliche Beihilfe zum Suizid, obwohl diese nach deutschem Strafrecht straflos ist.

IV. Dammbruchargument

Im Rahmen der Debatte über eine sich in einem Spannungsfeld befindliche Problematik wie etwa die hier behandelten Themen der Selbsttötung und der Sterbehilfe sowie darüber hinaus auch über einem in der medizinischen Ethik problematisierten Konflikt wird nahezu immer das sogenannte Dammbruchargument erwähnt (das Argument der schiefen Ebene, *the slippery-slope argument*).

Bei diesem Argument stets werden sorgfältige Abwägung und als deren Ergebnis die Möglichkeit einer Ablehnung in der entsprechenden Konfliktlage gefordert, aufgrund derer die Ausführung einer bestimmten Handlung bzw. die Umsetzung einer speziellen Politik letztlich „den Damm" bricht, so dass die Induktion dieses ersten Schrittes unwiderruflich negative Konsequenzen zur Folge hat. Mit dieser Argumentationsweise sind in der Regel besonders heftig diskutierte politische Probleme verbunden. So thematisiert die Auseinandersetzung mit diesen immer auch die Frage nach deren moralischer Legitimation. Daher findet das medizinische Ethikproblem für die deterministische Konservativität Anwendung und ist gleichzeitig für diese von höchster Relevanz.

Gemäß diesem Argument – so ist häufig zu lesen – führe die Zulässigkeit der – indirekten oder passiven – Sterbehilfe zu dem Ergebnis, dass die Trennlinie zwischen der berechtigten und der verbotenen Sterbehilfe (aktive Sterbehilfe) eo ipso verschwimme, so dass letztlich sogar die aktive Sterbehilfe gerechtfertigt werde. Aber auch ein weiteres Beispiel sei in diesem Zusammenhang von Bedeutung. Ein menschlicher Embryoklon, der hier als der oben dargestellte „erste Schritt" fun-

---

158 DÄBl 1979, 957; DÄBl Bd 90, 1993; DÄBl 94, C 988 f.

159 NJW 1998, 3406 f. Vgl. DÄBl 1997, 1342 ff mit Vorwort *Beleites*. Jedoch ist das auf ärztlichen Ethikgeboten beruhende standesrechtliche Verbot im Rahmen des (normativen) Rechts wie religiöse und theologische Gründe wenig überzeugend. Versuche, diese Problematik aus moralischen, ethischen, religiösen oder theologischen Gründen zu lösen, führen endgültig dazu, dass Menschen nicht als Rechtssubjekt anzusehen sind; daher ist ihr Selbstbestimmungsrecht zu verneinen; vgl. zur dieser Kritik *Duttge*, GA 2006, 583 ff.

giert, würde zu unterschiedlichen Klonen wie Chimären- und Hybridbildungen führen. Auf diese Weise werde die in der Gesellschaft verankerte Grenze Schritt für Schritt relativiert, wodurch letztlich die Achtung vor dem menschlichen Leben zu verschwinden drohe, sollte hier kein Einhalt geboten werden.

Obwohl das restriktiv geregelte positive Recht de lege lata durch dieses Argument für die Aufrechthaltung von Gesellschaften ohne „moralisches Risiko" dienlich sein kann, befindet sich die mit solchen Argumenten problematisierte Angelegenheit schon im „slippery slope". Gemäß diesem Argument sollte der noch im Dammwasser befindliche oder der noch nicht auf slippery slope beruhende Sachverhalt allgemeingültig mithilfe der moralischen Vernunft begründet werden können. Aber die in dieser Argumentation postulierte ultima ratio ist jedoch auch nur nach menschlicher Geschichte sowie der Veränderung und der Entwicklung von deren Wertungseinstellungen das einzige zum gegenwärtigen Zeitpunkt festgestellte wandlungsfähige Kriterium. Deswegen es ist nicht zutreffend, das Dammbruchargument auf der Grundlage eines moralischen Fundaments bzw. dessen Prinzipien zu bemühen.

An dieser Stelle können die logische Struktur und die Fehler des Dammbrucharguments nicht gesondert erörtert werden. Jedoch muss wenigstens die Frage nach medizinisch-ethischen Problemen bzw. nach der Suizidproblematik gestellt werden. Kann die theoretische Möglichkeit, dass die Zulässigkeit des Suizids oder der – indirekten oder passiven – Sterbehilfe am Ende die Zulässigkeit von aktiver Sterbehilfe bzw. „(möglicher) berechtigter" Tötung auf Verlangen verursachen kann, für das Dammbruchargument und gegen dessen Gegner Opponent als Begründung herhalten?

Als weitere Beispiele mit ähnlicher Struktur werden folgende genannt: Die Rechtfertigung des Schwangerschaftsabbruchs führe mit der Missachtung des Lebens positiv zur Tendenz der Einstufung des behinderten Kindes als „lebensunwert", so dass sogar die gesetzliche Regelung dafür letztlich „gefährlich" angewendet werden könne. Surrogate könnten mit der Unterschätzung der Heirat unweigerlich den gesellschaftlichen Zusammenbruch auslösen. Mit der Zulässigkeit von Sterbehilfe für unheilbar Kranke und unerträglich unter schwerer Krankheit leidende Patienten werde die Sterbehilfe schließlich nicht auf solche Patienten beschränkt werden dürfen.

Wie die oben genannten Beispiele zeigen, beeinflusst das Dammbruchargument stark die Massenpsychologie, wie besonders am Beispiel des nationalsozialistischen Deutschland zu sehen ist, wo dieses Argument bei der Entscheidung über Leben und Tod zitiert wurde.

Das geschichtlich und kulturell aus der unklaren Beziehung zum menschlichen Leben sowie zur Tötung erwachsene Tötungstabu manifestiert sich sowohl in der immanenten Furcht vor dem Tode als auch in einem gesellschaftlichen Gut, welches es unbedingt aufrechtzuerhalten und gleichsam zu schützen gilt.

Wenngleich die „gewöhnliche" oder „kulturelle" Gestaltung der in der Gesellschaft zu postulierende Werte bzw. auch der tabuisierte werden darf, ist der in der gesamten Rechtsordnung angestrebte Wert selbst dann ein anderer als der moralische bzw. kulturelle, wenn die beiden demselben Zweck dienen und das gleiche Ziel verfolgen.

Obgleich der Grundsatz des Lebensschutzes geschichtlich – im Sinne von Gewohnheit und Kultur – und gleichermaßen auch rechtlich – im Sinne eines Sollens – berechtigt ist, sollte seine Begründung auf der Möglichkeiten von Angst oder Sorge basieren: für die Legitimation des Dammbrucharguments sowie des *slippery-slope arguments* ist es daher unbedingt erforderlich, die Übertragung der Beweislast zur logischen Schlussfolgerung zwischen dem befürchteten Nachteil und deren theoretischer Wahrscheinlichkeit bzw. deren Kausalität zusätzlich um die auf im Einzelfall des Erfahrungsgesetzes beruhende moralische Widerrede zu ergänzen, weil der Befürworter des Dammbrucharguments nicht auf die in der befürchteten möglichen Konsequenz enthaltene wesentliche Ungerechtigkeit, sondern lediglich auf die äußerliche emotionale-affektive Nebenwirkung hinweist. Schließlich können wir die praktische Bedeutung dieses Arguments nur im Rahmen von Medizin- und Bioethik vermittels des Dammbruch-Arguments diskutieren, dem nach rein logischer und auch nach normativer Ansicht unweigerlich Grenzen gesetzt sind.

Üblicherweise wird in der Abgrenzungsproblematik vom Spannungsfeld zwischen Leben und Tod wie Suizid, Sterbehilfe und anderen medizinisch kritischen Problemen die Einheit bewahrt. Abgesehen von theologischen, sich auf das Gotteswort stützenden Argumentationen wird der Appell an die Moral und die brisante Schwierigkeit von deren Trennbarkeit als deren Begründung ins Feld geführt. Natürlich ist ein solches Dilemma bei jeglicher Abgrenzungsproblematik immer unausweichlich. Dies ist besonders dann der Fall, wenn wir über das Leben, das Recht und die Ethik debattieren und dabei konstatieren, dass die rechtlich normative Ordnung von dem gesellschaftlich konstituierten bzw. moralisch oder kultur-psychologischen „Gefühl" unterschieden werden soll. Indessen sollten die rechtlichen Normen nicht nur als objektives Urteilskriterium, sondern auch als Verhaltensnormen dienen können. Ferner müssen sie dem Anspruch genügen, solche Aufgaben bei der Abgrenzungsproblematik adäquat zu lösen. Bei der „Beendigung" des Lebens eines Einzelnen sollte unsere Gesellschaft in moralischer

Hinsicht keine gleichgültige Haltung einnehmen. Freilich bedeutet dies hier nicht, den moralische Wert zu leugnen. Vielmehr geht es darum, übertriebene Befürchtung und die Beunruhigung über Moral und Ethik nicht überzubewerten, sondern darauf zu vertrauen, dass unsere Rechtsordnung für Verbotenes und Erlaubtes vernünftige Rahmen zu setzen in der Lage ist. Daher müssen wir wissen, wer die Verantwortung für etwaige Grenzüberschreitungen übernehmen kann und soll. In der folgenden Debatte über den Paternalismus soll von diesem Verantwortungsverständnis ausgegangen werden.

Teil 3. Die Bestimmung der Straflosigkeit des Beteiligten am Suizid

I. Problemübersicht über die Suiziddogmatik und den bisherigen Meinungstand im Strafrecht

1. Tendenz der Rechtsprechung

Während ein grundsätzlicher Konsens darüber besteht, dass die sog. aktive Sterbehilfe, d.h. die gezielte Tötung eines Moribunden aus Mitleid, *de lege lata* nach §§ 211 ff. StGB in jedem Falle strafbar ist, wird die sog. indirekte Sterbehilfe, wie etwa die Gabe von schmerzlindernden Mitteln mit der unbeabsichtigten Nebenfolge einer Lebensverkürzung des Behandelten, im Schrifttum fast ausnahmslos als zulässig angesehen.[160]

Aufgrund von verbesserten Behandlungs- und Therapiemethoden bzw. der Entwicklung der Palliativmedizin wird die Bedeutung der indirekten Sterbehilfe vor allem auf eine theoretische Debatte in der ärztlichen Praxis zurückgeführt. Demgegenüber wird die Problematik der sogenannten passiven Sterbehilfe besonders aufgrund der Fortentwicklung der Intensivmedizin zunehmend in den Vordergrund treten. Deswegen werden vor dem Einsetzen des Sterbevorgangs, bei dem unmittelbar bevorstehenden Stadium des Sterbens oder aber nach dem bereits erfolgten Einsetzen des Sterbevorgangs mehrere vielfältige und umfangreiche medizinische Maßnahmen bzw. lebenserhaltende oder lebensverlängernde Maßnahmen verfügbar sein, während in der Vergangenheit die in derartigen Situationen zur Verfügung stehende medizinische Behandlung zurecht als sehr eingeschränkt gelten musste, so dass die praxisrelevanten Fälle von sog. passiver Sterbehilfe in der Praxis und auch in der rechtlichen Debatte der Natur der Sache gemäß häufiger in den Fokus der Aufmerksamkeit gelangten.

In dieser Vergangenheit, die hier nicht nur im Sinne von rückständiger medizinischer Behandlung, sondern auch in Bezug auf die zunehmende Tendenz der Rechtsprechung zur Betrachtung des Selbstbestimmungsrechts zu verstehen ist, hat der BGH im Falle der passiven Sterbehilfe mehr oder weniger einen „passiven" bzw. einen zurückhaltenden Standpunkt vertreten: wie bereits am Beispiel des oben genannten Wittig-Falls deutlich geworden ist, hat er erst – obwohl zunächst für die Angeklagten Freispruch anzunehmen wäre – den Arzt dazu verpflichtet,

---

160 a. A. *Gössel*, Strafrecht, Besonderer Teil, Bd. 1, § 2 Rn. 30.

nach Eintritt der Bewusstlosigkeit des Patienten den Tod abzuwenden, dann aber nur in einem *obiter dictum* die Sterbehilfe für zulässig gehalten.

2. Analyse der Rechtsprechung

a) Gisela-Fall[161]

Sachverhalt[162]: Das „über sein Alter hinaus gereifte" 16-jährige Mädchen Gisela fasste den Entschluss, aus dem Leben zu scheiden, weil ihre Eltern ihr den Umgang mit dem Angeklagten, zu dem sie eine tiefe Liebesbeziehung unterhielt, verboten. Der Angeklagte wollte mit ihr in den Tod gehen und schlug vor, sich durch in das Innere eines Autos geleitete Auspuffgase zu töten. Er befestigte entsprechend einen Schlauch und setzte sich mit Gisela in das Wageninnere. Sodann ließ der Angeklagte den Motor an und trat das Gaspedal durch. Beide wurden am nächsten Tag bewusstlos aufgefunden. Gisela verstarb.

Der vorliegende Fall handelt vom sog. fehlgeschlagenen Doppelsuizid. Grundsätzlich kann man konstatieren, dass die Tatherrschaft beim Suizid bei derjenigen Person liegt, die in letzter Instanz den zum Tod führenden Akt begeht. Liegt in dieser Weise also die Täterschaft beim Suizidenten mit der Freiverantwortlichkeit des Suizidentschlusses, so ist die Täterschaft von anderen Beteiligten kategorisch und grundsätzlich ausgeschlossen (die Exklusivität der Tatherrschaft[163]).[164] Problematisch ist jedoch eine Konstellation, wie sie im vorliegenden Falle gegeben ist. So ist unstrittig, dass hier offensichtlich beide Beteiligten das Ziel verfolgten, aus dem Leben zu scheiden. Somit stellt sich hier zwangsläufig die Frage, wer die Tatherrschaft in den Händen gehalten hat und ob daraus die Strafbarkeit des Überlebenden bejaht werden kann. Früher hat das Reichsgericht in Fällen von ähnlich einseitig fehlgeschlagenem Doppelsuizid, wie z.B. im sog. Gashahn-Fall, in der beide Lebensmüden arbeitsteilig agierten – der Mann öffnete die Gashähne, während das Mädchen die Türritzen verstopfte –, den geretteten Mann, der als einziger überlebte, wegen Tötung auf Verlangen bestraft.[165]

Zunächst ging der BGH davon aus, dass über die Tatherrschaft im Hinblick auf den Gesamtplan zu entscheiden sei; nicht maßgebend ist, dass das Opfer nach dem Geschehensablauf den Wagen verlassen konnte. Im vorliegenden Fall hat der

161 BGHSt 19, 135, Urt. vom 14. Aug. 1963–2 StR 181/63.

162 Dieser Sachverhalt zitiert nach: *Scheffler*, Die Rechtsprechung des Bundesgerichtshofes zur Strafbarkeit der Mitwirkung am Suizid, JahrbRuE, 1999, 354.

163 Dazu siehe *Hohman/König*, NStZ 1989, 305 ff.

164 *Rengier*, BT II, §8 Rn. 8.

165 RG, JW 1921, 579.

BGH somit keine – straflose – Beihilfe zum Suizid, sondern eine Strafbarkeit der – fremden – Tötung auf Verlangen gem. § 216 StGB angenommen. Nach der Rspr. sei für die Entscheidung der Tatherrschaft maßgebend, dass „der Angeklagte, der das Gaspedal durchtrat, das gesamte Geschehen bis zuletzt in der Hand hielt und die auf den beiderseitigen Tod abzielende Ausführungshandlung bis zum Eintritt eigener Bewusstlosigkeit fortsetzen sollte."[166] Gisela habe die fortdauernde, auf den Tod zielende Handlung des Angeklagten bloß duldend hingenommen, dabei jedoch „nicht wissend, wann es ihr nicht mehr möglich sein werde, sich der tödlichen Wirkung zu entziehen". Die entscheidende Begründung des BGH liegt also darin, dass die Tatherrschaft auf den Gesamtplan abstelle und das Durchtreten des Gaspedals als der auf den Tod abzielende Ausführungsakt in diesem Fall entscheidend sei.

Demgegenüber wird diese Sichtweise des BGH im Schrifttum harsch kritisiert.[167] Eine Fremdtötung sei demnach bei Suizidkonstellationen nur dann gegeben, wenn der Suizident den letzten irreversiblen Akt an den anderen delegiert, so dass es für den Suizidenten keine „Hintertür" mehr gibt. Nach dem Ingangsetzen des Geschehensablaufs durch das Durchtreten des Gaspedals, jedoch noch vor dem Schließen ihrer letzten Hintertür, nämlich vor dem Eintritt ihrer Bewusstlosigkeit, sei Gisela „die volle Freiheit über Tod und Leben" geblieben, wie z.B. der Ausstieg durch bzw. das Öffnen des Fensters.[168] In diesem Zusammenhang ist die Ansicht des BGH fragwürdig, dass das Verhalten des Opfers – im Wagen weiterzubleiben oder weiter das Gas einzuatmen, obwohl das Opfer sich dem tödlichen Erfolg entziehen konnte – keine normative Bedeutung habe. Diese Handlung des Opfers zeigt nicht nur keine mangelnde Eigenverantwortlichkeit, sondern den Willen, entsprechend dem gemeinsamen Suizidplan weiterhin freiwillig die Verwirklichung der (Selbst)Tötung anzustehen, obwohl das Opfer sich dem tödlichen Erfolg entziehen könnte. Demzufolge ist im vorliegenden Falle eine Tatherrschaft des Angeklagten für den Tod von Gisela zu verneinen. [169]

---

166 BGHSt 19, 135.

167 Sch/Sch-*Eser* § 216 Rn. 11; *Murmann*, Selbstverantwortung, 336 ff.; NK-*Neumann* vor § 211 Rn. 53, §216 Rn. 5; *Rengier* BT II § 8 Rn. 8 ff; MüKo-*Schneider*, §216 Rn. 33, 40; *Wessels/Hettinger* Rn. 162 ff.

168 Siehe *Wessels/Hettinger* BT I, Rn. 164.

169 Zu BGHSt 19, 135, abl. *Arzt/Weber*, BT, §3, Rn. 38ff; Krey, BT 1, Rn. 104 ff.; *Otto*, BT, §6, Rn. 62ff; *Wessels/Hettinger*, BT 1, Rn. 164 ff; i.E. zust. MüKo-*Schneider*, §216, Rn. 48. danach sei die Passivität des Opfers weder zurechnungsrelevant noch wirke sie tatherrschaftsbegründend im Lichte des Regelungszwecks von §216; LK-*Jähnke*, §216, Rn.2 ff.

Des Weiteren ist der Suizidwille von Gisela zu beachten. In diesem Fall hat der BGH die Strafbarkeit des Angeklagten nicht wegen Totschlags, sondern wegen Tötung auf Verlangen bejaht. Dies bedeutet, dass der BGH den Sterbewillen des 16-jährigen Mädchens angenommen hat. In dieser Entscheidung hat der BGH die geistige Reife von Gisela nicht ausführlich erörtert, jedoch gefolgert, dass der freiverantwortliche Suizidentschluss bei Minderjährigen nach deren geistigen Fähigkeiten und sittlicher Reife weiter angenommen werden könne.

b) Polizeipistolen-Fall[170]

Sachverhalt[171]: Der Angeklagte, ein Polizeiobermeister, legte, wie häufig, seine Dienstpistole auf das Armaturenbrett seines Autos, in das er nach einer Zechtour mit einer Freundin einstieg. Er wusste, dass diese nach dem Genuss von Alkohol häufig plötzlich schwermütig geworden war und schon mehrere Suizidversuche hinter sich hatte. Die Frau erschoss sich mit der Waffe.

Bei diesem Fall geht es um die fahrlässige Beteiligung am Suizid. Vor dem Urteil des BGH hatte das Schöffengericht den Angeklagten wegen fahrlässiger Tötung verurteilt, wohingegen das OLG Celle den Angeklagten mit der Auffassung freisprach, dass derjenige, der durch fahrlässiges Verhalten den Tod eines freiverantwortlich handelnden Selbstmörders mitverursacht, nicht strafbar sei. [172] Im Anschluss daran verneinte der 5. Strafsenat des BGH gemäß der Rechtsansicht des OLG Celle ebenfalls die Strafbarkeit wegen fahrlässigen Tötung, weil nur eine fahrlässige Beihilfe zu einem Suizid nicht strafbar sein könne, und verwies darauf, dass sogar die vorsätzliche Beihilfe zum Suizid straflos sei.[173]

Grundsätzlich orientiert sich die Schlussfolgerung des BGH an dem argumentum a maiore ad minus: Wenn eine vorsätzliche Mitwirkung an einem Fall straflos ist, dann muss die fahrlässige Beteiligung erst recht straflos sein.[174] Hätte der Polizeiobermeister seine Waffe vorsätzlich auf dem Armaturenbrett liegenlassen, hätte er sich nicht strafbar gemacht. Obgleich er im vorliegenden Falle sorgfaltswidrig[175] gehandelt hat, hat er sich nicht strafbar gemacht.

---

170 BGHSt 24, 342, Urt. vom 16. Mai 1972; vgl. *Murmann*, GK, §23, Rn. 72 ff.

171 Dieser Sachverhalt zitiert nach *Vöhringer*, Tötung auf Verlangen, 2007, Fn. 626.

172 OLG Celle, NJW 1972, 504.

173 BGHSt 24, 342, 344.

174 BGHSt 24, 343 f.; BGHSt 32, 262, 264; vgl. Roxin, NStZ 1984, S. 411; *Puppe*, ZIS 2007, 247 f; *Lasson*, ZJS 2009, 360.

175 Zur Sorgfaltswidrigkeit in diesem Fall *Scheffler*, JahrbRuE 1999, S. 356; *Puppe*, ZIS 2007, 248; a. A *van Els*, NJW 1972, 1477, wonach keine Verletzung der Sorgfaltspflicht vorliegt.

Dieses Argument ist in der Rspr. des BGH und in der h. L. in Deutschland von großer Bedeutung, wie *Puppe* erwähnt[176]. Und es ist auch dann schlüssig, „wenn sich die beiden verglichenen Fälle nur dadurch unterscheiden, dass im letzteren Fall ein Element, das schon im ersteren nicht in genügender Stärke vorhanden ist, um die Rechtsfolge zu begründen, in einer noch geringeren Stärke vorhanden ist. Es darf also kein anderes Element im zweiten Fall geben, das geeignet ist, die Rechtsfolge zu begründen, und im ersten Fall fehlt."

Mit anderen Worten: Es darf im Fahrlässigkeitsfall also kein anderes Element geben, das im Vorsatzfall fehlt oder stärker als im Vorsatzfall vorhanden ist. Der Vorsatz- und der Fahrlässigkeitsfall müssen also jeder wie im Wortlaut maior und minus sein. Die straflose Beteiligung am Suizid liegt grundsätzlich dann vor, wenn der Suizid frei und völlig eigenverantwortlich begangen wird. Im vorliegenden Fall ist jedoch noch fraglich, ob die Freundin tatsächlich auch in dieser Weise gehandelt hat. Der Sachverhalt, dass sie sich unter Einfluss einer Depression sowie von Alkoholgenuss zum Suizid entschlossen hat, hätte vom BGH noch genauerer ermittelt werden müssen.

c) *Kemptner-Fall*[177]

Im sog. Kemptener-Fall hat der BGH erstmals einen Behandlungsabbruch gemäß dem Patientenwillen vor Einsetzen des Sterbevorgangs zugelassen. Vor der Entscheidung des BGH hatte das LG Kempten die Angeklagten, nämlich den Betreuer und den Arzt des Patienten, wegen versuchten Totschlags verurteilt. Unter Rückgriff auf die damalige Richtlinie der BÄK für die Sterbehilfe[178] hatte das LG Kempten diesen Fall nicht als sog. passive Sterbehilfe angesehen, wonach diese solche Fälle erfasst, in denen „das Grundleiden des Kranken nach ärztlicher Überzeugung unumkehrbar (irreversibel) ist, einen tödlichen Verlauf angenommen hat und der Tod in kurzer Zeit eintreten wird."[179] Zum damaligen Zeitpunkt war die Patientin noch lebensfähig gewesen und hatte nach dem Entschluss der Angeklagten, die künstliche Ernährung einzustellen, noch über neun Monate gelebt. In diesem Fall fehlte es also an einer Grundvoraussetzung der sog. passive Sterbehilfe – an der unmittelbaren Todesnähe.

---

176 *Puppe*, ZIS 2013, Fn. 7 m.w.N.

177 BGHSt 40, 257, Urt. vom 13. September 1994 = NJW 1995, 204.

178 Richtlinien der Deutschen Bundesärztekammer für die Sterbehilfe, Deutsches Ärzteblatt 1979, 957 ff. = MedR 1985, 38 ff.

179 BGHSt 40, 257, 260.

Vor diesem Urteil war es für den zulässigen Behandlungsabbruch[180] unbedingt erforderlich gewesen, dass ein entsprechender Patientenwille sowie drei Voraussetzungen des Sterbeprozesses – Irreversibilität, infauste Prognose, Todesnähe – gegeben waren. Gemäß dem Grundsatz dieser Entscheidung könne der Abbruch einer ärztlichen Behandlung oder Maßnahme bei einem unheilbar erkrankten, nicht mehr entscheidungsfähigen Patienten ausnahmsweise auch dann zulässig sein, wenn die Voraussetzungen der von der Bundesärztekammer verabschiedeten Richtlinien für die Sterbehilfe[181] nicht vorliegen, weil der Sterbevorgang noch nicht eingesetzt hat. Dabei sei der mutmaßliche Wille des Kranken entscheidend. Für die Annahme dieses mutmaßlichen Willens seien jedoch strenge Anforderungen unabdingbar, „um der Gefahr einer Entscheidung nach externen Maßstäben Dritter (des Arztes, der Angehörigen oder des Betreuers) vorzubeugen."[182]

Darüber hinaus war strafrechtlich noch fraglich, ob die Angeklagten insoweit selbst als mittelbare Täter oder lediglich als Anstifter anzusehen waren, als sie einen Verbotsirrtum des Tatmittlers – der Pflegeperson, die das von den Angeklagten mit der Anordnung der Nahrungsumstellung verfolgte Ziel erkannt hat und – gemäß der Vorstellung der Angeklagten – bewusst herbeiführen sollte – ausgenutzt haben. Gemäß der Rechtsprechung des BGH komme die mittelbare Täterschaft grundsätzlich auch dann in Betracht, „wenn der Hintermann den Tatmittler über das Erlaubtsein eines bestimmten deliktischen Verhaltens täuscht, der so hervorgerufene Verbotsirrtum für den unmittelbar Handelnden aber vermeidbar war".[183] Entscheidend sei dafür nicht die Vermeidbarkeit des Irrtums des Tatmittlers, sondern die Frage, „ob bei wertender Betrachtung des Gesamtgeschehens dem Hintermann die vom Täterwillen getragene objektive Täterschaft zukommt".[184] Der BGH hat hier die mittelbare Täterschaft mit der Begründung angenommen, dass die Angeklagten einen Verbotsirrtum der Pflegeperson ausnutzen wollten, weshalb die Willensherrschaft gegeben sei.

---

180 Der 1. Strafsenat des BGH hat die sog. passive Sterbehilfe und den Behandlungsabbruch nach dem Kriterium unterscheiden, ob der Sterbeprozess schon eingesetzt hat oder nicht. diese Unterscheidung ist doch begrifflich nicht eindeutig.; dazu *Roxin*, in: Roxin/Schroth, Handbuch des Medizinstrafrechts, 313, 328 f; *Baltz*, Lebenserhaltung als Haftungsgrund, 2010, 10 f.

181 Vgl. auch Richtlinien der Bundesärztekammer für die ärztliche Sterbebegleitung (1993), Deutsches Ärzteblatt 90, Heft 37, September 1993, 17.

182 *Wessels/Hettinger* BT I, Rn 39, 39a; hierzu auch über die analog Anwendbarkeit des §1904 BGB.

183 Vgl. BGHSt 35, 347, 351 ff.

184 Vgl. BGHSt 35, 347, 353 f.

d) *Sirius-Fall*[185]

Sachverhalt[186]: Der Angeklagte lernte eine unselbstständige und mit Komplexen beladene junge Frau kennen. Es entwickelte sich eine intensive Freundschaft, in der Diskussionen über Psychologie und Philosophie im Mittelpunkt standen. Der Angeklagte ließ die junge Frau wissen, er wäre ein Bewohner des Sterns Sirius. Er wäre mit dem Auftrag auf die Erde gesandt worden, dafür zu sorgen, daß einige wertvolle Menschen nach dem völligen Zerfall ihrer Körper mit ihrer Seele auf dem Sirius weiterleben könnten. Damit die junge Frau dazugehöre, bedürfe sie allerdings einer geistigen und philosophischen Weiterentwicklung. Da sie durch ihren Körper blockiert würde, wäre es erforderlich, den alten Körper zu vernichten und einen neuen zu beschaffen. Der Angeklagte spielte der jungen Frau vor, in einem roten Raum am Genfer See stünde für sie ein neuer Körper bereit, in dem sie sich wiederfinden werde, wenn sie sich von ihrem alten Körper trennte. Auch in ihrem neuen Leben benötigte sie jedoch Geld, so daß es erforderlich wäre, daß sie eine Lebensversicherung auf seinen Namen abschlösse. Die Summe würde fällig werden, wenn sie aus ihrem „jetzigen Leben" schiede; er würde ihr die Versicherungssumme sodann überbringen. Nach Abschluss der Versicherung forderte der Angeklagte die junge Frau auf, ihr „jetziges Leben" dadurch zu beenden, daß sie sich in eine Badewanne setzen und den eingeschalteten Fön in das Badewasser fallen lassen sollte. Die junge Frau tat, wie ihr geheißen; ein tödlicher Stromstoß blieb jedoch aus.

Der BGH hat die Strafbarkeit des Angeklagten wegen versuchten Mordes – aus Habgier – in mittelbarer Täterschaft gem. §§ 211, 25 Abs. 1 Alt 2. StGB bejaht, wonach die straflose Beteiligung am Suizid verneint wird, da der Angeklagte das Opfer kraft überlegenen Wissens gesteuert habe. Obgleich das Opfer selbst den Fön in die Badewanne fallen ließ, was hier zunächst wie eine Selbstschädigung erscheint, bejaht der BGH die Täterschaft des Angeklagten: „Verschleiert er dem sich selbst ans Leben Gehenden die Tatsache, dass er eine Ursache für den eigenen Tod setzt, ist derjenige, der den Irrtum hervorgerufen und mit Hilfe des Irrtums das Geschehen, das zum Tod des Getäuschten führt oder führen soll, bewusst und gewollt ausgelöst hat, Täter eines (versuchten oder vollendeten) Tötungsdelikts kraft überlegenen Wissens, durch das er den Irrenden lenkt, zum Werkzeug gegen sich selbst macht."[187]

---

185 BGHSt 32,38, Urt. vom 5. Juli. 1983–1 StR 168/183.

186 Dieser Sachverhalt zitiert nach *Scheffler*, JahrbRuE, 1999, 358.

187 BGHSt 32, 38 ff.; vgl. auch *Bottke*, GA 1983, 22, 31; LK-*Jähnke*, 10. Aufl., vor § 211 Rn. 25, 26

Zunächst ist im vorliegenden Fall zu beachten, dass der Angeklagte als Hintermann in mittelbarer Täterschaft bestraft wird. In Bezug auf die mittelbare Täterschaft gem. § 25 Abs. 1 Alt. 2 StGB werden die sog. Dreipersonenverhältnisse grundsätzlich, aber nicht ausdrücklich, erwähnt: der Hintermann (der mittelbare Täter) – der Tatmittler – das Opfer. Im vorliegenden Falle, in dem der Hintermann das Opfer als Tatmittler gegen sich selbst einsetzt, wodurch der Tatmittler und das Opfer identisch sind, ist dennoch ohne weiteres eine mittelbare Täterschaft anzunehmen, da die sog. Dreipersonenverhältnisse von der mittelbaren Täterschaft nach Wortlaut des § 25 Abs. 1 Alt. 2 StGB nicht erzwungen sind.[188]

Darüber hinaus geht es im vorliegenden Falle um die Abgrenzungsproblematik zwischen der straflosen Beteiligung am Suizid und der Fremdtötung in mittelbarer Täterschaft. Da der Suizid nach h.M. straflos ist, ist auch die bloße Teilnahme am Suizid mangels vorsätzlicher rechtswidriger Haupttat im Sinne der §§ 26, 27 StGB nicht strafbar. Die Entscheidung über die Strafbarkeit liegt daher in der Abgrenzung zwischen der straflosen bloßen Teilnahme am Suizid und der strafbaren Fremdtötung. Die Entscheidung über diese Abgrenzung liegt demnach in der Frage, ob die Freiverantwortlichkeit des Sterbewillens des Opfers bejaht werden kann. Diese Frage, welche Kriterien für die Beurteilung der Freiverantwortlichkeit der Willensentscheidung des Suizidenten entscheidend sind, ist indes umstritten. In der Lehre werden dazu zwei Lösungen vertreten: die Einwilligungslösung und die Exkulpationslösung.[189]

Diese Abgrenzung hat der BGH in seiner Entscheidung offen gelassen: „Die Frage der Abgrenzung strafbarer Tötungstäterschaft von strafloser Selbsttötungsteilnahme (Roxin, Dreher-Festschrift S. 331, 332) kann in Fällen, in denen derjenige, der unter dem Einfluß oder unter der Mitwirkung eines anderen Hand an sich legt, weder einen der psychischen Zustände aufweist, die § 20 StGB nennt, noch sich in einer Notstandslage im Sinne von § 35 StGB befindet, sondern durch Täuschung zur Vornahme der Tötungshandlung bewogen wird, nicht abstrakt beantwortet werden. Die Abgrenzung hängt im Einzelfall von Art und Tragweite des Irrtums ab.“[190]

---

188 *Wessels/Beulke*, AT Rn. 539a.

189 Siehe u. Teil 4.

190 BGHSt 32, 38 ff.; siehe auch *Kühl*, Jura, 2010, 82; *Neumann*, JuS 1985, 677; *Wessels/Hettinger* BT I, Rn. 52.

e) Wittig-Fall[191]

Sachverhalt[192]: Der angeklagte Dr. Wittig war der Hausarzt einer 76-jährigen Witwe, die an hochgradiger Verkalkung der Herzkranzgefäße und einer schweren Hüft- und Kniearthrose litt. Nach dem Tode ihres Ehemannes sah sie in ihrem Leben keinen Sinn mehr. Sie äußerte gegenüber dem Angeklagten des Öfteren die Absicht, aus dem Leben zu scheiden. Der Angeklagte hatte vergeblich versucht, sie von ihren Suizidgedanken abzubringen. Er wusste, daß sie ein Schriftstück verfasst hatte, das die Einweisung in ein Krankenhaus oder die Anwendung lebensverlängernder Medikamente untersagte. Bei einem Hausbesuch fand der Angeklagte die Frau bewusstlos auf der Couch mit einer an ihn gerichteten Mitteilung in der Hand vor, daß sie keinesfalls in ein Krankenhaus wollte. Der Angeklagte erkannte, daß sie eine Überdosis Morphium und Schlafmittel genommen hatte. Da ihr Puls kaum noch zu fühlen war, ging er davon aus, daß die Patientin jedenfalls nicht ohne schwere Dauerschäden zu retten sein würde. Er unternahm nichts zu ihrer Rettung und blieb mehrere Stunden bei ihr bis zu ihrem Tod.

Bei diesem, auch als sog. Wittig-Fall bekannten Fall ist heftig umstritten, ob der Sterbewille des Suizid-Patienten gegen den ärztlich verpflichtenden Lebensschutz zu respektieren sei, und ob dem Arzt nach dem Eintritt der Bewusstlosigkeit des Patienten ein Rettungspflicht nachzuweisen ist. Bezüglich dieser Problematik hat der 3. Strafsenat des BGH den Angeklagten vom Vorwurf der Tötung auf Verlangen durch Nichtgewährung ärztlicher Hilfe gem. §§ 216, 323c StGB freigesprochen. Grundsätzlich geht der BGH dennoch von der Prämisse aus, dass ein Arzt im Sinne des hippokratischen Eides im Falle eines endgültigen Verlustes der Tatherrschaft seitens des Sterbenden, welches spätestens mit Eintritt der Bewusstlosigkeit eintritt, dazu verpflichtet sei, den Tod des Patienten mit allen ihm zur Verfügung stehenden Mitteln abzuwenden: „Nach allgemeinen Grundsätzen macht sich wegen eines Tötungsdelikts durch Unterlassen strafbar, wer einen Bewusstlosen in einer lebensbedrohenden Lage antrifft und ihm die erforderliche und zumutbare Hilfe zur Lebensrettung nicht leistet, obwohl ihn, z.B. als Ehegatten oder behandelnden Arzt, Garantenpflichten für das Leben des Verunglückten treffen. [...] Wenn nämlich der Suizident die tatsächliche Möglichkeit der Beeinflussung des Geschehens („Tatherrschaft") endgültig verloren hat, weil er infolge von Bewusstlosigkeit nicht mehr von

191 BGHSt 32, 367, Urt. vom 4. Juli 1984; auch JZ 1984, 893; JuS 1985, 238; MDR 1984, 858; NJW 1984, 2639; NStZ 1985, 119.

192 Dieser Sachverhalt zitiert nach *Scheffler*, JahrbRuE, 1999, 360.

seinem Entschluss zurücktreten kann, hängt der Eintritt des Todes jetzt allein vom Verhalten des Garanten ab."[193]

Gleichwohl anerkennt der BGH den Umstand, dass eine solche Situation den Arzt in einen schweren Konflikt bringen kann – einen Konflikt, der sich im Wesentlichen aus seiner ärztlichen Pflicht ergibt, jede auch noch so kleine Chance zur Rettung des Lebens des Patienten zu ergreifen, und dem Gebot, dem Selbstbestimmungsrecht des Patienten in gebührender Weise Rechnung zu tragen, es also zu wahren und nicht vorsätzlich zu beschädigen. In diesem Widerstreit trifft der BGH nun die bedeutsame Entscheidung, dass auch die angemessene Berücksichtigung des Selbstbestimmungsrechts einen wesentlichen Teil des ärztlichen Aufgabenbereichs bildet: „Wenn der Angeklagte in dieser Grenzsituation den Konflikt zwischen der Verpflichtung zum Lebensschutz und der Achtung des Selbstbestimmungsrechts der nach seiner Vorstellung bereits schwer und irreversibel geschädigten Patientin dadurch zu lösen suchte, daß er nicht den bequemeren Weg der Einweisung in eine Intensivstation wählte, sondern in Respekt vor der Persönlichkeit der Sterbenden bis zum endgültigen Eintritt des Todes bei ihr ausharrte, so kann seine ärztliche Gewissensentscheidung nicht von Rechts wegen als unvertretbar angesehen werden."[194]

Diese theoretische Begründung des BGH wird in der Literatur sehr heftig kritisiert.[195] Besonders ist sehr umstritten, ob es bei der zu Anfang in den Händen des freiverantwortlich handelnden Suizidenten liegenden Tatherrschaft nach dessen Bewusstseinsverlust zu einem „Tatherrschaftswechsel" kommt. In dieser Frage hat der BGH festgestellt, dass die Tatherrschaft automatisch dem Dritten zufalle, sobald der Suizident handlungsunfähig werde, so dass dieser ein Tötungsdelikt als Unterlassungstäterschaft verwirklichte.[196]

193 BGHSt 32, 367.

194 BGHSt 32, 367 ff.

195 Vgl. *Eser*, MedR, 1985, 6 ff.; *Lackner/Kühl*, vor §211, Rn. 15; *Gropp*, NStZ, 1985, 97 ff.; *Sowada*, Jura, 1985, 75 ff.; dagegen vertreten *Kutzer*, MDR, 1985, 710 ff und *Herzberg*, JZ, 1986, 1024 ff.; vgl. *Vöhringer*, Tötung auf Verlangen, 2008, 188 f.

196 Vgl. auch BGHSt 2, 150 (sog. Erhängen-Fall), BGH NJW 1960, 1821 (sog. Gurt-Fall), OLG München NJW 1987, 2940; im sog. Erhängen-Fall hat der BGH die Angeklagte als Unterlassungstäter verurteilt, wo sich der Ehemann der Angeklagten durch Erhängen sich selbst getötet hat und ihn seine Frau, die später hinzukam, trotz der Rettungsmöglichkeit hängen ließ. Im sog. Gurt-Fall hat der BGH auch die Angeklagte wegen Totschlags durch Unterlassen bestraft, wo die Angeklagte den Raum mit ihrem den Suizid mithilfe eines Gurtes versuchten Ehepartner verließ.; dazu siehe auch *Vöhringer*, Tötung auf Verlangen, 2007, 184 ff.

Der Suizid verwirklicht kein Unrecht und bleibt straflos. Einerseits geht es darum, dem Teilnehmer am Suizid die Beihilfehandlung des Suizids zu erlauben. Andererseits ist das Gesetz widersprüchlich, gemäß dem eine Person zur Rettung des Suizidenten verpflichtet ist, sobald der Suizident das Bewusstsein verliert.[197] Vielmehr bleibt dem Beteiligten überhaupt keine Rettungsmöglichkeit mehr, wenn der Suizident mit sofortigen todringenden Mitteln ohne Bewusstlosigkeitsstadium den Selbsttod verwirklicht. Darüber hinaus hängt die Strafbarkeit des Dritten zufällig von den vom Suizident gewählten Maßnahmen ab. Dies ist unvertretbar. Der Standpunkt des BGH, die aus der Garantenstellung, z.B. des Arztes oder Angehöriger, entstehende Rettungspflicht gegenüber dem freiverantwortlich handelnden, aber handlungsunfähig gewordenen Suizident zu verpflichten, suggeriert sogar, dass der Arzt u.U. den Tod des Patienten auch in der passiven Sterbehilfe auf jeden Fall hätte verhindern müssen.[198] Aber wie *Schneider* zutreffend bemerkt hat, „haben die strafrechtlichen Garantenstellungen nicht die Funktion, eine autonome Willensentscheidung freiverantwortlich handelnder Person auszuhebeln."[199]

Ferner war in diesem Fall auch problematisch, ob die Unterlassungsstrafbarkeit gem. § 323c StGB in Betracht kommt. Für die Strafbarkeit nach § 323c StGB wird zunächst vorausgesetzt, dass der Suizid unter dem „Unglücksfall" im Sinne des § 323c StGB zusammengefasst wird. Unter dem Unglücksfall versteht man jedes plötzlich eintretende Ereignis, das erhebliche Gefahren für Menschen oder Sachen hervorruft oder hervorzurufen droht.[200] Gemäß der Rspr. stelle sich ein Suizidversuch „vom Zeitpunkt der Hilfsbedürftigkeit an" als Unglücksfall dar.[201] Nach a. A. sei dagegen der Suizidversuch kein Unglücksfall, da die freiverantwortlich getroffene Entscheidung des Suizidenten (im sog. Bilanzsuizid) zu respektieren sei.[202]

---

197 Sch/Sch-*Eser*, vor § 211 Rn 41; LK-*Jähnke*, vor § 211 Rn. 24; *Rengier*, BT II § 8 Rn. 14 ff.

198 Zur Verantwortlichkeit von Ärzten bei Suizidpatienten *Schöch*, Strafrechtliche Verantwortlichkeit von Ärzten bei Suizidhandlungen, in: Pohlmeier/Schöch/Venzlaff (Hrsg.), Suizid zwischen Medizin und Recht, 1996, 82 ff.

199 MüKo-*Schneider*, vor §§211 ff. Rn. 74; vgl. *Vöhringer*, Tötung auf Verlangen, 2007, 186 f.

200 BGH NJW 1954, 1049; *Lackner/Kühl* § 323c Rn. 2.

201 BGH NJW 1954, 1049; BGHSt 6, 147, 149.

202 Sch/Sch-*Cramer/Sternberg-Lieben* § 323c Rn. 7 m.w.N.; siehe auch *Wessels/Hettinger*, BT I, Rn. 58, 60, 63.

f) Scophedal-Fall[203]

Sachverhalt[204]: Der 70jährige Onkel des Angeklagten, ein Facharzt für Psychiatrie, litt an einer Krankheit, an der bereits sein Vater qualvoll gestorben war. Mit der Verschlechterung seines Gesundheitszustandes verfestigten sich seine seit längerem gehegten Selbsttötungsabsichten. Eine Einweisung in ein Krankenhaus untersagte er schriftlich. Zusammen mit dem Angeklagten besorgte er sich mehrere Ampullen Scophedal. Er bat den Angeklagten, ihm eine Spritze zu geben, falls er selbst es nicht mehr könnte. Ein paar Tage später bemerkt der Angeklagte, daß sich sein Onkel das Scophedal gespritzt hatte. Da der Atem ruhig ging, befürchtete er, der Suizid könnte scheitern und spritzte ihm noch eine Dosis. Hierdurch wurde der Tod des Onkels zumindest um eine Stunde beschleunigt.

Im vorliegenden Fall geht es um die Abgrenzung der straflosen Beihilfe zum Suizid von der strafbaren Tötung auf Verlangen. Dabei ist fraglich, inwieweit die Handlung, in deren Verlauf das Gift injiziert wurde, gegenüber dem schon freiverantwortlich handelnden Suizidenten zu bewertet ist. Die Handlung des Angeklagten ist, nach vorheriger Verabredung mit dem Suizidenten, eine den Sterbevorgang, der schon eingesetzt hat, beschleunigende Handlung. Dabei hat der 1. Strafsenat des BGH die den Tod beschleunigende Injektion als Lebensverkürzung angesehen, so dass er den Angeklagten wegen Tötung auf Verlangen gem. § 216 StGB verurteilte. In Parallele zum Wittig-Fall erklärte der 1. Strafsenat des BGH in diesem Fall, dass der Onkel schon „in tiefer Bewußtlosigkeit" lag, so dass die Tatherrschaft auf den Neffen übergegangen sei, so wie die Tatherrschaft im Wittig-Fall nach dem Eintritt der Bewusstlosigkeit der Patientin bei Dr. Wittig gelegen habe. Daher scheide die bloße straflose Beihilfe zum Suizid aus.

g) Hackethal-Fall[205]

Sachverhalt[206]: Dr. Hackethal hatte einer an einer fortschreitenden Krebserkrankung leidenden Patientin, die unter einer großflächigen Entstellung ihres Gesichts infolge eines Oberkieferhöhlentumors mit Verwachsungen in Schädelbasis und Augenhöhlen litt, nach Absprache das ausgewählte Gift Kaliumcyanid (Zyankali) besorgt. Nach einem letzten ausführlichen Gespräch über die

203 BGH Beschl. vom 25. November 1986, NStZ 1987, 365
204 Dieser Sachverhalt zitiert nach *Scheffler*, JahrbRuE, 1999, 364
205 OLG München, NJW 1987, 2940
206 Dieser Sachverhalt zitiert nach *Vöhringer*, Tötung auf Verlangen, 2008, Fn. 821.

Gefährlichkeit des Gifts sowie über Vorsichtsmaßnahmen verließ Dr. Hackethal das Krankenzimmer und händigte einem Mitarbeiter den Giftbecher aus. Dieser brachte ihn der Patientin, die den Giftbecher austrank. Sie verstarb innerhalb von 10 bis 15 Minuten.

Im diesem Fall geht es um die Abgrenzung der Beihilfe zum Suizid von der Tötung auf Verlangen, wie sie bereits am Beispiel des vorstehend skizzierten Scophedal-Falles deutlich geworden ist. Bei dieser Abgrenzungsproblematik sind grundsätzlich zwei Kriterien maßgebend, nämlich zum ersten, ob der Suizidentschluss frei und völlig verantwortlich getroffen ist, und zum zweiten geht es um die Frage, wer den letztlich todbringenden Akt vollzieht: die Entscheidung über die Freiverantwortlichkeit des Suizids und über die Tatherrschaft im Suizidgeschehen. Hier wird insoweit eine unmittelbare Täterschaft gem. § 216 StGB und auch eine Tötung in mittelbarer Täterschaft verneint, als die Patientin „den Giftbecher vielmehr ohne Hilfe Dritter selbst zum Mund geführt und das Gift getrunken hat"[207] und sie nicht als Werkzeug gegen sich selbst tätig geworden ist, sondern eigenverantwortlich gehandelt hat.[208] Zudem verneinte das OLG München die Strafbarkeit wegen Tötung auf Verlangen gem. § 216 StGB mit der Begründung, dass „das Selbstbestimmungsrecht des Patienten auch die Selbstbestimmung zum Tode einschließt"[209], dass „einer Zwangsbehandlung der erklärte Wille der freiverantwortlich handelnden, einsichtsfähigen Suizidentin – wie bei einem „Normalpatienten" – entgegenstand und die auf den Lebensschutz zielende Garantenstellung entfallen ließ"[210] sowie dass die Frage „ob dabei die Entscheidung des freiverantwortlichen Patienten aus der Sicht des Arztes vernünftig oder unvernünftig ist, kein Maßstab für die Gültigkeit oder Ungültigkeit der Entscheidung des Patienten ist."[211]

Für den in diesem Fall ergangenen Freispruch des OLG München hat *Kutzer*, der die dogmatische Struktur des BGH im Wittig-Fall befürwortet hat, erklärt, dass das Gericht die Strafbarkeit wegen Tötung auf Verlangen habe akzeptieren müssen.[212]

---

207 OLG München, NJW 1987, 2940, 2941

208 OLG München, NJW 1987, 2940, 2941 f.

209 OLG München, NJW 1987, 2940, 2943.

210 OLG München, NJW 1987, 2940, 2943.

211 OLG München, NJW 1987, 2940, 2943.

212 *Kutzer*, NStZ 1994, S. 112; vgl. BGH, GA 1986, 508 (sog. e-605 Fall) m. Bespr. *Charalambakis*, GA 1986, S. 485 ff.; dazu siehe *Scheffler*, JahrbRuE, 1999, 362 ff; auch *Vöhringer*, 2008, 193 f.

h) Russisches Roulette-Fall[213]

Sachverhalt: Bei einer Aussprache über die von Frau F beabsichtigte Scheidung forderte deren Ehemann E Frau F auf, eine unter seinem Kissen verborgene Pistole zu nehmen und auf ihn zu schießen. E hatte seiner Frau F bereits früher von dem Gefühl erzählt, das man beim Russischen Roulette empfinde, bei dem man gerade nicht wisse, ob eine Patrone in der Kammer der Waffe ist oder nicht. E zeigte seiner Frau das angeblich leere Magazin, wobei diese die tatsächlich dort befindliche Patrone übersah, und er forderte sie auf, auf ihn zu schießen. F hielt die Pistole an die Schläfe von E und drückte ab. E verstarb.

Im vorliegenden Fall hat das OLG Nürnberg eine Strafbarkeit von F wegen fahrlässiger Tötung gem. § 222 StGB bejaht. Bei der Entscheidung über die Frage, ob der versehentliche Schuss von F, über den E sie getäuscht hatte, als (straflose) fahrlässige Beihilfe zum Suizid angesehen werden könne, scheidet gemäß dem OLG Nürnberg eine solche Rechtsfigur aus, weil die entscheidende Ausführungshandlung immerhin nicht beim später Getöteten, sondern bei F liege. Obwohl die Frau von E getäuscht worden war und die Sachlage fahrlässig verkannt hatte, handelte sie insoweit nicht als bloße Gehilfin, als sie selbst den endgültigen Tötungsakt ausgeführt hat. Daher kann die gegebene Sachlage hier mit (strafloser) vorsätzlicher Beihilfe zum Suizid gleichgesetzt werden, so dass die Straflosigkeit der Fahrlässigkeit per argumentum a maiore ad minus im vorliegenden Fall nicht gegeben ist.

Ferner wird die Strafbarkeit wegen Tötung auf Verlangen gem. § 216 StGB auf gleicher Grundlage ohne weiteres verneint, da der später Getötete E von F die eigene Tötung sogar ausdrücklich verlangt und die Täterin F selbst keinen Vorsatz zur Tötung von E gehabt habe. Vielmehr gehe es im vorliegenden Fall um die fahrlässige Tötung bei Selbstgefährdung des Opfers,[214] so die Auffassung des OLG Nürnberg.

Bei der Prüfung der Strafbarkeit wegen fahrlässiger Tötung hat das OLG Nürnberg die objektive Sorgfaltspflichtverletzung bei objektiver Vorhersehbarkeit bejaht: „Unter solchen Umständen war es in hohem Maß fahrlässig, etwas zu tun, was auch mit Schusswaffen vertraute Personen in keinem Fall machen sollten,

---

213 OLG Nürnberg, Beschl. vom 18.09.2002, NJW 2003, 454; Anm. *Engländer*, JZ 2003, S. 747 ff.; vgl. BGHSt 32, 38; auch BGH NJW 2003, 2326 (sog. Zivi-Fall); BGHSt 32, 262 = NJW 1984, 1469 (sog. Heroinspritzen-Fall); BGH NStZ 1985, 25 (sog. Stechapfeltee-Fall); BGH NStZ, 1986, 266; BGHSt 24, 342=NJW 1972, 1207 (sog. Polizeipistolen-Fall).

214 Zur fahrlässigen Tötung bei Selbstgefährdung des Opfers s. *Dölling*, GA 1984, 71.

nämlich auf einen anderen eine ungeladene Waffe abzudrücken, auch wenn sie sie für ungeladen halten."[215]

i) Krankenschwester-Fall[216]

Ausgehend von einer „prinzipiellen Unantastbarkeit fremden Lebens" in Verbindung mit der Strafnorm des § 216 StGB hat sich der BGH hierfür im sog. Krankenschwester-Fall[217] noch einmal mit dem Verbot gezielter lebensbeendender Maßnahmen selbst „bei aussichtloser (infauster) Prognose" bestätigt: „Auch bei aussichtsloser Prognose darf Sterbehilfe nicht durch gezieltes Töten, sondern nur entsprechend dem erklärten oder mutmaßlichen Patientenwillen durch die Nichteinleitung oder den Abbruch lebensverlängernder Maßnahmen geleistet werden, um dem Sterben – ggf. unter wirksamer Schmerzmedikation – seinen natürlichen, der Würde des Menschen gemäßen Verlauf zu lassen."[218] Hier sei maßgeblich der erklärte oder mutmaßliche Patientenwille, so dass sich die eigenmächtige Ausschöpfung intensivmedizinischer Technologie stets als rechtswidrig darstelle.[219]

j) Zivildienstleistender-Fall[220]

Sachverhalt[221]: Der Schwerbehinderte A möchte sterben. Da seine Arme und Beine gelähmt sind und er sich deshalb nicht in der Lage sieht, den Tod eigenhändig herbeizuführen, bittet er den ihn betreuenden Zivildienstleistenden Z, ihn nackt auszuziehen, in Plastikmülltüten zu packen, bei denen nur das Gesicht frei

215 OLG Nürnberg NJW 2003, 454, 455.
216 BGHSt 37, 376
217 BGHSt 37, 376 ff.
218 BGHSt 37, 376, 379; Vgl. *Dreher/Tröndle*, StGB 45. Aufl. vor § 211 Rdn. 14 ff.; *Harder*, Arztrecht 1991, 11 ff.; Bei in diesem Fall als Hauptpunkt betrachteten Mordmerkmal „Heimtücke" gem. §211 Abs. 2 2. Gruppe liege Heimtücke bei „Mitleidstötungen" vor, wenn der Täter seine Opfer unter Ausnutzung von deren Arg- und Wehrlosigkeit nach eigenen Wertmaßstäben selektiere und von sich aus selbstherrlich das Leben der seiner ärztlichen oder pflegerischen Fürsorge anvertrauten Patienten gezielt verkürze, indem allein er bestimmt, wen er wann durch eine von niemandem erbetene Tötung erlösen wolle. Danach ist ein todkranker Patient in einem Krankenhaus unter Ausnutzung seiner Arg- und Wehrlosigkeit getötet, so kann das Mordmerkmal der Heimtücke nicht gegeben sein, wenn der Täter aus Mitleid handele, um dem Todkranken schwerstes Leid zu ersparen.
219 *Duttge*, GA 2001, 161.
220 BGH 5 StR 66/03 – Urteil vom 20. Mai 2003 (LG Hamburg) = BGH NJW 2003, 2326
221 Dieser Sachverhalt zitiert nach *Wessels/Beulke*, AT, Rn. 684a.

bleibt, den Mund zuzukleben und ihn dann in einen Müllcontainer zu legen. Z glaubt dem A, dass es sich um die Erfüllung eines Sexualwunsches handelt und folgt deshalb den Weisungen. A spielt dem Z vor, der Nachmittagspflegedienst werde ihn aus dem Container wieder befreien. In Wirklichkeit hat A schon vorher dafür gesorgt, dass nachmittags kein Pfleger kommt. Am nächsten Morgen wird der Leichnam des A entdeckt. Der Tod ist durch Ersticken, beschleunigt durch Unterkühlung, eingetreten.

In diesem Fall kann die Strafbarkeit der vorsätzlichen Tötung gem. §§ 211 ff. StGB bzw. der Tötung auf Verlangen in Betracht kommen, insoweit der Angeklagte genau über die Planung und die Absicht des Opfers in seinem Suizidgeschehen Bescheid gewusst hätte. Allerdings liegen hier schon kein ausdrückliches Verlangen zur Tötung des A und ferner auch kein Tötungsvorsatz des Angeklagten vor. Daher wird eine solche Strafbarkeit ohne weiteres verneint.

In der Entscheidung des BGH war vor allem höchst umstritten, ob sich der Angeklagte hier wegen fahrlässiger Tötung gem. § 222 StGB strafbar gemacht hat. In der Rechtsprechung des BGH ist ein Grundsatz der Selbstverantwortung anerkannt, demzufolge „gewollte und verwirklichte Selbstgefährdungen nicht dem Tatbestand eines Körperverletzungs- oder Tötungsdelikts unterfallen, wenn sich das mit der Gefährlichkeit bewusst eingegangene Risiko realisiert“, sodass der Grundsatz gilt: „wer lediglich eine solche Selbstgefährdung veranlasst, ermöglicht oder fördert, macht sich nicht wegen eines vorsätzlichen oder fahrlässigen Körperverletzungs- oder Tötungsdelikts strafbar.“[222]

In der Frage, ob der Angeklagte im Vollzug des Gesamtplans des zum Tode führenden Geschehens über die Gefährdungsherrschaft verfügte oder als Werkzeug des Suizidenten handelte, hat der BGH diesen Fall nicht als eine freiverantwortliche Selbstgefährdung angesehen, weil die Gefährdungsherrschaft allein bei Z liege und Z auch keineswegs nur Werkzeug sei, da er zwar von A nur über die Tötungsabsicht getäuscht wurde, aber über die konkreten Umstände der von ihm allein verursachten extremen Gefährdung nicht getäuscht würde und ferner durchaus kein Irrtum über die lebensgefährliche Situation vorliege. Somit hat der BGH hier die Strafbarkeit wegen fahrlässiger Tötung gem. § 222 StGB mit dem Leitsatz bejaht: „Wer infolge einer Täuschung durch das Opfer vorsatzlos aktive Sterbehilfe leistet, nimmt nicht an einer tatbestandslosen Selbstgefährdung teil.“[223]

---

222 BGH NJW 2003, 2327; vgl. auch BGHSt 32, 262, 263 f.; BGH NJW 2000, 2286; BGHSt 46, 279, 288.

223 Zustimmend mit dem BGH *Herzberg*, NStZ 2004, 1; *Küpper*, JuS 2004, 757

k) LG Deggendorf-Fall[224]

Sachverhalt: Der 84 Jahre alte Mann befand sich im Endstadium einer schweren Krebserkrankung. Seine nur ein Jahr jüngere Frau war seit vielen Jahren bettlägerig und wurde von ihrem Mann aufopferungsvoll versorgt. Beide äußerten sich des Öfteren gegenüber Verwandten und Nachbarn, des Lebens überdrüssig zu sein und gemeinsam sterben zu wollen, bevor die Erkrankungen größere Leiden mit sich bringen. In einer Patientenverfügung hielt er fest, dass jegliche Reanimierungsmaßnahmen im Ernstfall unterlassen zu seien. Schließlich kam es soweit, dass die Frau tot in ihrem Bett lag und ihr Ehemann ihre Hand haltend bewusstlos im Rollstuhl neben ihr saß. In unmittelbarer Nähe befanden sich mehrere leere Blister verschiedener Medikamente sowie 40 leere Ampullen einer Morphin-Injektionslösung. Auf einer Kommode waren mehrere Briefe, Urkunden sowie ein Testament bereitgelegt. Der eintreffende Notarzt stellte fest, dass der bewusstlose Mann noch gerettet werden konnte. Jedoch untersagte der Sohn, ein Arzt mit eigener Praxis, jegliche Behandlung. Er bestätigte, dass sein Vater im Vollbesitz seiner geistigen Kräfte gehandelt hat und der Suizid sein freier Wille war. Es stellte sich heraus, dass das pflegebedürftige Ehepaar dafür seit Längerem Medikamente abzweigte.

In diesem Fall geht es um die Frage der Strafbarkeit von unterlassenen Rettungsbemühungen eines Notarztes gegenüber einem Suizident. Das LG Deggendorf lehnt ein Verfahren gegen den Notarzt ab. Das Landgericht weicht von einer früheren Entscheidung des BGH vom 04. 07. 1984 („Peterle-Entscheidung", BGHSt 32, 367 = NJW 1984, 2639, sog. Wittig-Fall) ab, wonach der BGH den behandelnden Arzt auch gegenüber einem freiverantwortlich handelnden Suizidenten zu lebensrettenden Maßnahmen verpflichtet sah, sobald dieser infolge Bewusstlosigkeit die Tatherrschaft über das Geschehen verliert. Nach Auffassung des Landgerichts läuft diese rigide strafrechtliche Sichtweise dem Selbstbestimmungsrecht des Patienten zuwider und ist spätestens seit Inkrafttreten des § 1901a Abs. 2 und 3 BGB auch gesetzlich überholt. Unabhängig von Art und Stadium seiner Erkrankung sei jede freiverantwortliche Entscheidung des Betroffenen zu achten.[225] In den Fällen des freiverantwortlichen Suizids ist kein Raum für eine strafrechtliche Sanktionierung von unterlassenen Rettungsbemühungen. Das Landgericht hat deutlich gemacht, dass der Notarzt den Willen eines Suizidenten sehr sorgfältig prüfen muss, um im Einzelfall richtig entscheiden zu können.

---

224 LG Deggendorf, Beschl. v. 13. 09. 2013–1 Ks 4 Js 7438/11

225 LG Deggendorf, Beschl. v. 13. 09. 2013–1 Ks 4 Js 7438/11; siehe auch Kutzer, ZRP 2012, 135 ff.

Der BGH hat ohne Berücksichtigung des wohlüberlegten Suizidwillens des Suizidenten eine Rettungspflicht des Arztes bei Bewusstlosigkeit des Patienten gem. §§ 212, 13 StGB und die präventive Verhinderungspflicht des Arztes gem. § 323c StGB im Wittig-Fall bejaht.[226] Daher muss der Arzt aufgrund seiner Garantenstellung bei einem bewusstlosen Patienten tätig werden. Der BGH hat diese Rechtsprechung bis heute nicht ausdrücklich aufgegeben.

In vorliegendem Fall wird aber jetzt verdeutlicht, dass das Selbstbestimmungsrecht des Patienten bei einem Suizid Vorrang hat und sein Suizidwille zu respektieren ist. Mit dieser Entscheidung des LG Deggendorf wird das Selbstbestimmungsrecht des Patienten verstärkt und praktisch besteht kein Strafbarkeitsrisiko dem Arzt mehr in den Fällen des freiverantwortlichen Suizids.

3. Tendenz der aktuellen Reformdebatte

a) Alternativ Entwurf-Sterbehilfe im Jahr 1986

Ein Arbeitskreis von Professoren des Strafrechts und der Medizin sowie ihrer Mitarbeiter hatten den Alternativentwurf eines Gesetzes über Sterbehilfe als Reaktion der Rechtsprechung im sog. Wittig-Fall vorgelegt, damit die Problematik des sog. würdigen Todes durch gesetzliche Regelung auslösen wollten.[227] Unter Leitgedanken[228] sucht dieser Entwurf „eine Synthese zwischen der ärztlichen Lebenserhaltung und dem Selbstbestimmung des Patienten".[229] Der Entwurf enthält vier Vorschriften zur passiven und indirekten Sterbehilfe, zur Nichthinderung einer Selbsttötung sowie zur Tötung auf Verlangen wie im Folgenden.[230]

---

226 BGHSt 32, 367, 373 ff.

227 Alternativentwurf eines Gesetzes über Sterbehilfe (AE-Sterbehilfe), Entwurf eines Arbeitskreises von Professoren des Strafrechts und der Medizin sowie ihrer Mitarbeiter, vorgelegte von Jürgen Baumann u.a., Stuttgart (1986); dazu statt vieler *Schreiber*, NStZ 1986, 344 ff.; *Lautenschläger*, Die Gesetzesvorlagen des Arbeitskreises Alternativentwurf zur Sterbehilfe aus den Jahren 1986 und 2005, in: Lilie (Hrsg.), Schriftenreihe Medizin-Ethik-Recht, 2012, Band 3; vgl. auch Alternativ-Entwurf Sterbebegleitung (AE-StB), GA 2005, 553 ff.

228 1. Sicherung des Lebensschutzes ohne Lebenszwang, 2. Patientenwillens als suprema lex der Sterbehilfe, 3. Ablehnung jeder Differenzierung nach „Wert" über Leben, 4. in dubios pro Vita als Grundsatz, 5. Respekt vor dem freiverantwortlichem Entschluss zur Selbsttötung mit derBegrenzung von Rettungspflichten wider Willen des Betroffenen, 6. die grundsätzliche Strafbarkeit der Tötung auf Verlangen, 7. Versuch einer möglichst und aus sich selbst heraus verständlichen Regelung; siehe Lautenschläger, a.a.O., 8 ff.

229 *Schreiber*, NStZ 1986, 344 f.; vgl. auch *Schöch*, ZRP 1986, 236; *Eser*, JZ 1986, 786, 795.

230 zur Bemerkung jeder Vorschläge *Schreiber*, NStZ 1986, S. 344 ff.

§ 214 *Abbruch oder Unterlassung lebenserhaltender Maßnahmen*
(1) Wer lebenserhaltende Maßnahmen abbricht oder unterlässt, handelt nicht rechtswidrig, wenn

1. der Betroffene dies ausdrücklich und ernstlich verlangt oder
2. der Betroffene nach ärztlicher Erkenntnis das Bewusstsein unwiederbringlich verloren hat oder im Fall eines schwerstgeschädigten Neugeborenen niemals erlangen wird oder
3. der Betroffene nach ärztlicher Erkenntnis sonst zu einer Erklärung über Aufnahme oder Fortführung der Behandlung dauernd außerstande ist und aufgrund verlässlicher Anhaltspunkte anzunehmen ist, dass er im Hinblick auf Dauer und Verlauf seines aussichtslosen Leidenszustandes, insbesondere seinen nahe bevorstehenden Tod, diese Behandlung ablehnen würde, oder
4. bei nahe bevorstehendem Tod im Hinblick auf den Leidenszustand des Betroffenen und die Aussichtslosigkeit einer Heilbehandlung die Aufnahme oder Fortführung lebenserhaltender Maßnahmen nach ärztlicher Erkenntnis nicht mehr angezeigt ist.

(2) Abs. 1 gilt auch für den Fall, dass der Zustand des Betroffenen auf einem Selbsttötungsversuch beruht.

§ 214 a *Leidensmindernde Maßnahmen*
Wer als Arzt oder mit ärztlicher Ermächtigung bei einem tödlich Kranken mit dessen ausdrücklichem oder mutmaßlichem Einverständnis Maßnahmen zur Linderung schwerer, anders nicht zu behebender Leidenszustände trifft, handelt nicht rechtswidrig, auch wenn dadurch als nicht vermeidbare Nebenwirkung der Eintritt des Todes beschleunigt wird.

§ 215 *Nichthinderung einer Selbsttötung*
(1) Wer es unterlässt, die Selbsttötung eines anderen zu hindern, handelt nicht rechtswidrig, wenn die Selbsttötung auf einer freiverantwortlichen, ausdrücklich erklärten oder aus den Umständen erkennbaren ernstlichen Entscheidung beruht.
(2) Von einer solchen Entscheidung darf insbesondere dann nicht ausgegangen werden, wenn der andere noch nicht 18 Jahre alt ist oder wenn seine freie Willensbestimmung entsprechend §§ 20, 21 StGB beeinträchtigt ist.

§ 216 *Tötung auf Verlangen*
(1) Ist jemand durch das ausdrückliche und ernsthafte Verlangen des Getöteten zur Tötung bestimmt worden, so ist auf Freiheitsstrafe von sechs Monaten bis zu fünf Jahren zu erkennen.

(2) Das Gericht kann unter den Voraussetzungen des Abs. 1 von Strafe absehen, wenn die Tötung der Beendigung eines schwersten vom Betroffenen nicht mehr zu ertragenden Leidenszustandes dient, der nicht durch andere Maßnahmen behoben oder gelindert werden kann.
(3) Der Versuch ist strafbar.

Der Grundgedanke der AE-Sterbehilfe – der vorrangige Respekt vor Selbstbestimmung des Patienten – wurde durch den drei Monate danach in Berlin stattfindenden 56. DJT überwiegend unterstützt, aber die gesetzliche Regelung wird jedoch z.B. im Hinblick auf „schwerstgeschädigten Neugeborenen" im Sinne des § 214 Abs. 1 Nr. 2 im AE-Sterbehilfe abgelehnt.[231] Bezüglich der Suizidproblematik ist § 215 AE-Sterbehilfe bemerkenswert, wonach die Nichthinderung einer Selbsttötung sowohl für den Garanten als auch für den Nichtgaranten bei „einer freiverantwortlichen, ausdrücklich erklärten oder aus den Umständen erkennbaren ernstlichen Entscheidung" nicht bestraft werden soll.

b) 56. DJT 1986 „Recht auf eigenen Tod"

Auf dem 56. Deutschen Juristentag in Berlin wurde auf Grundlage des Gutachtens von Prof. *Otto* unter dem Thema „Recht auf den eigenen Tod? Strafrecht im Spannungsverhältnis zwischen Lebenserhaltungspflicht und Selbstbestimmung" verhandelt.[232] Dabei wurde die Frage nach dem „Ob" und dem „Wie" der gesetzlichen Regelung über „Sterbehilfe mit (möglicher) Lebensverkürzung" im Zusammenhang mit einem „Alternativentwurf für Sterbehilfe" ins Zentrum der Aufmerksamkeit gestellt, wird doch das Recht auf Selbsttötung in der gesamten Rechtsordnung als Vorfrage diskutiert. Hierbei herrscht fast einhelliger Konsens darüber, dass das Recht auf Selbsttötung grundsätzlich abzulehnen und auch aus nicht aus dem Grundgesetz abzuleiten ist.[233] Zugleich sei eine Verpflichtung zum Weiterleben und die Behandlung wider den Willen des Einzelnen bzw. des Patienten abzulehnen. Daher wird besonders die Respektierung des „freiverantwortlichen und ernstlichen" Selbstbestimmungsrechts über das eigene Leben und Sterben betont.

Ferner werden die vielfältigen Probleme im Zusammenhang mit der Sterbehilfe als zentrales Thema diskutiert, wonach über den Schutz und die Achtung

231 *Otto*, Recht auf den eigenen Tod?, DJT-Verhandlungen, Bd. I (Gutachten), D. 91; vgl. auch *Schmitt*, MDR 1986, 621.

232 *Otto*, Gutachten des 56. DJT., Recht auf den eigenen Tod, 1986, Bd. I.; Verhandlungen des 56. DJT., 1986, Bd. II, Teil M.

233 Siehe auch o. Teil 2. II.

des Selbstbestimmungsrechts des Patienten im Großen und Ganzen Übereinstimmung herrscht bzw. bei der sog. reinen, der indirekten und der passiven Sterbehilfe. Besonders wird die Bedeutung der Hilfe bei Leiden als ärztliche Pflicht betont und ferner sei die reine Sterbehilfe – Hilfe beim Sterben – nicht nur die allgemeine menschlichen Pflicht, sondern auch die Rechtspflicht für den Arzt entscheidend. Dagegen wird die abzielende Lebensverkürzung – die sog. aktive Sterbehilfe – als strafbares Tötungsdelikt einhellig abgelehnt.

> [Beschlüsse][234]
> I-2-a) Sterbehilfe im Sinne der Hilfe im Sterben (sog. reine Sterbehilfe) ist eine allgemeine menschliche Pflicht, insbesondere von Angehörigen. Die Möglichkeiten ihrer Erfüllung zu verbessern, ist die dringliche Aufgabe aller beteiligten Institutionen. Dies gilt namentlich für große Krankenanstalten mit hochtechnisierter Ausstattung. (angenommen: 67:0:3)
> I-2-b) Für den Arzt ist die reine Sterbehilfe Rechtspflicht. Sie umfasst alle indizierten Maßnahmen zur medizinischen Behandlung, einschließlich der Schmerzlinderung. (angenommen: 69:0:1)
> I-3. Schmerzlinderung ist als ärztliche Aufgabe bei tödlich Kranken auch dann erlaubt und geboten, wenn sie als unvermeidbare Nebenwirkung möglicherweise den Todeseintritt beschleunigt (sog. indirekte Sterbehilfe). (angenommen: 82:0:0)
> I-4. ....In diesen Fällen ist daher ein Abbruch der Behandlung erlaubt und in der Regel geboten (sog. passive Sterbehilfe). (angenommen: Satz 2: 71:9:7)
> I-5 Der direkte und auf Tötung abzielende Eingriff zur Lebensbeendigung eines Todkranken, aber auch jedes Leidenden, um ihn von seinen Schmerzen zu erlösen (sog. aktive Sterbehilfe), ist nach geltendem Recht ein Tötungsdelikt. (angenommen: 80:0:6)

Trotz dieser Zustimmung haben die teilnehmenden Wissenschaftler in der Tendenzabstimmung für gesetzliche Sterbehilferegelungen zurecht die aktiven Sterbehilfe und auch weder die indirekte und die passive Sterbehilfe abgelehnt.

> [Beschlüsse]
> II-1-a) eine spezielle gesetzliche Regelung über das Selbstbestimmungsrecht des Patienten, die ärztliche Behandlungen, auch von Todkranken [...] aus den Tatbeständen der Körperverletzung und Tötung ausgrenzt; (abgelehnt: 35: 48:12)

---

234 Beschlüsse, Verhandlungen des 56. DJT, Bd. II, M 191 ff.

II-1-b) ihre gesetzliche Umschreibung unter dem Gesichtspunkt der Tatbestandsmäßigkeit aller ärztlichen Maßnahmen und ihrer Rechtfertigung, etwa im Sinne des AE-Sterbehilfe; (abgelehnt: 31: 55: 10)
II-2 Die sog. indirekte Sterbehilfe, etwa nach dem Vorbild des § 214a AE-Sterbehilfe[235], gesetzlich zu regeln, empfiehlt sich nicht. (angenommen: 56: 32: 2)
II-3 Die sog. passive Sterbehilfe, etwa nach dem Vorbild des § 214 AE-Sterbehilfe[236], gesetzlich zu normieren, empfiehlt sich nicht. (angenommen: 57:33:4)
II-4 (1. Alt.) [...] die sog. aktive Sterbehilfe [...] gesetzlich zugelassen, wenn sie der Herbeiführung eines menschenwürdigen Todes, insbesondere der Beendigung eines schweren Leidenszustandes dient, [...]; (abgelehnt: 10: 76: 4)
II-4 (2. Alt.) [...] die sog. aktive Sterbehilfe [...] unter bestimmten Voraussetzungen für bestimmte Fälle gesetzlich zuzulassen; (abgelehnt: 13: 70: 10)
II-4 (3. Alt.) [...] die sog. aktive Sterbehilfe [...] auch künftig gesetzlich nicht zuzulassen. (angenommen: 65: 20: 6)

Bezüglich des strafausschließenden Grundes wird jedoch § 216 Abs.2 AE-Sterbehilfe[237] angenommen.

[Beschlüsse]
II-5. Es empfiehlt sich, bei der Tötung auf Verlangen (§ 216) gesetzlich die Möglichkeit vorzusehen, daß das Gericht von Strafe absehen kann, wenn die Tötung zur Beendigung eines unerträglichen Leidenszustandes vorgenommen worden ist. (angenommen: 70: 21: 6)

Letztlich wird die Teilnahme an fremder Selbsttötung unter Bezugnahme auf den heftig kritisierten Wittig-Fall verhandelt. Der im Wittig-Fall vom BGH geäußerte Standpunkt – die Entwertung der Patientenautonomie und die nach Eintritt der Bewusstlosigkeit des Patienten aufgenötigte Rettungspflicht des Arztes – wird kritisiert, und es heißt, eine solche Garantenpflicht als Lebenserhaltungs- und Lebensrettungspflicht sei durch den freiverantwortlichen Willen des Patienten eingeschränkt.[238] Daneben stellt sich auch die Frage danach, ob ein Suizid bzw. ein Suizidversuch unter den „Unglücksfall" gem. § 323c StGB (unterlassene Hilfeleistung) fällt. Trotz eines solch kritischen Standpunkts gegen

235 § 214a AE-Sterbehilfe [Leidensmindernde Maßnahmen], s. o. Teil. 3, I, 3, 1).
236 § 214 AE-Sterbehilfe [Abbruch oder Unterlassung lebenserhaltender Maßnahmen], s. o. Teil. 3, I, 3, 1).
237 §216 AE-Sterbehilfe [Tötung auf Verlangen], s. u. Teil. 3, I, 3, 3).
238 Siehe auch *Tröndle*, Referat des 56. DJT., Bd. II, M 40 ff. u. 53.

den vom BGH entschiedenen Fall befürwortet die Mehrheit die Beibehaltung der geltenden Rechtslage.

[Beschlüsse]
IV-1. Die Tendenz der höchstrichterlichen Rechtsprechung, selbst einen erkennbar wohlüberlegten und menschlich nachvollziehbaren Selbsttötungswillen in der Regel für unbeachtlich zu halten, wenn der freiverantwortlich handelnde Suizident in Ausführung seines Entschlusses bewusstlos wird (zuletzt Fall Wittig), verdient keine Zustimmung. Die strafrechtliche Garantenpflicht des behandelnden Arztes zur Lebenserhaltung findet ihre Grenze in der entgegenstehenden freiverantwortlichen Entscheidung des Patienten. (angenommen: Satz 1: 59:5:6, Satz 2: 50:10:13)
IV-2 (4. Alt.) Es empfiehlt sich nicht, das geltende Recht zu ändern. (angenommen: 41: 24: 3)

c) Alternativ Entwurf-Sterbebegleitung im Jahr 2005

Die Alternativ-Professoren[239] haben im Oktober 2005 einen neuen Entwurf für die neue Regelung der Sterbehilfe im Anschluss an früheren Alternativentwurfs Sterbehilfe 1986 (AE-Sterbehilfe) vorgeschlagen.[240]

Dieser Alternativ-Entwurf schließt sich an die Leitgedanken des AE-Sterbehilfe 1986 und modifiziert in einigen Punkten, „insbesondere bezüglich der Beachtlichkeit einer Patientenverfügung, der Präzisierung der sog. indirekten Sterbehilfe, der Respektierung eines ärztlich assistierten Suizids und der vollständigen Absage an die aktive Sterbehilfe“[241].

Der Entwurf enthält fünf Vorschläge wie im Folgenden:[242]

---

239 Arbeitskreis deutscher, österreichischer und schweizer Strafrechtslehrer: Von Professor Dr. jur. *Heinz Schöch*, München/Professor Dr. jur. *Torsten Verrel*, Bonn gemeinsam mit den Professoren Dres. Jur. *Britta Bannenberg, Günter Heine, Frank Höpfel, Barbara Huber, Heike Jung, Hans Lilie, Werner Maihofer, Bernd-Dieter Meier, Henning Radtke, Rudolf Rengier, Peter Rieß, Franz Riklin, Klaus Rolinski, Dieter Rössner, Claus Roxin, Hans-Ludwig Schreiber, Horst Schüler-Springorum, Jürgen Wolter* unter Mitarbeit von Prof. Dr. med. *Manfred Kleiber, Dunja Lautenschläger, Pfarrer Ulrich Lilie*, Prof. Dr. med. *Heinz Michael Loick.*

240 *Schöch/Verrel* u. a., GA 2005, 553 ff.

241 *Schöch/Verrel* u. a., GA 2005, 558.

242 Zur lesenswert Bemerkung jeder Vorschläge *Neumann/Saliger*, HRRS 2006, 280 ff.; vgl. auch Duttge, NStZ 2006, 479 ff, ist sehr kritisch aufgrund den unbestimmten Rechtsbegriffe bzgl. § 214 AE-StB.

§ 214 Abbruch oder Unterlassung lebenserhaltender Maßnahmen

(1) Wer lebenserhaltende Maßnahmen beendet, begrenzt oder unterlässt, handelt nicht rechtswidrig, wenn

1. der Betroffene dies ausdrücklich und ernstlich verlangt oder
2. der Betroffene dies in einer wirksamen schriftlichen Patientenverfügung für den Fall seiner Einwilligungsunfähigkeit angeordnet hat oder
3. der Betroffene nach ärztlicher Erkenntnis zu einer Erklärung über Aufnahme oder Fortführung der Behandlung außerstande ist und aufgrund verlässlicher Anhaltspunkte anzunehmen ist, dass er im Hinblick auf Art, Dauer und Verlauf seiner Erkrankung diese Behandlung ablehnen würde, oder
4. bei nahe bevorstehendem Tod im Hinblick auf den Leidenszustand des Betroffenen und die Aussichtslosigkeit einer Heilbehandlung die Aufnahme oder Fortführung lebenserhaltender Maßnahmen nach ärztlicher Erkenntnis nicht mehr angezeigt ist.

(2) Abs. 1 gilt auch für den Fall, dass der Zustand des Betroffenen auf einem Selbsttötungsversuch beruht.

§ 214a Leidensmindernde Maßnahmen

Wer als Arzt oder mit ärztlicher Ermächtigung bei einem tödlich Kranken mit dessen ausdrücklicher Einwilligung oder aufgrund des in einer wirksamen schriftlichen Patientenverfügung geäußerten Willens oder gemäß mutmaßlicher Einwilligung nach den Regeln der medizinischen Wissenschaft Maßnahmen zur Linderung schwerer, anders nicht zu behebender Leidenszustände trifft, handelt nicht rechtswidrig, wenn dadurch als nicht vermeidbare und nicht beabsichtigte Nebenwirkung der Eintritt des Todes beschleunigt wird.

§ 215 Nichthinderung einer Selbsttötung

(1) Wer es unterlässt, die Selbsttötung eines anderen zu hindern oder einen anderen nach einem Selbsttötungsversuch zu retten, handelt nicht rechtswidrig, wenn die Selbsttötung auf einer freiverantwortlichen und ernstlichen, ausdrücklich erklärten oder aus den Umständen erkennbaren Entscheidung beruht.

(2) Von einer solchen Entscheidung darf insbesondere nicht ausgegangen werden, wenn der andere noch nicht 18 Jahre alt ist oder wenn seine freie Willensbestimmung entsprechend den §§ 20, 21 StGB beeinträchtigt ist.

(3) Sofern die Ausschlussgründe des Absatzes 2 nicht vorliegen, ist auch bei einem tödlich Kranken eine freiverantwortliche Selbsttötung nicht ausgeschlossen.

215 a Unterstützung einer Selbsttötung aus Gewinnsucht

Wer die Selbsttötung eines anderen aus Gewinnsucht unterstützt, wird mit Freiheitsstrafe bis zu fünf Jahren oder mit Geldstrafe bestraft.

§ 216 Tötung auf Verlangen

(1) Ist jemand durch das ausdrückliche und ernsthafte Verlangen des Getöteten zur Tötung bestimmt worden, so ist auf Freiheitsstrafe von sechs Monaten bis zu fünf Jahren zu erkennen

(2) Der Versuch ist strafbar.

In diesem Entwurf wird die Vorschrift § 216 II von AE-Sterbehilfe verzichtet und verdeutlicht damit das umfassende Verbot der aktiven direkten Sterbehilfe.

d) 66. DJT 2006 „Patientenautonomie und Strafrecht bei der Sterbebegleitung"

Die strafrechtliche Abteilung des 66. DJT 2006 hat die im AE-StB behandelte Sterbehilfe wieder unter der Thema der „Patientenautonomie und Strafrecht bei der Sterbebegleitung" aufgegriffen.[243] Insbesondere werden viele Punkte über die Suizidproblematik behandelt.[244]

Im Falle eines Suizidgeschehens wird die Strafbarkeit des Beteiligten wegen einer Hinderungspflicht[245], nachträglichen Rettungspflicht[246] sowie der Garantenstellung[247] überwiegend abgelehnt. Bei der Feststellung der Freiverantwortlichkeit des Suizids werden die Voraussetzungen einer Exkulpationslösung – nach den Maßstäben der §§ 20, 21 StGB – und einer Einwilligungslösung – eine ausdrückliche oder sich aus den Umständen ergebende ernstliche, nicht auf einer voraussichtlich nur vorübergehenden Stimmung beruhende Entscheidung – angenommen.[248] Bezgl. der Altersbedingung darf unter 18 Jahren grundsätzlich nicht von einer freiverantwortlichen Entscheidung ausgegangen werden.[249] Daneben wird ein partielles Verbot der Suizidförderung „bei Handeln aus Gewinnsucht"[250] oder „bei Ausbeutung einer Zwangslage in Bereicherungsabsicht"[251] aufgenommen.

243 Zur 66. DJT statt vieler *Schroth*, GA 2006, 549 ff.; *Ingelfinger*, JZ 2006, 821 ff.

244 DJT, Verhandlungen des 66. DJT, Bd. II/2, N 217, Beschluss IV. Suizid u. V. Tötung auf Verlangen.

245 66. DJT. Beschluss IV, 1, a), aa), (Straflosigkeit) angenommen 101:10:6.

246 66. DJT. Beschluss IV, 1, a), bb), (Straflosigkeit) angenommen 97:14:8.

247 66. DJT. Beschluss IV, 1, b), Var. 1, (Straflosigkeit) angenommen 80:20:14.

248 66. DJT. Beschluss IV, 2, a). angenommen 94:4:15.

249 66. DJT. Beschluss IV, 2, b). angenommen 80:18:17.

250 66. DJT. Beschluss IV, 3, b). (einen neuen Strafbestand) angenommen 68:34:10.

251 66. DJT. Beschluss IV, 3, c). (einen neuen Strafbestand) angenommen 65:31:15.

4. Der von Organisationen assistierte Suizid

Bezgl. Suizidproblematik ist ein Thema Suizidhilfeorganisation heutzutage unter Rücksicht auf die Kommerzialisierung sowie deren Zulässigkeit sehr bedeutsam diskutiert.[252]

Mit der Betrachtung über die anderen Rechtslagen in den Niederlanden und Belgien, wo die Tötung auf Verlangen schon seit längerer Zeit rechtfertigen, ist sie damit generell in der Gesellschaft angesehen und akzeptiert.[253] Durch die den Suizid assistierenden schweizerischen Organisationen „*Exit*" und „*Dignitas*"[254], die schon in 2005 ihre „deutsche Sektion" in Hannover begründet hat,[255] können wir die Notwendigkeit, mit dieser Problematik zu argumentieren, sehr wohl finden. Als Reaktion auf diese Problematik in Deutschland haben sich Fachgremien juristisch und gesetzgeberisch sehr bemüht, bspw. der 66. DJT, AE-StB 2005 und ein von den Bundesländer Saarland, Hessen und Thüringen Gesetzentwurf[256] eingereicht. Trotzdem nimmt zurzeit ein sog. „Sterbetourismus" in die Schweiz zu, weil die BÄK in der Praxis den Ärzten eine ärztliche Beihilfe zum Suizid standesrechtlich verbietet,[257] obwohl nach deutschem Strafrecht diese straflos

252 Zur schweizerischen Debatte *Venetz*, Suizidhilfeorganisationen, 2008; vgl. *Duttge*, Zeitschrift für medizinische Ethik 2009, 265 f.

253 Über die niederländische Rechtslage bzgl. Tötung auf Verlangen und deren Rechtfertigung, *Duttge*, ZfL 2004, 34 ff.; Roxin, in: Roxin/Schroth (Hrsg.) Handbuch des Medizinstrafrechts, 348; *Schreiber*, FS- Rudolphi, 546 ff.; *Gavela*, Ärztlich assistierter Suizid und organisierte Sterbehilfe, 2013, 85 ff.

254 In der Schweiz ist die Suizidbeihilfe unter der Voraussetzung „ohne selbstsüchtige Motive" nach Art. 115 schwStGB straflos, auch wenn bei Nicht-Mediziner; Art. 115 schwStGB: Wer aus selbstsüchtigen Bewegründen jemanden zum Selbstmorde verleitet oder ihm dazu Hilfe leistet, wird, wenn der Selbstmord ausgeführt oder versucht wurde, mit Freiheitsstrafe bis zu fünf Jahren oder Geldstrafe bestraft.

255 Menschenwürdig leben – Menschenwürdig sterben (Sektion Deutschland) e.V.

256 Entwurf eines Gesetzes zum Verbot der geschäftsmäßigen Vermittlung von Gelegenheiten zur Selbsttötung, 27. März 2006, wonach die geschäftsmäßige Beihilfe zum Suizid unter Strafe gestellt wird.

257 BÄK-Grundsätze, NJW 1998, 3406: „Die Mitwirkung des Arztes bei der Selbsttötung widerspricht dem ärztlichen Ethos und kann strafbar sein."; jedoch ist das auf ärztliche Ethikgeboten beruhende standesrechtliche Verbot wenig überzeugend im Rahmen des (normativen) Rechts wie religiöse und theologische Gründen. Die Standpunkte, diese Problematik aus moralischen, ethischen, religiösen oder theologischen Gründen zu lösen zu versuchen, führen endgültig dazu, sie nicht als ein Rechtssubjekt anzusehen, daher ist sein Selbstbestimmungsrecht zu verneinen.; vgl. zu dieser Kritik *Duttge*, GA 2006, 583 ff.

ist. Mit den Gründen der Straflosigkeit der Beihilfe zum Suizid in Deutschland hat ein Hamburgs Ex-Justizsenator, Dr. *Kusch*[258], den Verein „Dr. Roger Kusch Sterbehilfe e.V." gegründet und wirklich schon einen Suizid mit der von ihm selbst entwickelten Suizidmaschine begleitet.[259] Jedoch ist die Auffassung vom – sehr restriktiven – Verbot organisierter Sterbehilfe überwiegend in Deutschland.[260] [261]

5. Die Freigabe der Tötung auf Verlangen *de lege lata* und *de lege ferenda*

Heutzutage ist die Tötung auf Verlangen bzw. die aktive Sterbehilfe, die auf Lebensverkürzung mit der Herrschaft über den unmittelbar todbringenden Akt abzielt, nach h.M. ausnahmslos unter allen Umständen strafbar. Auch in der Praxis wird die (ärztliche) Tötung auf Verlangen des Patienten streng verboten.[262] Ebenso hat der 66. DJT in Übereinstimmung mit der AE-Sterbebegleitung 2005 überwiegend gegen die partielle Legalisierung der Tötung auf Verlangen abgelehnt.[263]

Aber neuerdings vermehrt sich das Plädoyer, die Tötung Schwerkranker auf Verlangen zu liberalisieren. Teils wird *de lege lata* die begrenzte Freigabe der Tötung auf Verlangen von der differenzierenden Auslegung des § 216 StGB in der Literatur plädiert und teils *de lege ferenda* werden die vielfältige Gesetzesvorschläge.[264]

---

258 Er hat ein neue Gesetzvorschlag, § 217 (Sterbehilfe), der die Tötung auf Verlangen unter vier Voraussetzungen entfällt, vorgeschlagen, NJW 2006, 261ff: 1) wenn das Leiden nicht durch andere Maßnahmen gelindert werden kann, 2) unter 18. Lebensjahr 3) wenn das Verlagen des Betroffenen schriftlich nachgewiesen wird, 4) unter das notarielle beurkundete Verlangen.

259 Vgl. *Duttge*, Zeitschrift für medizinische Ethik 2009, 261 f.; *Kutzer*, FS-Schöch 2010, 487.

260 Vgl. *Kutzer*, a.a.O. 486 ff.

261 Siehe auch § 217 n. F. StGB.

262 In diesem Sinn hat BÄK so in ihren Grundsätze formuliert: „Eine gezielte Lebensverkürzung durch Maßnahmen, die den Tod herbeiführen oder das Sterben beschleunigen sollen, ist unzulässig und mit Strafe bedroht.", NJW 1998, 3406.

263 66. DJT 2006, Beschlüsse Strafrecht Abteilung, V. 1. „Eine auch nur partielle Legalisierung der Tötung auf Verlangen – etwa nach niederländischem Vorbild – ist abzulehnen." (angenommen 96 : abgelehnt 11 : 8).

264 Z.B. *Jakobs* will §216 einschränkend auf die unvernünftige Tötung auslegen. *Herberg* und *Merkel* versuchen die Tötung auf Verlangen nach dem rechtfertigenden Notstand § 34 freizugeben.; ausfl. mit neuen Gesetzesvorschläge *Roxin*, in: Handbuch des Medizinstrafrechts, 348.; s. auch *Schroth*, GA 2006, 572: „Der Arzt, der Leiden am Ende des Lebens nicht anders mindern kann, muss in erlaubter Form dem Patienten bei der Selbstdarstellung am Ende des Lebens helfen dürfen."

Vor dem Hintergrund dieser aktuellen Konfliktlage aus strafrechtlicher Sicht – freilich abgesehen von der theologischen, moralischen Betrachtung – sieht das Strafgesetz § 216 StGB, das weitgehend ein Grenze zwischen verbotenem Raum und nicht verbotenem Raum zieht. Suizidbeteiligung, viele Arten der Sterbehilfe und noch andere medizinische Problem im Strafrecht. Durch diese Problematik wird unsere Gesellschaft womöglich skeptisch sein, bedarf es in der Realität kontinuierlich vernünftigen und sorgfältigen Kriterien, um die dadurch entstandenen Kontroversen auszutragen.

II. Die grundsätzliche Straflosigkeit der Suizidteilnahme[265]

Die §§ 211 ff. StGB richten sich ausschließlich gegen die Tötung eines anderen Menschen. Daher unterliegt der Suizid keinem Tatbestand i.S. der §§ 211, 216 StGB. Daraus folgt insoweit die Straflosigkeit der bloßen Teilnahme, als der Suizid auf der freiverantwortlichen Suizidentschluss beruht, weil es in solchen Fällen an einer tatbestandmäßigen und rechtswidrigen Haupttat i.S.v. §§ 11 I Nr. 5, 26, 27 StGB(limitierte Akzessorietät, Akzessorietätsargument) fehlt.[266]

---

265 s. o. Fn. 98. über § 217 n. F. StGB.

266 Anders als in Deutschland wird gemäß koreanischem und japanischem StGB, die historisch von deutschem Rechtssystem rezipiert haben, nicht nur die Tötung auf Verlangen (oder unter Einwilligung des Getöteten), sondern auch die Beteiligung am Suizid unter Strafe gestellt. Beide Vorschriften sind durch die Rezeption des deutschen Strafrechts übernommen worden: § 252 koreanisches StGB [Tötung auf Verlangen oder unter Einwilligung] Abs. 1: Wer auf Verlangen oder mit der Einwilligung des Getöteten selbigen getötet hat, wird mit einer Freiheitsstrafe von einem Jahr bis zu zehn Jahren bestraft. Abs. 2: Wer durch Anstiftung oder Beihilfe jemanden zur Selbsttötung bestimmt, wird ebenso wie gemäß Abs.1 bestraft; § 253 kStGB [Tötung durch die Täuschung oder die Macht] Wer durch die Täuschung oder die Macht auf Verlangen oder mit der Einwilligung des Getöteten ihn getötet hat, oder dadurch dem anderen seine Tötung bestimmt werden lässt, wird ebenso wie § 250 (die Totschlag) bestraft; in diesem Gesetz bedeutet die Täuschung die Verwirklichung der Ziele mittels Nichtwissen oder Irrtum des anderen wie der Täuschung oder der Lüge, z.B. im Falle eines vorsätzlich fehlgeschlagenen Doppelsuizides und der Macht ist jeder dem Willen des anderen sowie überwältigenden Einflüssen wie physischer oder psychischer Gewalt, Bedrohung oder organisierter Macht ausgesetzt; § 202 jStGB [Beteiligung an der Selbsttötung eines anderen, Tötung auf Verlangen oder mit Zustimmung des Getöteten] Wer einen anderen zur Selbsttötung anstiftet oder ihm dabei Hilfe leistet oder ihn auf sein Verlangen oder mit seiner Zustimmung tötet, wird mit einer Freiheitstrafe von sechs Monaten bis zu sieben Jahren bestraft.

Trotz der Straflosigkeit des (versuchten) Suizids sowie der Teilnahme hieran wird die abweichende, aber heute fast nicht mehr vertretende Ansicht von *Schmidhäuser* und *Bringewat* bei der geschichtlichen Betrachtung in Deutschland ständig erwähnt und fast einhellig ablehnend kritisiert.[267]

1. Die Auffassung Schmidhäusers: Rechtspflicht zum Weiterleben

Schmidhäusers Auffassung[268], gemäß welcher der Selbstmörder den Totschlagstatbestand erfülle[269] und lediglich entschuldigt sei, sofern zur Möglichkeit der Strafbarkeit die Teilnahme zur limitierten Akzessorietät führt. Daraus begründet *Schmidhäuser* die strafbare Teilnahme der Selbsttötung, was sich nach der geltenden deutschen Rechtslage zu Recht nicht durchgesetzt hat, da der Tötungstatbestand der §§ 211 ff. StGB sich nur auf die Fremdtötung richtet und selbst § 216 StGB nur die (täterschaftliche Fremd-) Tötung (auf Verlangen des Suizidenten) bestraft.[270] Diese Auffassung basiert vor allem auf „einer kriminalpolitisch und normtheoretisch unhaltbaren"[271] Pflicht zum Weiterleben des Einzelnen: „Ein Gemeinwesen, welches sich selbst ernst nimmt, wird seine Existenz nicht in das Belieben aller einzelnen stellen können, sondern die Achtung vor dem Leben aller seiner Glieder auch gegenüber der Versuchung zum Selbstmord fördern müssen".[272] Damit falle der Selbstmord unter den Tatbestand der §§ 211 ff. StGB. Nichtsdestoweniger will er aber den Suizidenten bzw. den Suizidversuch nur aufgrund des entschuldigenden Notstands paralleler Entschuldigungsgrund nicht bestrafen.[273] Dass der Selbstmord tatbestandsmäßig rechtswidrig sei, begründet *Schmidhäuser* mit dem Grundsatz der limitierten Akzessorietät der Strafbarkeit des Beteiligten am Selbstmord.

Roxin hat zutreffend darauf hingewiesen,[274] dass der Unrechtsgehalt zwischen den Handlungen, einen fremden Menschen zu töten und sich selbst zu töten,

---

267 Sch/Sch-*Eser*, vor § 211 Rn. 33.

268 *Schmidhäuser*, FS-Welzel, 1974, S. 819, 821 f.

269 Siehe auch *Klinkenberg*, JR 1978, 443 ff.

270 Vgl. zur Kritik der Auffassung Schmidhäusers *Bottke*, Suizid und Strafrecht, S. 35 f; *Charalambakis*, GA 1986, 486 f; *Gallas*, JZ 1960, 653; *Neumann*, JuS 1985, 677 f.; *ders.*, JA 1987, 252; *Roxin*, FS-Dreher, 1977, S. 342 f; MüKo-*Schneider*, vor §§ 211 ff. Rn. 33; *Vöhringer*, Tötung auf Verlangen 2008, S. 30 ff.

271 MüKo-*Schneider*, Vor §§ 211 ff. Rn. 33; vgl. auch *Charalambakis*, GA 1986, 486 f.

272 *Schmidhäuser*, FS Welzel, 1974, S. 817; siehe auch *Klinkenberg*, JR 1978, 443 f.

273 *Schmidhäuser*, FS Welzel, 1974, S. 815; vgl. auch *Charalambakis*, GA 1986, 487.

274 *Roxin*, FS-Dreher, 1977, S. 337, „[…] ist es vom Unrechtsgehalt her nicht dasselbe, sondern etwas völlig anderes, ob jemand einen fremden Menschen umbringt oder er sich selbst tötet."; siehe auch *Hirsch*, JR 1979, 431.

nicht gleichgestellt werden kann.[275] Darüber hinaus hat er auch angemerkt, dass eine gegen sich selbst gerichtete Pflicht zum Weiterleben nach rechtlicher Ansicht dem Einzelnen nicht auferlegt werden kann,[276] weshalb *Schmidhäusers* Auffassung sowie der Standpunkt des BGH[277] – die Rechtswidrigkeit der Suizidhandlung – nicht überzeugen.

2. Die Auffassung Bringewats: Suizid als Sonderdelikt

Bringewat argumentiert bei der Strafbarkeit der Beteiligung am Suizid mit dem Rückgriff auf ein angebliches – gesetzesgleiches – Gewohnheitsrecht sowie mit dem darauf anwendbaren § 28 Abs. 2 StGB. Allerdings wird die Straflosigkeit der (versuchten) Selbsttötung auch (straf-) bzw. rechtstheoretisch als Gewohnheitsrecht begründet.[278] Der Beteiligte wird hier jedoch über § 28 Abs. 2 StGB erfasst, da im Hinblick auf § 28 Abs. 2 StGB kaum zweifelhaft sein könne, „daß unter den bei der Rechtsentwicklung der früheren Selbstmordstrafe beispielhaft vorliegenden Voraussetzungen das Gewohnheitsrecht dem „Gesetz" in § 28 Abs. 2 StGB genügt."[279] Somit versucht *Bringewat* die Strafbarkeit des Beteiligten an der (versuchten) Selbsttötung als Teilnahme im Sinne der §§ 26 ff. StGB zu begründen und somit zu bejahen.

Die Auffassung *Bringewats* ist mit der Begründung, wie *Roxin* zutreffend bemerkt hat,[280] zu kritisieren, dass ein auf Gewohnheitsrecht basierende Tatbestandsausschluss des Suizids zur Verneinung einer rechtswidrigen Tat i. S. von § 11 Nr. 5 StGB führt und damit ebenfalls eine Straflosigkeit der Beihilfe und der Anstiftung zum Suizid nach sich ziehen würde. Daneben weist die Anwendung des § 28 Abs. 2 StGB lediglich die bereits bestehende Strafbarkeit auf und schließt diese aus. *Bringewat* kehrt jedoch derartige Voraussetzungen dieser Vorschrift um, um damit die Strafbarkeit des Beteiligten zu begründen.[281]

---

275 Vgl. zur Kritik der Gleichstellung der Suizidhandlung mit einer rechtswidrigen Tat *Charalambakis*, GA 1986, 487 m.w.N.; Zudem ist es auch fragwürdig, von vornherein einen Unrechtsgehalt des Suizids zu charakterisieren.

276 Siehe auch oben Teil 2, II.

277 BGHSt 46, 279 = BGH NStZ 2001, 324 m. Anm. *Sternberg-Lieben*, JZ 2002, 153; BGH JZ 2002, 150 unter Verweis auf BGHSt 6, 147; siehe auch o. Teil 2, I, 2.

278 *Bringewat*, ZStW 87 (1975), 623, 632 ff.

279 *Bringewat*, ZStW 87 (1975), 649.

280 *Roxin*, FS-Dreher, 1977, 342 f.

281 *Hohmann/König*, NStZ 1989, 306; *Vöhringer*, Tötung auf Verlangen, 2008, S. 38.

Die klare theoretisch Konsequenz gemäß §§ 212, 26, 27 StGB herrscht jedoch solche gewohnheitsrechtliche Strafbarkeit vor.[282] Vor allem sollte die einem Teilnehmer nicht zu Gute kommende „gewohnheitsrechtliche" Begründung zur Strafbarkeit per se im „Strafrecht" zurücktreten. Vor diesem Hintergrund wird auch der Gedanke *Bringewats* nahezu einhellig abgelehnt.[283]

3. Die Auffassung Schillings: Abschied vom Teilnahmeargument

Bei der Problematik der Strafbarkeit des Beteiligten am Suizid geht *Schilling* grundsätzlich davon aus, dass die Suizidhandlung keine Tatbestandsmäßigkeit darstellt. So versucht er, im Gegensatz zum Teilnahmeargument, im Tatbeitrag des Außenstehenden eine eigene Rechtsgutsverletzung zu finden. Damit begründet er folglich die deiktische Tatherrschaft und die Strafbarkeit des Mitwirkenden: „Ungeachtet einer strafrechtlich unerheblichen Einordnung als Teilnahme an tatbestandsloser Haupttat ist die Mitwirkung zur Selbsttötung in strafrechtlicher Hinsicht die täterschaftliche Verursachung fremden Todes. Das tatbestandslose, unvorsätzliche Handeln des Opfers ist die Grundlage für die Tatherrschaft des Mitwirkenden."[284] Dabei sei es entscheidend, ob eine Einwilligung des Opfers in den tatbestandlichen Beitrag des Mitwirkenden einwirkt.[285]

Bei dem Argument *Schillings* ist jedoch fragwürdig, dass ein freiverantwortlich handelnder Suizident ebenso als ein unvorsätzlich Handelnder gesehen wird,[286] denn der Suizident ist demnach kein Opfer von mittelbaren Täterschaft, da er selbst in den Tod geht. Vielmehr scheint sein isolierter Versuch, in strafrechtlicher Hinsicht ein täterschaftliches Unrecht des Mitwirkenden „ungeachtet einer strafrechtlich unerheblichen Einordnung" zu charakterisieren, eine fiktive, eigenständige Strafnorm gegenüber der Beteiligung am Suizid zu schaffen. Das Ansinnen, die Problematik der Suizidbeteiligung von den Grundlagen

282 Vgl. *Dölling*, GA 1984, 71, 76.

283 *Bottke*, Suizid und Strafrecht, 34; Sch/Sch-*Eser*, vor §§ 211 ff. Rn. 33; *Herzberger*, JA 1985, 133 f.; *Hohmann/König*, NStZ 1989, 306.

284 *Schilling*, JZ 1979, 166 f.

285 Zur Kritik an der Straffreiheit des Beteiligten mit Hilfe der Einwilligung *Bottke*, Suizid und Strafrecht, 1982, S. 236 ff; vgl. auch *Ingelfinger*, Grundlagen und Grenzbereiche des Tötungsverbots, 2004, S. 222 f.

286 Vgl. *Bottke*, GA 1983, 28; *Hohmann/König*, NStZ 1989, 307.

der Teilnahmelehre gänzlich zu trennen, wird vornehmlich als fehlgeschlagen angesehen.[287] Die Auffassung Schillings kann daher nicht überzeugen.[288]

4. Zwischenergebnis

Schließlich werden die abweichende Versuche *Schmidhäusers*, *Bringewats* und *Schillings* dogmatisch als verfehlt bewertet und können somit die Gültigkeit des Teilnahmearguments nicht beeinträchtigen.[289] Zudem wird das Teilnahmeargument seither auch kritisiert, wobei dessen dogmatische Leistungsfähigkeit oftmals in Schrifttum skeptisch bewertet wird.[290] In jedem Fall ist die Bedeutung des Teilnahmearguments als ein für Suizidfälle geeigneter Ausgangspunkt nicht einfach zu leugnen.[291] Die Straflosigkeit des am Suizid Beteiligten hängt jedoch nicht gänzlich von dem Teilnahmeargument ab. Der materielle Grund der Straflosigkeit der Suizidteilnahme liegt darin, dass der Todeserfolg im Fall einer freiverantwortlich getroffenen und selbst vollzogenen Entscheidung des Lebensmüden dem Mitwirkenden nicht zugerechnet werden kann. Letztlich bietet das Teilnahmeargument lediglich eine „formal-strafrechtsdogmatische Überlegung".[292]

III. Die Bestimmung des Straflosigkeitsbereichs des Beteiligten am Suizid

In der strafrechtlichen Lehre wird die abstrakte und umfangreiche Suizidproblematik *in concreto* ausgebreitet. Dabei werden vor allem die Strafbarkeit bzw. die Tatbestandsmäßigkeit, die Rechtswidrigkeit, die Schuld der entsprechenden Suizidhandlung sowie deren Beteiligungshandlung anhand der strafrechtlichen Theorie diskutiert.

---

287 *Charalambakis*, GA 1986, 489; Vgl. auch *Bottke*, Suizid und Strafrecht, 1982, S. 236 ff.; *Hirsch*, JR 1979, 431.

288 Vgl. zur Kritik an Auffassung Schillings *Charalambakis*, GA 1986, 488; *Herzberg*, JA 1985, 134; *Hohman/König*, NStZ 1989, 307; *Ingelfinger*, Grundlagen und Grenzbereiche des Tötungsverbots, 2004, S. 222; *Neumann*, JuS 1985, 679.

289 *Charalamakis*, GA 1986, 489; vgl. krit. zur *Neumanns* Auffassung, *Vöhringer*, Tötung auf Verlangen, 2008, S. 40 f.

290 *Ingelfinger*, Grundlagen und Grenzbereiche des Tötungsverbots, 2004, S. 222 f; *Neumann*, JA 1987, 244 ff.; MüKo-*Schneider*, vor §§ 211 ff. Rn. 32 f.

291 *Charalamakis*, GA 1986, 489.

292 *Duttge*, Otto-FS, S. 240.

1. Mitwirkung an einem freiverantwortlichen Suizid

a) *Die Abgrenzung der straflosen Beihilfe zum Suizid von der strafbaren Tötung auf Verlangen gem. § 216 StGB*

§ 216 StGB ordnet den Täter dem Willen des Opfers – „auf Verlangen" – unter. Deshalb ist das Kriterium nach subjektiver Theorie des BGH[293] für die Abgrenzung zwischen strafbarer täterschaftlicher (Fremd)tötung auf Verlangen und strafloser Beihilfe zum Suizid nicht tragfähig. Gemäß der subjektiven Theorie würde der Beteiligte immer freigesprochen, weil er sich dem Sterbewillen des Opfers unterordnet und stets den Teilnehmerwillen bejaht. Vor diesem Hintergrund stellt der BGH mit dem Abschied von der subjektiven Theorie darauf ab, wer das zum Tode führende Gesamtgeschehen tatsächlich beherrscht hat.[294]

Allerdings richtet sich die Abgrenzung von strafloser Suizidbeihilfe und Tötung auf Verlangen nach überwiegender Meinung zutreffend danach, wer die Herrschaft über den letzten, unwiderruflich zum Tode führenden Akt innehat.[295] Im Falle der Tötung auf Verlangen ist der Beteiligte in jedem Fall nach dem Gesamtplan des potenziellen Opfers gesteuert, wobei er sich ansonsten wegen der Tötung in unmittelbarer Täterschaft strafbar macht. Ist die Freiverantwortlichkeit des Sterbewillens indes schon gegeben, bleibt nur die Prüfung des Tatgeschehens für die Bestimmung von der Straflosigkeit des daran Beteiligten von außen. Daher ist es nötig, den Bereich der Strafbarkeit enger als die allgemeine Tatherrschaft einzuschränken; dies betrifft allerdings nicht des Gesamtgeschehen, sondern den kritischen Moment bzw. den *point of no return.*[296],[297]

Gemäß dieser modifizierenden Tatherrschaft[298] ist der Tötungserfolg dem mitursächlich beteiligten Dritten in der Regel dann nicht zuzurechnen, sofern der

---

293 BGHSt 6, 226, 248; 8, 70; 346, 348.

294 BGHSt 19, 135; OLG München NJW 1987, 2941(sog. Hackethal-Fall), BayObLG JZ 1988, 201; vgl. *Hillenkamp*, 40 Probleme BT, 8 f.

295 *Engländer*, Jura 2004, 235; *Lackner/Kühl*, StGB, § 216 Rn.3; NK-*Neumann*, vor § 211, Rn. 48; *Otto*, BT, § 6, Rn. 4; *Roxin*, NStZ 1987, 347; hierzu krit. *Herzberg*, NStZ 2004, 3; MüKo-*Schneider*, § 216, Rn. 42.

296 *Merkel*, in: Hegselmann/Merkel (Hrsg.), Zur Debatte über Euthanasie, 1992, S. 77: „[...] jenen kritischen Augenblick innerhalb des tödlichen Gesamtgeschehens, jenseits dessen kein Zurück mehr möglich war [...]".

297 Insoweit *Neumann*, JA 1987, 249 zutreffend verweist: „Die Verantwortlichkeit eines Dritten für die Selbsttötung eines anderen ist nach normativen Gesichtspunkten zu entscheiden, nicht nach Kriterien der Tatherrschaft."

298 Weiter vertreten andere Auffassungen in der Literatur bspw. die sog. psychologische Theorie und die sog. Rollentheorie. Nach der psychologischen Theorie ist für die

Beteiligte die vom Opfer eigenverantwortlich gewollte und verwirklichte (Selbst) Tötung nur bloß veranlasst, ermöglicht oder fördert, und nicht in Folge überlegenen Sachwissens das Risiko besser erkennt.

b) Die Strafbarkeit des Beteiligten als Quasi-Mittäterschaft beim Suizid

Bei diesem modifizierenden Kriterium erweist sich die Entscheidung der Tatherrschaft insgesamt als noch problematischer, sofern das Opfer und der Beteiligte den unmittelbar todbringenden Akt gemeinsam und gleichwichtig beherrschen.

Als gutes Beispiel kann nachfolgend dargestellte Fälle dienen:

Fall[299]: Der O und der T haben verabredet, den Tod des O durch die Explosion einer Zeitbombe herbeizuführen, die zeitgleich von O und auch – vom ortsabwesenden – T durch einen Knopfdruck ausgelöst werden muss. Dies geschieht schließlich, indem O durch die Explosion getötet wird.

Fall[300]: Der O hat mit T verabredet, dass sich O selbst töte, indem er sich vor den von T gefahrenen LKW wirft. Als T den LKW mit 150 km/h fuhr, warf sich O unter das Fahrzeug, was zum Tod des O führte.

Hierbei ist erneut problematisch, ob die allgemeine Regel der Täterschaft gem. § 25 Abs. 2 StGB anwendbar ist. Die Regeln der Mittäterschaft gem. § 25 Abs. 2 StGB setzen voraus, dass das von einem Mittäter verwirklichte Unrecht auch dem anderen Mittäter zugerechnet wird; die nach einem gemeinsamen Tatplan verwirklichte „Tat" muss für alle Beteiligten nämlich eine „Straftat" darstellen. Dies gilt jedoch nicht für die Konstellation der eigenverantwortlichen Selbstschädigung bzw. Selbstgefährdung, weil der Sterbewillige wegen der Tatbestandslosigkeit des Suizids kein Unrecht verwirklicht. Daher können die

Abgrenzung entscheidend, ob die Hemmschwelle, sich selbst zu töten, von Opfer oder Täter beim Sterben überwundenen wird. Wenn sie noch beim Suizidwilligen bleibt, dann liege Fremdtötung vor; *Arzt/Weber*, BT, § 3, Rn. 40; SK-*Horn*, § 216, Rn. 11; Allerdings spricht die beweisrechtliche Schwierigkeit dagegen, ob und wie die innere Einstellung des Suizidwilligen mit Sicherheit bewiesen wird: *Engländer*, Jura, 2004, 235; NK-*Neumann*, vor § 211, Rn. 55; nach der Rollentheorie liege die Fremdtötung vor, wenn das Opfer als Quasi-Anstifter dargestellt wird. Wenn es weitergehend aktiv an seiner Selbsttötung wie Quasi-Mittäter zusammenwirkt, bleibe der Beteiligte straflos: vgl. *Hillenkamp*, 40 Problem BT, 10 ff.

299 Aus *Engländer*, Jura 2004, 236; auch NK-*Neumann*, vor § 211, Rn. 51.

300 Aus NK-*Neumann*, vor § 211, Rn. 52; vgl. *Herzberg*, JA 1985, 137; vgl. MüKo-*Schneider*, § 216, Rn. 35.

Kriterien der Mittäterschaft gem. § 25 Abs. 2 StGB im Falle der Beteiligung am Suizid nicht herangezogen werden.[301]

Aus dem Prinzip der Verantwortlichkeit folgt, dass dem Beteiligten der Todeserfolg des vom Opfer frei verantwortlich unternommenen Suizids nicht zurechenbar ist. In der Konstellation der eigenverantwortlichen Selbstverletzung liegt daher die zurechenbare Herrschaft bei einem Mittäter vor, wodurch zugleich die Herrschaft des anderen ausgeschlossen wird. Bei derartigen Problemen kommt es also nicht darauf an, wie der strafrechtliche Verantwortungsbereich mehrerer Personen aufgeteilt wird, sondern ob und bei wem die Verantwortung anzusiedeln ist.[302] Hängt die Entscheidung über den todbringenden Akt schließlich vom Suizidenten ab, scheidet die Fremdtötung des mitwirkenden Beteiligten in unmittelbarer (Mit-)Täterschaft aus.[303] Daraus ergibt sich die im spezifischen Sinne auf die Tatherrschaft abgestellte „Exklusivität der Tatherrschaft".[304]

Mit dem Konzept der Exklusivität der Tatherrschaft und des Prinzips der Eigenverantwortlichkeit ist dem Beteiligten die straflose Beihilfe zum Suizid gegeben, selbst wenn er gleichgewichtig am Suizid mitwirkt, sofern er nicht das Geschehen in höherem Maße als der Sterbewillige beherrscht.[305] Daher ist die straflose Beihilfe des T im ersten Fall zu bejahen.

Die Herrschaft über den todbringenden Akt behält der Sterbewillige auch dann, wenn die Erfolgsmöglichkeit von der Mitwirkung des Dritten abhängt.[306] Demnach liegt auch die straflose Beihilfe zum Suizid im zweiten Fall vor.

c) Sonderproblem: Herrschaft über rettende Gegenmaßnahmen

Ferner ist die Entscheidung über die Strafbarkeit des Beteiligten dann problematisch, wenn die rettende Gegenmaßnahme gegen den unmittelbar lebensbeendenden Akt des Suizidenten noch möglich ist. Gemäß dem Willen des Sterbewilligen verabreicht der Beteiligte dem Suizidenten eine tödliche Menge Gift. Wenn der

---

301 *Kindhäuser*, BT I, § 4 Rn. 10; *Herzberg*, NStZ 1989, 560; *Hohmann/König*, NStZ 1989, 307; *Neumann*, JA 1987, 245 f.

302 *Neumann*, JA 1987, 247.

303 *Kindhäuser*, BT I, § 4 Rn. 10; Sch/Sch-*Eser*, § 216 Rn. 11; NK-*Neumann*, vor § 211 Rn. 51 f.

304 *Roxin*, NStZ 1987, 347; *Neumann*, JA 1987, 249; *Hohmann/König*, NStZ 1989, 305 f.

305 In diesem Sinne *Neumann*, JA 1987, 248: „Die Situation zwischen mehreren Tätern ist *symmetrisch*, die zwischen Dritten und Opfer *asymmetrisch*."

306 NK-*Neumann*, vor § 211, Rn. 52; vgl. Sch/Sch-*Eser*, § 216, Rn. 11, danach sei entscheidend, ob „dem Getöteten nach dem letzten Tatbeitrag des anderen noch die freie Entscheidung über Leben und Tod verbleibt".

Suizidwillige nun durch Gegengift das Todesgeschehen wieder rückgängig machen kann, handelt es sich bei der Injektion des Beteiligten dann um eine straflose Beihilfe zum Suizid? Wenn man die Tatherrschaft über den unmittelbar lebensbeendenden Akt bis zu der Beherrschung von der Rettungsmöglichkeit weiter versteht, ist die straflose Suizidteilnahme anzunehmen, weil der Sterbewillige noch über seinen Leben und Tod selbst frei entscheiden kann.

Nach *Roxin* sei eine Tötung auf Verlangen zu verneinen, dabei liege lediglich eine straflose Suizidteilnahme vor, „weil der Sterbewillige auch nach der tödlichen Handlung des Dritten die Entscheidung über den Leben und Tod in der Hand hatte“.[307]

Allerdings ist eine solche Verschiebung zugunsten der Suizidteilnahme unhaltbar.[308] Obwohl der unmittelbar zum Tod führende Akt schon vom Beteiligten ausgeführt wird, ist es nicht konsequent, seine Strafbarkeit wieder vom Willen des Suizidenten abhängig zu machen. Wenn bereits die Strafbarkeit der täterschaftlichen Tötungshandlung gem. § 216 StGB vorliegt, z.B. wegen der unmittelbaren Injektion des Gifts, kann die Rettungsmöglichkeit solche Kausalitäts- und Zurechnungszusammenhang grundsätzlich nicht unterbrechen. Die Vorschrift § 216 StGB missbilligt die Tötungshandlung im „kritischen“ Moment. Dabei kommt es nicht darauf an, ob dem Suizidenten noch eine Rettungsmöglichkeit verbleibt.

Folgt man *Roxins* Lösung, wird die Strafbarkeit des anderen zufällig – und in gewissem Sinne sogar willkürlich – vom Willen des Suizidenten abhängig sein, und weiter die potentielle Möglichkeit macht den – rechtswidrige – Handlungssinn des Dritten zu „neutralisieren“.[309] Darüber hinaus gilt, dass die Versuchsstrafbarkeit gem. § 216 Abs. 2 StGB immer problematisch bleiben muss, wenn man so auf die (Rettungs-) Potenzialität abstellt; daher ist es richtigerweise in diesen Fallkonstellation die Strafbarkeit wegen Tötung auf Verlangen anzunehmen.

d) Sonderproblem: Der einseitig fehlgeschlagene Doppelsuizid

Wenn die Reichweite der Betrachtung nach der Tatherrschaftstheorie bis zum Gesamtgeschehen zu groß ist, wäre die Entscheidung der Täterschaft zufälliger Natur; dann würde die Tatherrschaft nämlich von einem technischen Faktor abhängen, wie es z.B. im Gisela-Fall war, als der Täter das Gaspedal mit einem

---

307 *Roxin*, FS-GA, 1993, S. 185.

308 *Kindhäuser*, BT I, § 4, Rn. 10; NK-*Neumann*, vor § 211, Rn. 54.

309 NK-*Neumann*, vor § 211 Rn. 54.

Stein hätte festklemmen können, weshalb dieser dann freizusprechen wäre.[310] Somit wird das Ergebnis gemäß der Sichtwiese des BGH extrem von Zufälligkeiten abhängig gemacht.[311] Dabei ist es auch nicht zutreffend, den Sachverhalt des Doppelsuizids seitens des Überlebenden in eine Tötung auf Verlangen und seitens des Getöteten in einen Suizid aufzuspalten.

Schließlich ist die Unterordnung des Täters unter den Sterbewillen des Opfers wiederum im allgemeinen Tatherrschaftskriterium denkbar. Im Bereich des § 216 StGB wird die Tötungshandlung des Täters immer durch das „Verlangen" des Opfers herbeigeführt, wobei das Opfer in der Gesamtbetrachtung das Geschehen der (Selbst)Tötung beherrscht. § 216 StGB missbilligt denn nur den kritischen Moment des Sterbens, nicht aber das Gesamtgeschehen. Wie *Roxin* zutreffend konstatiert, begeht einen Suizid, „wer im kritischen Augenblick, jenseits dessen ein Zurück nicht mehr möglich ist, die Entscheidung über sein Leben in eigener Hand hält; wer die Grenzlinie, die beim Eintritt der Handlungsunfähigkeit liegt, selbst überschreitet. Um einen Fall des § 216 StGB handelt es sich dagegen, wenn das Opfer einem anderen den Vollzug des letzten, irreversiblen Geschehensaktes anvertraut und sich über die zum Tode führende Schwelle von fremder Hand hinüberstoßen lässt."[312]

2. Mitwirkung an einem nicht freiverantwortlichen Suizid

a) Die Abgrenzung zwischen strafloser Beihilfe zum Suizid und der Fremdtötung in mittelbarer Täterschaft

Abweichend von den in der Literatur typischen Abgrenzungsfällen stellt sich auch die Frage nach der mittelbaren Täterschaft des Mitwirkenden beim Suizid, wenn der Suizident unter den Hintermann geworfen wird und als sein „Werkzeug" bzw. als „Tatmittler" erscheint. Bei dieser Konstellation handelt sich es um die Abgrenzung zwischen der straflosen Beihilfe und der strafbaren Tötung in mittelbarer Täterschaft. Bei mangelnder Freiverantwortlichkeit des Suizidenten macht sich ein Beteiligter, der dies erkennt und dennoch den Suizid veranlasst oder unterstützt, wegen Tötung in mittelbarer Täterschaft.[313] Nach den allgemeinen Regeln der mittelbaren Täterschaft ist dann die täterschaftliche Fremdtötung gem. §§ 211, 212, 25 I, Alt. 2 StGB zu bejahen, wenn er den Suizidenten als Werkzeug in der

310 Vgl. *Hillenkamp*, 40 Probleme BT, 10; *Wessels/Hettinger*, BT1, Rn. 164; siehe o. Teil 3, I, 2, 1).

311 *Rössner/Wenkel*, HK-GS, § 216, Rn. 5.

312 *Roxin*, TuT, S. 569.

313 Sch/Sch-*Eser*, vor §§ 211 ff. Rn. 37.

Hand hat und das Gesamtgeschehen mit Wissens- oder Willensherrschaft in der überlegenen Stellung lenkt, so dass das Opfer während seiner Selbsttötung unfrei agiert. Daher ist die Entscheidung der Freiverantwortlichkeit des Suizidenten hier maßgebend für die Entscheidung der Strafbarkeit des Beteiligten. Zur Bestimmung der Freiverantwortlichkeit des Suizidwillens bietet die Rechtslehre zwei Varianten an: die Exkulpationslösung und die Einwilligungslösung. [314]

b) Kriterien für die Freiverantwortlichkeit des Suizids

Da es keine Regeln für die Zuschreibung von Eigenverantwortlichkeit für Selbstverletzung im Gegensatz zur Fremdverletzung gibt, ist die analoge Anwendung der Verantwortungsregeln für die Fremdverletzung zu überlegen.[315] Daher greift eine Ansicht auf die Verantwortungsregeln gem. §§ 19, 20, 35 StGB und § 3 JGG zurück: die sog. Exkulpationslösung.[316] Danach ist die Freiverantwortlichkeit des Suizids zu bejahen, wenn der Suizident rechtswidrig und schuldhaft eine Fremdtötung begehen kann. Hingegen ist diese wiederum zu verneinen, wenn er nach den geltenden Regeln nicht schuldhaft handelt.

Demgegenüber ist die Freiverantwortlichkeit des Suizids mit dem auf die Wirksamkeit der Einwilligung der Ernstlichkeit des Todeswillen abgestellten Kriteriums zu entscheiden: sog. Einwilligungslösung.[317] Danach wäre die Eigenverantwortlichkeit des Suizids zu verneinen, wenn der Suizidentschluss die für die rechtfertigende Einwilligung geltende Voraussetzungen nicht erfüllt und das Verlangen gem. § 216 StGB nicht ernstlich ist. Demnach ist der Suizidwille nicht freiverantwortlich, inklusive der Fälle von Exkulpationslösung, bei mangelnder Einsichtsfähigkeit, nicht ausreichendem Urteils- und Hemmungsvermögen, fehlender Ernstlichkeit der Entscheidung oder bei irrtumsbefangener Willensbildung. Nach dieser Auffassung wird der Bereich unfreien Handelns weiter ausgedehnt und werden strengere Anforderungen als Exkulpationslösung für einen defektfreien Suizid gestellt.[318]

---

314 Siehe unten Teil. 4.

315 *Kindhäuser*, BT I § 4 Rn. 7, 12; Näher NK-*Neumann*, vor §§ 211 Rn. 58 ff; *ders.*, JA 1987, 245 ff.;

316 *Bottke*, GA 1983, 22 ff.; *Roxin*, AT II, §25, Rn. 54 ff.; MüKo-*Schneider*, vor§211, Rn. 54 ff.; umfangreich s. u. Fn. 330.

317 Sch/Sch-*Eser*, vor §211, Rn. 36; *Herzberg*, JA 1985, 337; SK-*Horn*, §212, Rn. 15; *Lackner/Kühl*, StGB vor 211, Rn. 12 f.; NK-*Neumann*, vor §211, Rn. 61; *Rengier*, BT 2, §8, Rn. 4; HK-GS/*Rössner/Wenkel*, vor §§211 ff, Rn. 11; *Wessels/Beulke*, AT, Rn. 539; *Wessels/Hettinger*, BT1, Rn. 48 ff.; umfangreich s. u. Fn. 331.

318 Ausfl. s. u. Teil 4, II.

Vor allem gegen die Exkulpationslösung lassen sich die Kriterien für die Verantwortlichkeit für die Fremdschädigung nicht ohne weiteres auf die Selbstschädigung übertragen. Richtigerweise ist daher es, die für die rechtfertigende Wirksamkeit Einwilligungsregeln analog heranzuziehen, um den Strukturunterschied zwischen der strafbaren Fremdschädigung und der straflosen Selbstschädigung Rechnung tragen zu können.[319] Dafür spricht, dass bzgl. einer Verfügung über das eigene Leben keine geringeren Anforderungen an die Mangelfreiheit der Willensbildung gestellt werden dürfen als bei einer Einwilligung in eine Körperverletzung.[320]

Obgleich die Exkulpationslösung, die sinngemäß mittelbar auf der Regelungen über die strafrechtliche Verantwortlichkeit über die Beeinträchtigung der fremden Rechtsgüter abstellt,[321] eine deutlich klarere Lösung im Hinblick auf die Rechtssicherheit liefern kann, liegt der Grund, der sich aus der Exkulpationslösung aufheben muss, nicht darin, dass das aus der Einwilligungslösung folgende Resultat in jeder Hinsicht plausibler als andere ist, sondern vielmehr darin liegt, dass die Exkulpationslösung nicht völlig die Besonderheit des Suizids - nämlich den pathologischen Befund, psychisches Unvollkommen sowie Selbstverletzung - bei der Verteilung des Verantwortlichkeitsbereichs berücksichtigen kann.[322]

3. Die fahrlässige Mitverursachung eines Suizids

Der Suizident kann auch durch fahrlässige Mitverursachung eines anderen seinen Suizid begehen. Derjenige, der die frei verantwortliche Selbsttötung vorsätzlich oder auch fahrlässig veranlasst, ermöglicht oder fördert, ist nicht strafbar. Aber anders als in einem vorsätzlichen Fall ist die Strafbarkeit des am Suizid fahrlässig Beteiligten nicht nach dem Teilnahmeargument ausgeschlossen, weil die allgemeinen Teilnahmeregeln nur die vorsätzliche Beteiligung voraussetzten und im Bereich der Fahrlässigkeitsdelikte das Prinzip des Einheitstäters gilt.

Der BGH hat mit einem *argumentum a maiore ad minus* die Strafbarkeit des fahrlässig mitwirkenden Beteiligten ausgeschlossen: Die Mitverursachung des Todes eines Selbstmörders mit Gehilfenvorsatz könne nicht bestraft werden, das aber verbiete es aus Gründen der Gerechtigkeit, denjenigen zu bestrafen, der nur

---

319 Siehe u. Teil 4, IV, 1.

320 *Wessels/Hettinger*, BT 1, Rn. 48.

321 zur Anwendbarkeit für die Konstellation der Selbstverletzung wie Suizid, MüKo-*Schneider*, vor § 211 ff. Rn. 38; *Roxin* in: FS Dreher 1977, 346 f.

322 Dieser Hinweis führt auch im dogmatischen Kontext gewissermaßen auf die normative Differenz zwischen Selbstschädigung und Fremdschädigung zurück; dazu s. u. Teil 4, II u. IV.

fahrlässig eine Ursache für den Tod eines Selbstmörders setze. Die fahrlässige Handlung sei straflos, wenn die gleiche Handlung im vorsätzlichen Fall straflos bleibt.[323]

In gleicher Weise bejaht das OLG Nürnberg im Umkehrschluss die Strafbarkeit des am Suizid fahrlässig Mitwirkenden nach § 222 StGB, der zwar die unmittelbar zum Tode führende Handlung selbst begangen hat, aber der Suizidwillige das Gesamtgeschehen als mittelbarer Täter beherrscht.[324]

Allerdings ist hier die durch eine solch hypothetische Übertragung des Teilnahmearguments begründete Rspr. fraglich. In diesem Fall beherrscht der Suizidwillige kraft überlegenen Wissens als Steuerungsherrschaft das Gesamtgeschehen und bedient sich des Mitwirkenden als Werkzeug der mittelbareren Täterschaft für seine „Selbsttötung".[325] Ohne Berücksichtigung der Herrschaft des Suizidwilligen und ohne Prüfung der Eigenverantwortlichkeit des Suizids ist die durch Umkehrschluss begründete Argumentation des OLG Nürnberg unhaltbar.[326]

Wenn die Selbsttötung freiverantwortlich gewollt und damit eine eigenverantwortliche Selbstschädigung gegeben ist, ist es widersprüchlich, diesen Erfolg dem Mitwirkenden als fahrlässiges Unrecht zuzurechnen. Die Reichweite der Selbstbestimmung gilt nämlich nicht in beiden Fällen unterschiedlich: vorsätzlich und fahrlässig. Daher ist es nach dem Grundsatz des Autonomieprinzips, demzufolge nicht nur die strafrechtliche Verantwortung zum Selbst zuzurechnen, sondern weitergehend die Zurechnung des daran beteiligten Mitwirkenden zu entlasten sei, entscheidend, ob die Selbsttötung eigenverantwortlich ist.[327]

Wenn der Beteiligte den eigenverantwortlich unternommenen Suizid vorsätzlich oder auch bloß fahrlässig veranlasst, ermöglicht oder fördert, dann scheidet seine Bestrafung wegen (fahrlässiger) Tötung oder Körperverletzung aus, sofern er nicht kraft überlegenen Sachwissens die Risiken besser als das Opfers erkennt oder besser erkennen kann.

---

323 BGHSt 24, 342; siehe o. Teil 3, I, 2, 2); BGH NJW 2003, 2326; siehe o. Teil 3, I, 2, 10).

324 OLG Nürnberg NJW 2003, 454 (sog. Russisches Roulette-Fall; siehe o. Teil 3, I, 2, 8), dazu zust. *Herzberg*, NStZ 2004, 1 ff.; *ders*., Jura 2004, 670, danach kein Ausschluss-Verhältnis zwi. frei verantwortlicher Selbsttötung und Fremdtötung, daher sei die Tötung auf Verlangen gem. §216 möglich; dazu zutreffend krit. *Engländer*, JZ 2003, 747; *Duttge*, NStZ 2006, 266; *Kühl*, AT §20, Rn. 138; *Wessels/Hettinger*, BT 1, Rn. 65a; vgl. BGH NJW 2003, 2326, danach die fahrlässige Tötung auch bejaht wird; dazu siehe o. Teil 3, I, 2, 10)

325 Mit Hinweis auf die Ähnlichkeit zur mittelbaren Täterschaft *Engländer*, Jura 2004, 234; *Roxin*, AT I, § 11 Rn. 129.

326 Vgl. BGHSt 7, 112; BGHSt 17, 359; BGH NStZ 1981, 350.

327 Siehe MüKo-*Duttge*, §15, Rn. 149.

Schließlich ist die Beurteilung der fahrlässigen Mitwirkung des Dritten ohne Berücksichtigung der Eigenverantwortlichkeit des Opfers unannehmbar.

4. Nichthinderung des Suizids

In Hinblick auf die Nichtverhinderung des Suizids bzw. auf die Garantenstellung im Sinne des § 13 StGB und auf die Hilfspflicht im Sinne des § 323c StGB ist die Strafbarkeit durch Unterlassen beim Beteiligten ebenfalls denkbar. Im Falle des nicht eigenverantwortlich begangenen Suizids ist die Strafbarkeit des untätig Bleibenden in beiden Fälle unproblematisch zu bejahen.

a) Strafbarkeit wegen Tötung durch Unterlassen gem. §§ 211 ff., 13 StGB

Über die Frage, ob ein Garant sich wegen Tötung durch Unterlassen gem. §§ 211 ff., 13 StGB strafbar macht, wenn er das Leben eines bereits handlungsunfähig geworden Suizidenten nicht zu retten sucht, bejaht der BGH ständig die Strafbarkeit des Garanten, der für das Leben eines anderen einzustehen hat.[328] In der Rechtsprechung gilt dieser Standpunkt gleicherweise für den freiverantwortlichen und auch für den nicht freiverantwortlichen Suizid, weil nach dem Eintritt der Handlungsunfähigkeit des Suizidenten die Tatherrschaft allein bei dem Garanten liege.[329] Im Hinblick darauf, dem Beteiligten am Suizid zunächst die aktive Beihilfe des Suizids zu erlauben, ihn anschließend aber sogleich zur Rettung des Opfers zu verpflichten, sobald es das Bewusstsein verliert, konfrontiert dieser Standpunkt des BGH den starken Widerspruch. Zudem hängt die Entscheidung der Strafbarkeit von der Zufälligkeit ab, beispielsweise davon, ob der Suizident

---

328 BGHSt 2, 150 ff.; BGHSt 32, 367; BGHSt 40, 257; vgl. LG Deggendorf, Beschl. v. 13. 09. 2013–1 Ks 4 Js 7438/11, dort das Gericht hat die Rettungspflicht des Notarztes gegenüber einem Suizidenten verneint; siehe oben Teil. 3, I, 2, 11).

329 BGHSt 2, 150; 32, 367; BayObLG NJW 1973, 565, 566.; anders BGHSt 32, 367, dort hat der BGH ausnahmsweise dem Arzt straffrei im Rückblick auf „ärztliche Gewissensentscheidung" angesprochen: das Nichteinschreiten eines Arztes sei als Ausdruck einer von Standesethik geprägten Gewissensentscheidung nur ausnahmsweise vertretbar. Die Entscheidung des BGH lässt sich wohl allenfalls nur im Hinblick auf die Erkenntnisse der modernen Suizidforschung rechtfertigen, dass die Mehrzahl der Suizidversuche nicht auf einem reifliche überlegten und ernsthaften Entschluss beruht. Dieser Begründung des BGH ist in der strafrechtlichen Dogmatik unklar. Die hierin grundsätzlich liegende Missachtung des Selbstbestimmungsrechts wird vor allem heute allgemein abgelehnt. Dazu MüKo-*Schneider*, vor §§ 211 Rn. 73 ff.; NK-*Neumann*, vor § 211 Rn. 73 ff.; vgl. auch OLG München NJW 1987, 2940, 2943f.

in der Lage ist, eine sofort und ohne längeres Bewusstlosigkeitsstadium tödlich wirkende Maßnahme selbst zu vollführen oder nicht.

Ferner kann das Verhältnis zwischen dem (suizidwilligen) Patienten und dem Arzt jederzeit aus beliebigen Gründen des Patienten beendet werden und der Arzt aus seiner Garantenstellung entlassen werden.[330] Aufgrund dieser beliebigen Verfügbarkeit der Garantenstellung ist die nachträgliche Verpflichtung der Rechtsprechung für die Strafbarkeit des Garanten ohne Berücksichtigung des Suizidwillens unhaltbar. Die nachträglich delegierte Tatherrschaft bzw. Rettungspflicht des Garanten ergibt sich im freiverantwortlich begangenen Suizid nicht aus der Garantenstellung. Nach dem Eintritt der Bewusstlosigkeit des Suizidenten bleibt die Verantwortlichkeit für den Tod selbst bei dem Suizidenten. In diesem Sinne wird die strafrechtliche Verantwortlichkeit des Granaten wegen eines unechten Unterlassungsdelikts richtigerweise beim freiverantwortlichem Suizid gesperrt.[331]

b) Strafbarkeit wegen unterlassener Hilfeleistung gem. § 323c StGB

Bezüglich der Rettungspflicht des Nichtgaranten ist eine Strafbarkeit wegen unterlassener Hilfeleistung nach § 323c StGB noch problematisch. Nach Rechtsprechung des BGH stellt die durch den Suizid herbeigeführte Gefahrensituation einen Unglücksfall im Sinne des § 323c StGB dar, abgesehen von der Freiverantwortlichkeit des Suizidentschlusses.[332] Danach liege auch im freiverantwortlichen Suizid(-versuch) ein Unglücksfall i.S.d. § 323c StGB und daher ist die Hilfepflicht den Beteiligten oder den dort anwesenden Dritten bejaht.[333]

Im Schrifttum wird die Strafbarkeit bei einem freiverantwortlichen Suizid gem. § 323c StGB jedoch überwiegend verneint.[334] Teilweise wird die Straflosigkeit für das Nichteingreifen des § 323c StGB damit begründet, dass der freiverantwortliche Suizidversuch kein Unglücksfall sei, da die Entscheidung des Suizidenten zu

---

330 *Baltz*, Lebenserhaltung als Haftungsgrund, 2010, S. 14 f.

331 *Neumann*, JA 1987, 254 ff.

332 BGHSt 6, 147 ff.; BGHSt 32, 367, 375; vgl. auch *Dölling* NJW 1986, 1011, 1016

333 Freilich im Einzelfall hat der BGH die Strafbarkeit gem. § 323c damit verneint, dass in „äußersten Grenzfällen" die Hilfeleistung nicht zumutbar sei; BGHSt 6, 147, 154; BGHSt 13, 162, 169.

334 *Kindhäuser*, BT I § 4 Rn. 22; *Dölling*, NJW 1986, 1011, 1016; *ders.*, FS-Maiwald, 123, 130 f.; *Otto*, Grundkurs Strafrecht, § 6 Rn. 61, §7 Rn.5; *Verrel*, HK-GS, § 323c Rn.6; *Wessels/Hettinger*, BT I, Rn. 60; vgl. Sch/Sch-*Cramer/Sternberg-Lieben*, § 323c Rn.7; *Momsen*, Die Zumutbarkeit als Begrenzung strafrechtlicher Pflichten, 2006, 142 ff.; SK-*Rudolphi/Stein*, §323c Rn. 8; *Maurach/Schroeder/Maiwald*, BT 2, §55 Rn. 15; NK-*Wohlers*, § 323c Rn. 5.

respektieren sei.[335] Nach a. A wird das Vorliegen eines Unglücksfalls auch beim freiverantwortlichen Suizid bejaht.[336] Im Hinblick auf Tatbestandmerkmale der Erforderlichkeit bzw. Zumutbarkeit des § 323c StGB entfällt jedoch die Strafbarkeit des Nichtrettenden bei einem freiverantwortlich begangenen Suizid.[337]

Die Straflosigkeit einer (aktiven) Beihilfe zum eigenverantwortlichen Suizid muss sich nun konsequenterweise[338] auch auf die Nichtverhinderung des Suizids durch einen Garanten gem. §§ 211 ff., 13 StGB und auf das Unterlassen der Hilfeleistung durch Nichtgaranten § 323c StGB bei einem freiverantwortlich begangenen Suizid erstrecken.

IV. Zwischenergebnis

Die für die Bestimmung der Straflosigkeit des Beteiligten am Suizid entscheidenden zwei Kriterien, können wie folgt tabellarisch dargestellt werden:

Suizidcharakter / **Handlungssubjekt**		**Freiverantwortlich unternommener Suizid**	**Nicht freiverantwortlich unternommener Suizid**
Vorsätzlichkeit	Beteiligte	1) Strafbare Tötung auf Verlangen gem. § 216	3) Unmittelbare Täterschaft gem. §§ 211 ff.
	Suizident	2) Straflose Beihilfe zum Suizid	4) Mittelbare Täterschaft gem. §§ 211 ff.
Fahrlässigkeit	Suizident	5) Straflose fahrlässige Beteiligung	7) ggf. strafbare fahrlässige Fremdtötung
	Beteiligte	6) ggf. straflose fahrlässige Fremdtötung	8) allg. Fahrlässigkeitsdelikt

Die straflose Beihilfe zum Suizid wird unter einem doppelten Vorbehalt bestimmt: zum einen die Freiverantwortlichkeit des Suizidentschlusses als inneres Entscheidungskriterium, zum anderen die Handlungsherrschaft über die Ausführung der Suizidhandlung als äußeres Entscheidungskriterium. Bei dem letztgenannten

335 Vgl. Sch/Sch-*Cramer/Sternberg-Lieben*, § 323c Rn.7 m.w.N.

336 *Dölling*, NJW 1986, 1016; vgl. auch *Lackner/Kühl*, § 323 c Rn. 7.

337 Vor allem *Duttge*, Der Arzt als Unterlassungstäter, in: FS-Schöch, 2010, S. 599 ff.; *Schöch*, in: Roxin/Schroth (Hrsg.), Handbuch des Medizinstrafrechts, S. 166 ff.

338 *Roxin*, in: Roxin/Schroth (Hrsg.), Handbuch des Medizinstrafrechts, S. 313, 343, danach sei es wertungswiderprüchlich, das bloße Unterlassen der Suizidverhinderung mit Strafe zu belegen, im Hinblick auf die Straflosigkeit der aktiven Suizidteilnahme.

kommt die modifizierende Tatherrschaft, anders als die allgemeine Regeln über den Tatherrschaft, in Betracht. Dabei ist die Herrschaft über den letzten unwiderruflich zum Tode führenden Akt entscheidend.

Mit diesen beiden Kriterien wird die oben Tabelle folgenderweise ausführlich beschrieben:

1) [strafbare Tötung auf Verlangen]
Beim freiverantwortlich unternommenen Suizid ist es ein maßgebende Maßstab für die Strafbarkeit des Beteiligten, wer die Herrschaft über den letzten, den Tod verursachenden Akt innehat. Liegt diese Herrschaft dem Beteiligten vor, handelt es sich um strafbare Tötung auf Verlangen.[339]
2) [straflose Beihilfe zum Suizid]
Dagegen ist die straflose Beihilfe zum Suizid gegeben, wenn der Suizident freiverantwortlich seinen Suizid entschließt und selbst den Tötungsakt ausführt. In diesem Fall stellt sich die Mitwirkung des Beteiligten lediglich als straflose Beihilfe dar.
3) [unmittelbarer Täter des Tötungsdelikts]
Wenn der Beteiligte bei dem nicht freiverantwortlichen Suizid den Tötungsakt ausführt, kommt es zu einer Strafbarkeit des Tötungsdelikts in unmittelbarer Täterschaft gem. §§ 211, 212 ff. StGB. Spiegelbildlich zu Fall 1) wird die Privilegierung der Tötung auf Verlangen hier wegen der Unfreiverantwortlichkeit des Suizidentschlusses gesperrt und die Tatausführung des Beteiligten begründet die unmittelbare Täterschaft. Zur Abgrenzung von der Tötung auf Verlangen ist daher die Entscheidung der Freiverantwortlichkeit hier entscheidend.
4) [mittelbarer Täter des Tötungsdelikts]
Selbst wenn der Suizident selbst die Tötungshandlung unternimmt und der Beteiligte nur Hilfe zum Suizid leistet, kommt die Strafbarkeit als mittelbarer Täter eines Tötungsdelikts gem. §§ 211 ff., 25 Abs.1 Alt. 2 StGB im Fall eines nicht freiverantwortlichen Suizids in Betracht.[340] Die Bestimmung der Freiverantwortlichkeit des Suizidentschlusses ist hier entscheidend zur Abgrenzung der straflosen Beihilfe zum Suizid und der strafbaren mittelbaren Täter des Tötungsdelikts.
5) [die straflose fahrlässige Beteiligung am freiverantwortlichen Suizid]
Des Weiteren ist auch ein Suizidfall denkbar, in denen der dritte fahrlässig bzw. ohne Bewusstsein von Suizidentschluss des Suizidenten eine Hilfe zum Suizid leistet, aber der Suizident freiverantwortlich den Entschluss fasst und selbst

339 BGHSt 19, 135, 139 f.
340 BGHSt 32, 38

die Tötungsakt ausführt.[341] Diesen Fall hat der BGH schon mit *argumentum a maiore ad minus* die Strafbarkeit ausgeschlossen.[342] Wie oben bereits kritisiert ist jedoch die Begründung mit der Eigenverantwortlichkeitsprinzip für die Straflosigkeit der fahrlässigen Beteiligung am Suizid vorzugwürdig.[343]

6) [die fahrlässige Fremdtötung beim freiverantwortlichen Suizid]
Umgekehrt zum Fall 4) stellt dieser den Suizident als Hintermann und den Dritte als Werkzeug dar. Es ist ein Fall, in dem der Beteiligte fahrlässig den Suizident tötet, aber der Suizidwillige kraft überlegenen Wissens das Gesamtgeschehen beherrscht, wie Russisches Roulette-Fall des OLG Nürnberg.[344] In dieser Konstellation ist die Strafbarkeit der fahrlässigen Fremdtötung zu verneinen, wenn es keine Sorgfaltspflichtverletzung gibt.[345]

7) [die fahrlässige Beteiligung am nicht freiverantwortlichen Suizid]
In dieser Konstellation geht es darum, dass der Suizident den eigenen Tod nicht freiverantwortlich entschließt aber die Tötungshandlung selbst durchführt und der Beteiligte nur fahrlässig dazu eine Hilfe leistet. Es ist ähnlich dem Fall, in welchem es an der Freiverantwortlichkeit des Opfers im Polizeipistolen-Fall gefehlt hätte.[346] Mangels der Freiverantwortlichkeit gehört der Tod des Suizidenten nicht völlig zu seinem Verantwortungsbereich. In dieser Konstellation ist die Strafbarkeit wegen (unterlassener) fahrlässiger Tötung nach § 222 StGB zu bejahen, wenn er sorgfaltswidrig den Suizid ermöglicht.

8) [die fahrlässige Fremdtötung am nicht freiverantwortlichen Suizid]
Auch hier ist das fahrlässige Unrecht der Tötungshandlung des Beteiligten mangels der Freiverantwortlichkeit nicht auszuschließen. Wie Fall 7) ist die Strafbarkeit wegen fahrlässiger Tötung gem. § 222 StGB mit dem Prüfungsschema des allg. Fahrlässigkeitsdelikts zu ermitteln.[347]

---

341 BGHSt 24, 342; vgl. auch BGH NJW 2003, 2326

342 BGHSt 24, 342

343 Siehe oben S. 111 ff.

344 OLG Nürnberg NJW 2003, 454

345 Siehe oben S. 84 f.

346 Vgl. BGHSt 24, 342

347 a.A. *Saliger*, Selbstbestimmung bis zuletzt, S. 145 ff.

Teil 4. Freiverantwortlichkeit

Es ist heute nicht mehr umstritten, dass die Beihilfe – das Veranlassen, das Ermöglichen und das Erleichtern – zum freiverantwortlichen Suizid im Rahmen des Tötungsdelikts gemäß §§ 211 ff. StGB – mit Ausnahme von § 217 StGB n. F. – nicht strafbar ist. Hat der Suizident selbst nicht freiverantwortlich gehandelt, kommt eine Strafbarkeit wegen Fremdtötung in mittelbarer Täterschaft des Beteiligten in Betracht.[348] In diesem Falle wäre freilich die Wissens- oder Willensherrschaft des Beteiligten am Suizid vorauszusetzen, so dass dieser den Suizident als Werkzeug in der Hand hätte und somit das Gesamtgeschehen in der überlegenen Stellung lenkte.[349] Ist die Freiverantwortlichkeit des Suizidentschlusses demgegenüber gegeben, ist die daran mitwirkende Beteiligungshandlung, außer im Falle einer täterschaftlichen Tötungshandlung bzw. § 216 StGB und § 217 StGB n. F., als Beihilfe oder Anstiftung zum Suizid straflos: Darüber herrscht in der Fachliteratur ein großer Konsens.

Wie oben erörtert, bildet die Freiverantwortlichkeit des Suizids somit ein entscheidendes Merkmal für die Beurteilung der Mitwirkung an Selbsttötungsakten: Sofern die Freiverantwortlichkeit des Suizidenten im Tötungsgeschehen gegeben ist, kann die objektive Zurechnung des Beteiligten am Suizid entfallen. Problematisch wird es vor allem dann, wenn festgestellt werden muss, nach welchem Maßstab die Freiverantwortlichkeit des Suizids zu beurteilen ist.

Hierzu bieten sich im Allgemeinen zwei Möglichkeiten für die Entscheidung über Freiverantwortlichkeit an; einerseits wäre in diesem Zusammenhang die Exkulpationslösung[350] zu nennen, welche auf strafrechtliche Verantwortungsregeln

---

348 OLG München NJW 1987, 2940.

349 BGHSt 32, 38.

350 Auch bezeichnet als Verantwortungsprinzip; *Antonie*, aktive Sterbehilfe in der Grundrechtsordnung, 2004, S. 246; *Arzt*, in: Arzt/Weber/Hilgendorf, BT 2, § 3 Rn. 26 ff; *Bekert*, Strafrechtliche Probleme um Suizidbeteiligung und Sterbehilfe unter besonderer Berücksichtigung historischer und ethischer Aspekte, 1996, S. 146, 159 f; *Bottke*, Suizid und Strafrecht, 1982, S. 250 ff.; *ders.*, GA 1983, 22 ff.; *Charalambakis*, GA, 1986, 485, 489 ff.; *Dannecker/Stoffers*, StV 1993, 642, 644; *Dölling*, GA 1984, 71, 76; *ders.*, FS-Maiwald 2010, S. 119 ff.; *Gallas*, JZ 1960, 686, 692; *Günzel*, Das Recht auf Selbsttötung, seine Scharanken und die strafrechtlichen Konsequenzen, 2000, S. 178 ff.; *Hirsch*, JR 1979, 429, 431.; *Jakobs*, Strafrecht AT 2., Abschn. 21 Rn. 98; *Jescheck/Weigend*, Strafrecht AT. Teil. 5, S. 666; *Klinger*, Die Strafbarkeit der Beteiligung an einer durch Täuschung herbeigeführten Selbsttötung, 1992, 94; *Küpper*, BT I, §3, Rn. 12 ff.; *Lasson*, ZJS 2009, 363; *Roxin*, AT II, §25 Rn. 54, 57; *ders.*, FS-GA,

verweist; danach ist die Freiverantwortlichkeit nur dann ausgeschlossen, wenn nach den für die tatbestandsmäßige Fremdschädigungen regelnden §§ 19, 20, 35 StGB und § 3 JGG der Suizident nicht oder nur erheblich vermindert schuldhaft handelt.[351] Andererseits muss hier die Einwilligungslösung[352] genannt werden, welche auf die rechtfertigende Wirksamkeit der Einwilligung und die „Ernstlichkeit" des Verlangens gem. § 216 StGB abstellt. [353] In diesem zunächst rein theoretischen Streit liegt jedoch auch eine praktische Relevanz, welche dann hervortritt, wenn die Freiverantwortlichkeit gemäß der Exkulpationslösung bejaht, nach der Einwilligungslösung jedoch verneint wird und somit die Strafbarkeit des am Suizid Beteiligten wegen Fremdtötung in mittelbarer Täterschaft ausgedehnt werden kann[354]; auch in Fällen der beeinträchtigten Einsichtsfähigkeit des Suizidenten sowie eines durch „Motivirrtum" begangenen Suizids kann dies der Fall sein[355]. In dieser Frage besteht jedoch in der Fachliteratur keine Einigkeit, weshalb diese Problematik hier näher nachzugeben ist.

S. 177; *ders.*, in: Handbuch des Medizinrechts, S. 341; MüKo-*Schneider*, vor § 211, Rn 54, 62; *von Dellingshausen*, Sterbehilfe und Grenzen der Lebenserhaltungspflicht des Arztes, 1981, S. 268f.; *Vöhringer*, Tötung auf Verlangen, 2008, S. 116 ff.; *Zaczyk*, Strafrechtliches Unrecht und die Selbstverantwortung des Verletzten, 1993, S. 36, 43.

351 *Achenbach*, Jura 2002, 543.

352 *Amelung*, in: Schünemann/Figueiredo Dias (Hrsg.), Baustein des europäischen Strafrechts. Coimbra-Symposium für Claus Roxin, 1995, S. 247, 254, 257; *Brandts/Schlehofer*, JZ 1987, 442, 443 f.; *Eisele*, Strafrecht BT I, 2008, Rn. 176; *Eser*, Sch/Sch-*Eser*, vor § 211 Rn. 36; *Freund*, Strafrecht AT, § 5 Rn. 75, § 10 Rn. 97; *Frisch*, Tatbestandsmäßiges Verhalten und Zurechnung des Erfolgs, 1988, S. 166; *Geilen*, JZ 1974, 145, 151; *Gropp*, Strafrecht AT, § 10 Rn. 74 mit Fn. 87; *Herzberg*, Täterschaft und Teilnahme, 1977, S. 39 f.; *Ingelfinger*, Grundlagen und Grenzbereiche des Tötungsverbots, 2004, S. 228 ff.; *Jähnke*, LK-Jähnke, 11. Aufl. Bd. 5, 2005, vor § 211 Rn. 26; *Kindhäuser*, Strafrecht BT I, § 4 Rn. 12, Rn. 15; *Krey/Heinrich*, Strafrecht BT 1, S. 14. Aufl. 2008, Rn. 89; *Laber*, Der Schutz des Lebens im Strafrecht, 1997, S. 254 f.; *Lackner/Kühl*, StGB, vor § 211 Rn. 13a; *Meyer*, Ausschluss der Autonomie durch Irrtum, 1984, S. 221 ff.; *Mitsch*, Jus 95, 787, 888, 891; *Niestroj*, Die rechtliche Bewertung der Selbsttötung und die Strafbarkeit der Suizidbeteiligung, jur. Diss. Göttingen 1983, S. 199 ff.; NK-*Neumann*, vor §§ 211, Rn. 60 f.; *ders.*, JuS 1985, 677, 680; *Otto*, Strafrecht AT, § 21, Rn. 103; *Rengier*, Strafrecht BT II, § 8 Rn. 4; *Rössner/Wenkel*, HK-GS, vor § 211 Rn. 11; *Schild*, NK-*Schild*, § 25 Rn. 48; LK-*Schünemann*, 12. Aufl., § 25 Rn. 72 ff., 106 ff., 119 ff.; *Walter*, LK-*Walter*, vor § 13 Rn. 113; *Wessels/Beulke*, AT, Rn. 189, Rn. 539; *Wessels/Hettinger*, Strafrecht BT I, Rn. 43.

353 LK-*Jähnke*, 11. Aufl., vor § 211 Rn. 25 f.

354 *Dölling*, FS-Maiwald, 2010, S. 124.

355 NK-*Neumann*, vor §§ 211 Rn. 60.

I. Das Prinzip der Eigenverantwortlichkeit

1. Eigenverantwortlichkeit als Kriterium für Zurechnungsausschluss

Das Prinzip der Eigenverantwortlichkeit, wonach jeder grundsätzlich nur für sein eigenes Verhalten verantwortlich ist und nicht für das Verhalten frei verantwortlich handelnder anderer[356], entwickelt sich als ein selbstständiges Prinzip in der Lehre von der objektiven Zurechnung. In der Prüfung der objektiven Zurechnung geht dieses Prinzip um die Abgrenzung von Verantwortungsbereichen zwischen Opfer und Täter. In denjenigen Fällen, die das Opfer selbst zu verantworten hat, wie die eigenverantwortliche Selbstgefährdung oder Selbstschädigung, kann der tatbestandliche Erfolg dem daran mitwirkenden Beteiligten nicht zugerechnet werden. Sofern der Opfer selbst bewusst eigenverantwortlich den Erfolg bzw. die Gefährdung gewollt und verwirklicht hat, beginnt der eigene Verantwortungsbereich des Opfers und zugleich endet der des Beteiligten.[357]

2. Eigenverantwortlichkeit als materieller Grund für die Straflosigkeit der Beihilfe zum Suizid

Nach h. M.[358] basiert der Grund der Straflosigkeit der Beihilfe zum Suizid auf dem sog. Teilnahmeargument[359], wobei die Haftung des am Suizid Beteiligten mangels der nach dem Prinzip der limitierten Akzessorietät erforderlichen tatbestandsmäßigen, rechtswidrigen Haupttat i. S. d §§ 26, 27 StGB scheitere. Aber diese Argumentation ist, wie oben schon erörtert[360], bei der Suizidkonstellation problematisch, weil eine solch formale, mechanische Struktur[361] die Straflosigkeit im Falle der fahrlässigen Beteiligung am Suizid nicht begründen kann, da die allgemeinen Teilnahmeregeln nur in der vorsätzlichen Beteiligung gelten und das Prinzip des Einheitstäters im Bereich der Fahrlässigkeitsdelikte herrscht.[362] Für die Begründung dieser Straflosigkeit vertreten manche Autoren deshalb das Prinzip

---

356 Vgl. *Kühl*, AT, § 4, Rn. 84 f; *Murmann*, GK, § 23, Rn. 70 ff; *Otto*, AT, § 6, Rn. 49; *Wessels/Beulke*, AT, Rn. 185.

357 *Heinrich*, AT I, Rn. 252; *Wessels/Beulke*, AT, Rn. 186; vgl. BGHSt 32, 262.

358 Vgl. BGHSt 2, 150, 152; 32, 367, 371.

359 Zur Kritik zum Teilnahmeargument, *Hohmann/König*, NStZ 1989, 306; *Ingelfinger*, Grundlagen und Grenzbereiche des Tötungsverbots, S. 222 ff.; *Neumann*, JA 1987, 246, 248; *Schilling*, JZ 1979, 159 ff.

360 Siehe o. Teil 3, II.

361 Vgl. *Neumann*, JA 1987, 248; MüKo-*Schneider*, vor §211, Rn. 34.

362 *Engländer*, Jura 2004, 235; MüKo-*Schneider*, vor § 211, Rn. 86.

der Eigenverantwortlichkeit.[363] Außerdem wird die legislatorische Differenzierung zwischen der Straflosigkeit der Beihilfe zum Suizid und der Strafbarkeit gem. § 216 StGB auf das Prinzip der Eigenverantwortlichkeit gestützt.[364]

Daher begründet das Prinzip der Eigenverantwortlichkeit überzeugend die Straflosigkeit des am Suizid Beteiligten in Abgrenzung nicht nur zur strafbaren Mitwirkung am Suizid – i. E. die Strafbarkeit der mittelbaren Täterschaft –, sondern auch zur (unmittelbaren täterschaftlichen) Tötung auf Verlangen.

3. Eigenverantwortlichkeit als materielles Kriterium

Dieses Prinzip ist ein entscheidender Maßstab für den Ausschluss der Verantwortlichkeit bei der Suizidproblematik. Zuvor sind bereits ausführlich die äußeren und inneren Kriterien für die Straflosigkeit des Beteiligten bei der selbstschädigenden Konstellation erörtert worden.[365] Erstens spielt die von den allgemeinen Grundsätzen modifizierte Tatherrschaft über den unmittelbar zum Tod führenden Handlungsakt eine große Rolle: die Abgrenzung zwischen der strafbaren Tötung auf Verlangen gem. § 216 StGB und der straflosen Beihilfe zum Suizid. Zweitens geht es um die Abgrenzung zwischen der straflosen Beihilfe zum Suizid und der strafbaren mittelbaren Täterschaft. Mit der inneren Willensbildung des Selbstschädigenden entscheidet sich die Strafbarkeit des Beteiligten in mittelbarer Täterschaft, wenn es an der Freiverantwortlichkeit des Suizidentschlusses fehlt.

4. Eigenverantwortlichkeit und Freiverantwortlichkeit

In der Suiziddiskussion werden zwei verschiedene Termini, die Eigenverantwortlichkeit und die Freiverantwortlichkeit, häufig in Literatur und Rechtsprechung vermengend gebracht.[366] Für die Klarstellung des Begriffs der Eigenverantwortlichkeit ist es nötig, zwischen beiden Varianten zu differenzieren.

Die Freiverantwortlichkeit bezieht sich vor allem auf den inneren Willen, etwa auf einen Zustand der Willensbildung zum Suizid. Dass die Freiverantwortlichkeit beim Suizid vorliegt, bedeutet, dass der Entschluss des Suizidenten keinen defizitären Charakter aufweist. Die Eigenverantwortlichkeit ist dagegen eine normative

---

363 Besonders *Hohmann/König*, NStZ 1989, 306 u. *Neumann*, JA 1987, 245 ff. betonen die Unanwendbarkeit der §§ 25 ff. StGB beim Suizidkonstellation.

364 *Gavela*, Ärztlich assistierter Suizid und organisierte Sterbehilfe, 2013, S. 16 f; *Roxin*, NStZ 1987, 348; *Schroeder*, ZStW 1994, 574.

365 Siehe oben Teil. 3, III.

366 Z.B *Herzberg*, JA 1985, 136 „eigenverantwortlicher Entschluss", „Freiverantwortlichkeit des Suizidakts"; siehe auch *Hohmann/König*, NStZ 1989, 308, Fn. 31.

Bewertung über die gesamte Tat. Für die Zurechnungskriterium ist nur die Freiverantwortlichkeit des Tatentschlusses nicht hinreichend, weil es beim Vorliegen der Freiverantwortlichkeit um den Tatentschluss geht, nicht um die äußere Tatausführung. Neben der Prüfung der Freiverantwortlichkeit ist die Beurteilung über die Tathandlung, wie Tatherrschaftsproblematik beim Suizid, daher noch erforderlich für die abschließende Zurechnungsentscheidung. Wenn die beide bejaht sind, ist die Eigenverantwortlichkeit nun erst gegeben. Wenn die Eigenverantwortlichkeit einer Handlung gegeben ist, wird der Erfolg völlig dem Handlenden zugerechnet.

Demnach ist die Eigenverantwortlichkeit als eine normative Zurechnungsentscheidung auf der Basis einer äußeren- und inneren Bewertung zu verstehen.[367] Statt eines „eigenverantwortlichen Entschlusses" oder der „Freiverantwortlichkeit des Suizidakts" ist es daher richtig, von einem „freiverantwortlichen Entschluss" oder der „Eigenverantwortlichkeit des Suizidakts" zu sprechen.

II. Kriterien für die Freiverantwortlichkeit des Suizidentschlusses

Obschon die Straflosigkeit der am freiverantwortlichen Suizid mitwirkenden Beteiligten nicht umstritten ist, besteht in Hinblick für die Bestimmungsmaßstäbe der Freiverantwortlichkeit keine Einigkeit und wird darüber heftig diskutiert. Heutzutage finden sich im Schrifttum grundsätzlich zwei Lösungsansätze: Zum einen wäre da die sogenannte Einwilligungslösung. Zum anderen kann auf die Exkulpationslösung zurückgegriffen werden.

1. Exkulpationslösung versus Einwilligungslösung

Die Verfechter der Exkulpationslösung beurteilen die Freiverantwortlichkeit des Suizidentschlusses nach den über die Verantwortlichkeit regelnden Vorschriften, welche grundsätzlich auf die Fremdschädigung anwendbar sind, also §§ 19, 20 und 35 StGB sowie § 3 JGG. Eine derartige Heranziehung, die sich auch auf die Selbstschädigungsfälle überträgt, ist besonders dann zutreffend zur Geltung zu bringen, wenn sich die Beurteilung von Freiverantwortlichkeit beim Suizid auf die Verantwortungsverteilung zwischen dem Suizident, selbst und dem Beteiligten fremden, bezieht. Zudem, „muss [zurecht] der Verantwortungsmaßstab für Selbst- und Fremdschädigungen einheitlich sein"[368], wenn sie dem kongruenten

367 Vgl. *Hohmann/König*, NStZ 1989, 308 f.

368 Vgl. MüKo-*Schneider*, vor §§ 211 ff. Fn. 138.; *Bottke*, Suizid und Strafrecht, 1984, S. 251 (Fn. 119); *Roxin*, FS-Dreher 1977, S. 331.

Verantwortungsbereich unterfallen. Danach wird der Suizid als unfreiverantwortlich gesehen, wenn der Suizid auf geistiger Erkrankung (§ 19 StGB), schwerer seelischer Störung (§ 20 StGB), einer gravierenden Notstandslage (§ 35 StGB) und jugendlicher Unreife (§ 3 JGG) basiert, so dass die Beteiligung an nur solchen Fällen strafbar ist. Auf Grund dieser sich ausdehnenden Straflosigkeit des Beteiligten wird die Exkulpationslösung als liberale[369] Auffassung eingeschätzt.[370]

Im Unterschied zur Exkulpationslösung ist die Freiverantwortlichkeit des Suizidentschluss nach heute wohl schon vordringender Auffassung – Einwilligungslösung – anhand der „*strengeren*" Regeln über die Voraussetzungen der Wirksamkeit der Einwilligung bzw. des Merkmals „Ernstlichkeit" im Sinne des § 216 StGB zu bestimmen.

2. Analyse der Fallkonstellationen

Nach beiden Ansichten wird die Freiverantwortlichkeit des Suizids übereinstimmt und in den Fällen der §§ 19, 20, 35 StGB und § 3 JGG verneint.

a) Seelische Störung

Bei einer seelischen Störung im Sinne des § 20 StGB ist die Freiverantwortlichkeit des Suizids sowohl nach Exkulpationslösung, als auch nach Einwilligungslösung zu verneinen. Bei der seelischen Störung des Täters (hier Sterbewilliger) ist er nach dieser Regelung unfähig, das Unrecht der Tat einzusehen (Einsichtsfähigkeit) oder nach dieser Einsicht zu handeln (Steuerungsfähigkeit),[371] und seine Einwilligung ist auch nicht wirksam. Daher begeht der Suizidwillige seine Selbstschädigung in dieser Situation ohne Schuldfähigkeit und seine Einwilligung in seinen eigenen Tod ist auch nicht wirksam, d.h. dieser Suizidentschluss ist als unfrei anzusehen.

Die Bestimmung der die Freiverantwortlichkeit des Suizids verneinenden seelischen Störung ist jedoch umstritten, weil nach teilweise vertretener Ansicht[372] je-

369 In Parallele zum Beiwort von Einwilligungslösung „strenger od. restriktiv"; zur Kritik dieser liberalen Haltung *Duttge*, Zeitschrift für medizinische Ethik 2009, 262 f.

370 MüKo-*Schneider*, vor §§ 211 ff. Rn. 38.

371 *Murmann*, GK, § 26 Rn. 5.

372 *Bringewat*, ZStW 87 (1975), 635 ff.; *ders.*, JuS 1975, 159; *Geilen*, JZ 1974, 148, 150 ff., der beruht auf dem medizinisch-empirisch feststellbaren psychisch-pathologischen Charakter des Selbsttötungswillens. Dies führt dazu, dass jeder Suizidentschluss in der Regel als unfrei anzusehen ist. Dazu krit. zutr. NK-*Neumann*, vor § 211 Rn. 62; Sch/Sch-*Eser*, vor §§ 211 ff. Rn. 34.

der Suizid als pathologisch angesehen wird. Danach wäre der freiverantwortliche Suizid von vornherein nicht möglich. Demgegenüber ist die Freiverantwortlichkeit des Suizids aufgrund der psychischen Krankheit nicht immer auszuschließen.[373] Eine freiverantwortliche Willensbildung des geistig erkrankten Suizidenten ist dann auch möglich, wenn der Suizid nicht auf „krankheitsbedingte" Defizite der Willensbildung, sondern auf „situationsspezifischen" Umständen beruht.[374] Diesbezüglich, insbesondere bei Defiziten unterhalb der Schwelle des § 20 StGB, ist die Entscheidung der Freiverantwortlichkeit nach beiden Ansichten nicht immer übereinstimmend.[375]

b) Kinder und Jugendliche

Im Zusammenhang mit der Strafunmündigkeit und der unreifen Einsichtsfähigkeit der Jugendlichen im Sinne der § 19 StGB und § 3 JGG ist die Freiverantwortlichkeit des Suizids grundsätzlich nach beiden Ansichten auszuschließen. Aber hier ist sie nicht von vornherein unter solchen Umständen zu verneinen. Es ist vor allem maßgeblich, ob der Suizid auf „altersbedingt defizitärer Entscheidungskompetenz"[376] beruht.[377] Beim Suizid eines Jugendlichen ist daher der daran Beteiligte nicht immer strafbar. Für seine Strafbarkeit wegen unfreiverantwortlichem Suizid ist allerdings zu überprüfen, ob der jugendliche Sterbewillige die Bedeutung und die Tragweite seiner Handlung völlig erfassen kann.[378] Wenn er mit dieser genügenden Fähigkeit handelt, ist der Beteiligte nach beiden Ansichten straflos. Im Gisela-Fall[379] geht der BGH auch von der Möglichkeit der Freiverantwortlichkeit des jugendlichen Suizids aus und diejenige der Gisela, eines 16-jährigen Mädchens, wird dort bejaht. Der Suizidentschluss bei Jugendlichen ist nicht immer als frei anzusehen. Die Freiverantwortlichkeit ist in einem solchen Fall aufgrund der Besonderheit des jugendlichen Suizids, in dem ein Suizidentschluss häufig zu voreilig gekommen wird, sorgfältig zu prüfen.[380]

---

373 NK-*Neumann*, vor § 211 Rn. 62.

374 NK-*Neumann*, vor § 211 Rn. 62; MüKo-*Schneider*, vor §§ 211 ff. Rn. 44.

375 Vgl. MüKo-*Schneider*, vor §§ 211 ff. Rn. 44, 53; siehe auch *Gavela*, Ärztlich assistierter Suizid und organisierte Sterbehilfe, 2013, 21.

376 NK-*Neumann*, vor § 211 Rn. 63.

377 Differenzierend Sch/Sch-*Eser*, vor §§ 211 ff. Rn. 36, wonach die Freiverantwortlichkeit bei Kindern und Jugendlichen mangels Einsicht in die Tragweite des Suizids zu verneinen ist.

378 NK-*Neumann*, vor § 211 Rn. 63; MüKo-*Schneider*, vor §§ 211 ff. Rn. 45.

379 BGHSt 19, 135, Urt. vom 14. Aug. 1963–2 StR 181/63.

380 MüKo-*Schneider*, vor §§ 211 ff. Rn. 45.

c) Nötigung

Die Frage danach, ob der abgenötigte Willensentschluss zum Suizid durch einen Dritten freiverantwortlich ist, ist ebenfalls nicht immer eindeutig. Eine solche Nötigung kann in Stufen des genötigten Notstands unterteilt werden: zum einen in den Nötigungsnotstand gem. § 35 StGB, zum anderen Nötigung unterhalb der Schwelle des § 35 StGB.

Der mit den Mitteln des § 35 StGB abgenötigte Suizid schließt die Freiverantwortlichkeit des Suizidentschlusses nach Einwilligungs- und Exkulpationslösung aus und begründet daher beim Täter die mittelbare Täterschaft nach §§ 212, 25 Abs. 1 Satz 2 StGB.[381] In der Nötigungssituation im Sinne des § 35 StGB ist die Freiheit des Anders-Handelns dem Opfer, hier dem – angeblichen – Suizidenten, nicht zuzumuten. Die Möglichkeit, freiverantwortlich seinen Willen über seinen Leben zu bilden, ist von vornherein in solchen Situationen ausgeschlossen.

Demgegenüber ist es darüber nicht einhellig, ob die Freiverantwortlichkeit bei der Nötigung unterhalb der Schwelle des § 35 StGB auszuschließen ist. Nach der Exkulpations-Lösung ist die in solcher Situation gebildete Willensentscheidung zum Suizid als freiverantwortlich anzusehen.[382] Ein derartiges Herbeiführen des Suizids stellt keine mittelbare Täterschaft, sondern eine – straflose – Anstiftungshandlung dar, so dass der Nötiger nur gem. § 240 StGB bestraft werden kann.[383] Das bloße Überreden zum Suizid ist auch als eine straflose Anstiftung anzusehen.[384] Für die Begründung dieser Ansicht hat *Schneider* mit Rücksicht auf die Gesetzessystematik Folgendes ausgeführt: „das Gesetz gehe bis zur Schwelle des in § 35 Abs. 1 StGB beschriebenen Nötigungsdrucks davon aus, dass jeder Schuldfähige einem solchen psychischen Druck in besonnener Selbstbehauptung standhalten kann."[385]

Im Unterschied dazu kann die Freiverantwortlichkeit des mit den Mitteln der Nötigung unterhalb der Schwelle des § 35 StGB veranlassten Suizids nach Einwilligungslösung verneint werden.[386] Die derartig erzwungene Nötigungslage erfüllt nicht die Voraussetzungen für die wirksame Einwilligung. Die unter einer solchen Drohung und psychischem Druck beschlossene Entscheidung zum Suizid kann

381 MüKo-*Schneider*, vor §§ 211 ff. Rn. 46.

382 MüKo-*Schneider*, vor §§ 211 ff. Rn. 50.

383 NK-*Neumann*, vor § 211 Rn. 64; MüKo-*Schneider*, vor §§ 211 ff. Rn. 46.

384 Sch/Sch-*Eser*, vor §§ 211 ff. Rn. 38; NK-*Neumann*, vor § 211 Rn. 63.

385 MüKo-*Schneider*, vor §§ 211 ff. Rn. 50, Fn. 161 m.w.N.; *Roxin*, AT II, § 25 Rn. 57.

386 NK-*Neumann*, vor § 211 Rn. 64; vgl. MüKo-*Schneider*, vor §§ 211 ff. Fn. 162 m.w.N.

aufgrund dessen nicht freiverantwortlich sein. Somit stellt diese Konstellation unter Umständen eine mittelbare Täterschaft in Fremdtötung dar.[387]

d) Hervorrufung von Motivirrtümer des Suizidenten

Der Unterschied zwischen Einwilligungslösung und Exkulpationslösung verdeutlicht sich anhand der Problematik des Hervorrufens von Motivirrtümern. Fraglich ist, ob die Freiverantwortlichkeit des Suizids dann auszuschließen und der Täuschende als mittelbarer Täter strafbar ist, wenn der Haupttäter das Opfer z.B. durch Vortäuschung eines gemeinsamen Suizids oder durch das Opfer in Verzweiflung bringende Umstände wie eine – vermeintlich – unheilbare Krankheit, eine finanzielle Krise oder Treuebruch des Partners zum Suizid veranlasst. Dies wird von den beiden Ansichten unterschiedlich bewertet: Nach der Exkulpationslösung ist die Freiverantwortlichkeit des Suizids rechtlich nicht auszuschließen;[388] nach der Einwilligungslösung wird der Suizidentschluss dagegen als unfreie Willensentscheidung angesehen, weshalb beim Täuschenden eine Strafbarkeit wegen mittelbarer Täterschaft in Betracht kommt.[389]

a) Quasi-Tatbestandsirrtum

Wenn der durch Täuschung veranlasste, angebliche Suizident, also der unmittelbar Handelnde, über den tödlichen Erfolg seiner Handlung irrt und er ohne Vorsatz Hand an sich legt, ist der Beteiligte, also der Hintermann, der einen solchen Irrtum verursacht, nicht als Anstifter oder strafloser Beteiligte am Suizid, sondern als mittelbarer Täter nach §§ 212, 211 StGB strafbar (Quasi-Tatbestandsirrtum)[390] zu sehen; dies gilt übereinstimmend nach beiden Ansichten.[391] Wenn der Täter dem Opfer beispielsweise eine vergiftete Speise mit Tötungsabsicht aushändigt, ohne dass das Opfer die versandte Vergiftung erkennt, so ist er wegen (ggf. versuchter) Tötung zu bestrafen, auch wenn das Opfer selbst die unmittelbar tödliche Handlung durchführt.

387 NK-*Neumann*, vor § 211 Rn. 63; vgl. Sch/Sch-*Eser*, vor §§ 211 ff. Rn. 37, 38.

388 MüKo-*Schneider*, vor §§ 211 ff. Fn. 164 m.w.N.; auch *Roxin*, NStZ 1984, 72; vgl. frühere seine a.M., *ders.*, TuT, S. 227.

389 Sch/Sch-*Eser*, vor §§ 211 ff. Rn. 37; *Neumann*, JA 1987, 244; NK-*Neumann*, vor § 211 Rn. 67; *Otto*, GK AT § 21 Rn. 100.

390 NK-*Neumann*, vor § 211 Rn. 63;*Roxin*, AT II, § 25 Rn. 70; LK-*Schünemann*, § 25 Rn. 106.

391 Aber vgl. MüKo-*Schneider*, vor §§ 211 ff. Rn. 51, 60.

Zu dieser Konstellation kann der sog. Sirius-Fall[392] als typisches Beispiel bemüht werden. Hier hat der BGH zu Recht einen versuchten Mord in mittelbarer Täterschaft angenommen.[393] Bei diesem Fall ging es um die Frage, ob der Getäuschte die Bedeutung der Beendigung seiner irdischen Existenz und dessen Erfolg genau bewusst ist. Dort handelte das Opfer vielmehr unter vom Täter gewollten Aberglauben, dass es danach auf einem anderen Planeten – dem Sirius – weiterleben könne. Für das Opfer war eine solche Beendigung nur eine Koppelung zur Fortdauer seiner geistig-seelischen Existenz. Demnach liegt hier ein Quasi-Tatbestandsirrtum vor und kein versuchter Suizid.

b) Irrtum unterhalb der Schwelle des Quasi-Tatbestandsirrtums

Neben dem Quasi-Tatbestandsirrtum ist eine Konstellation umstritten, in welcher der Täter einen Irrtum unterhalb der Schwelle des Quasi-Tatbestandsirrtums verursacht und durch Täuschung einen anderen zum Suizid veranlasst, wie bei einem vorgetäuschten Doppelsuizid oder einer vermeintlich unheilbaren Krankheit. Dabei liegt kein Quasi-Tatbestandsirrtum, sondern ein Motivirrtum des Opfers vor, denn das Opfer kennt den Erfolg seiner Handlung genau, weil eine solche Täuschung es dazu bewegt, sich irrtümlich zu einem Suizid zu entschließen. Ob dieser Irrtum rechtlich als beachtlich anzusehen ist, ist für dieses Problem maßgeblich, d.h. ob die Freiverantwortlichkeit des – sich irrenden – Suizidenten bei einem solchen Irrtum zu bejahen ist. Nach dieser Bewertung kann der Täter entweder in mittelbarer Täterschaft strafbar oder ein strafloser bloßer Anstifter zum (freiverantwortlichen) Suizid sein.

(1) Ablehnung der mittelbaren Täterschaft

Gemäß der Exkulpationslösung ist die Freiverantwortlichkeit des Suizidentschlusses beim Motivirrtum nicht auszuschließen; daher liegt hier auch keine mittelbare Täterschaft vor.[394] Nach der von *Roxin* vertretenden umfassenden Auffassung liegt „kein Totschlag in mittelbarer Täterschaft vor, wenn jemand einen anderen dadurch zum Selbstmord veranlasst, daß er dem Opfer vortäuscht, es leide an einer unheilbaren Krankheit, weil der Selbstmörder nur in einem rechtlich nicht ob-

392 BGHSt 32, 38; siehe auch o. Teil. 3, I, 2, 4).

393 Vgl. *Roxin*, NStZ 1984, 73; *ders.*, TuT, (2000), S. 584 ff.; *Neumann*, JuS 1985, 681 f.; *Sippel*, NStZ 1984, 357 beruht aber auf die „psychische Störung" des Opfers; abw. *Freund*, AT, §10 Fn. 60 f.; *Merkel*, JZ 1999, 504 f.

394 *Bottke*, Suizid und Strafrecht, 1982, S. 266 f.; *Jakobs*, AT, § 21 Rn. 99; LK-*Roxin*, § 25 Rn. 106; *ders.*, AT II, § 25 Rn. 71 f; MüKo-*Schneider*, vor § 211 ff. Rn. 51.

jektivierbaren Motivirrtum handelt und dem Hintermann fehlt die Tatherrschaft, und jedes andere Abgrenzungskriterium müßte willkürlich bleiben."[395] Dieses Kriterium von Einwilligungslösung für die Annahme der mittelbaren Täterschaft führe endlich ins Beliebige.[396] Im Sinne der Erfolgsabwendungsmöglichkeit betont auch er, müsste und könnte der Getäuschte von Experten überprüfen lassen, ob die Krankheit tatsächlich vorliegt, damit er sein Leben gegen solche Vorspiegelung schützen kann.[397] Jedoch räumt *Roxin* ausnahmsweise die Annahme der mittelbaren Täterschaft ein, z.B. dann, wenn der Täuschende das Opfer durch solche Vorspiegelung in eine dem § 20 StGB entsprechende Paniksituation bzw. in die Depression oder in die seelische Verwirrung geraten lässt und dadurch es zum Selbstmord veranlasst.

Im Fall des vorgetäuschten Doppelsuizids, den der BGH tatsächlich behandelt hat, [398] verneint er auch die Annahme der mittelbare Täterschaft, denn „der Irrtum des Suizidenten bezieht sich nicht auf seine vorsätzliche Selbsttötung oder sonst auf das in § 212 StGB geschützte Rechtsgut des menschlichen Lebens, sondern auf die Selbstmordabsichten des Anstifters."[399] Der Getäuschte werde nur irrtümlich durch ein von der Täuschung ausgelöstes Motiv zum Suizid veranlasst, gehe jedoch „bewusst" in den Tod. In der Entscheidung des BGH zu diesem Fall wird die Annahme der mittelbaren Täterschaft nicht mittels der Täuschung, sondern „des von ihr ausgeübten Drucks" begründet, der aber im konkreten Fall die für eine mittelbare Täterschaft erforderliche Stärke nicht erreichte.[400] Die Frage, „ob eine derartige Irrtumserregung allein ausreicht, um die Täterschaft des arglistig Täuschenden zu begründen", hat der BGH offengelassen, im Unterschied zur Vorinstanz, die den dafür ausschlaggebenden Umstand in dieser Täuschung sah.

---

395 LK-*Roxin*, § 25 Rn. 106; *ders.*, AT II, § 25 Rn. 71 f.; *ders.*, NStZ 1984, 72; *ders.*, TuT, S. 596 ff.; siehe auch über seine frühere Ansicht *ders.*, TuT, S. 225 ff.

396 LK-*Roxin*, § 25 Rn. 106 u. Fn. 161, wo gegen *Neumann*, JA 1987, 244 ff. als „gefühlsmäßig" kritisiert.

397 LK-*Roxin*, § 25 Rn. 106; *ders.*, AT II, § 25 Rn. 72.

398 BGH GA 1986, 508 f. m. zutr. abl. Bespr. *Charalambakis*, GA 1986, 485 (der sog. E-605 Fall): Eine Frau schlug ihrem Mann einen gemeinsamen Suizid vor, um sich ihres Mannes zu entledigen. Nachdem der Ehemann das von ihr gemischte Gift getrunken hatte, wie von vornherein geplant, hatte aber sie nicht seinem Beispiel folgte; siehe auch *Murmann*, Selbstverantwortung, 2005, S. 484 ff.; *Otto*, GK AT, § 21 Rn. 100 ff.; *Scheffler*, JahrbRuE 1999, 362 f.; *Vöhringer*, Tötung auf Verlangen, 2008, S. 120 f.

399 LK-*Roxin*, § 25 Rn. 113; *ders.*, AT II, § 25, Rn. 71; siehe auch *Bottke*, 1992, 267; *Charalambakis*, GA 1986, 485

400 BGH GA 1986, 508 f; siehe auch LK-*Schünemann*, 12. Aufl. § 25 Rn. 109.

Daraus folgt nach *Roxin*, dass der BGH nicht in der Meinung sei, dass die Täuschung der Frau allein ihre mittelbare Täterschaft begründe.[401]

Schließlich betonen die Verfechter der Exkulpationslösung noch, im Hinblick auf das alltäglich besonnene Menschenbild, das durchschnittliche Entscheidungskriterium in einer Gesellschaft. Dass man nur Selbstmord begeht, weil ein anderer dies tut, oder dass man wegen einer Krankheit Selbstmord begeht, ohne sich von Experten noch einmal überprüfen zu lassen, sei nach alltäglicher Auffassung nicht zu erwarten, d.h. „die Rechtsordnung gehe davon aus, dass der Mensch fremden Einflüsterung nicht blindlings folge."[402]

(2) Annahme der mittelbaren Täterschaft

Dagegen wird eine täuschungsbedingte mittelbare Täterschaft in der Literatur häufig bejaht.[403] Nach der Einwilligungslösung gibt es in diesen Konstellationen keine Freiverantwortlichkeit des Suizidentschlusses mehr. Vielmehr kommt eine mittelbare Täterschaft des Täuschenden kraft Irrtumsherrschaft in Betracht. Es ist jedoch innerhalb der Einwilligungslösung umstritten, ob jeder Motivirrtum auf jeden Fall die Freiverantwortlichkeit des Suizidentschlusses ausschließt.[404]

Nach einer Auffassung ist jeder Motivirrtum beachtlich und jeder durch ihn veranlasste Suizid unfrei.[405] Nach *Mitsch* kann für einen Menschen der eigene Tod besser als ein Leben in Armut sein, das Recht akzeptiert dann den nach seiner persönlichen Wertung begehenden Suizid und stellt deshalb dies nicht unter Strafe.[406] Es werde der normfreie autonome Bereich für die Verantwortlichkeit der Beeinträchtigung eigener Güter ausgestattet, d.h. jeder Mensch kann nach eigener Wertung – selbst es skurril und sogar unvorhersehbar ist – über sein Leben und seinen Tod eigenverantwortlich befinden. Wenn das Vorliegen dieser

401 LK-*Roxin*, § 25 Rn. 113.

402 MüKo-*Schneider*, vor §§ 211 ff. Rn. 51.

403 *Brandts/Schlehofer*, JZ 1987, 442 ff.; Sch/Sch-*Eser*, vor §§ 211 ff. Rn. 37; *Herzberg*, Täterschaft und Teilnahme, S. 40 f., 85 ff.; *Jescheck/Weigend*, AT, S. 666; *Lackner/Kühl*, vor § 211 Rn. 13 a; *Meyer*, Ausschluss der Autonomie durch Irrtum, 1984, S. 227 ff.; NK-*Neumann*, vor § 211 Rn. 67; *ders.*, JA 1987, 244; *Otto*, GK AT, § 21 Rn. 100; *Wessels/Hettinger*, BT I Rn. 52.

404 Auf Grund dieser unstimmigen Kriterien weisen MüKo-*Schneider*, vor §§ 211 ff. Rn. 40; *Dölling*, FS-Maiwald, 2010, S. 125 auf die Unklarheit von Einwilligungslösung hin.

405 *Herzberg*, Täterschaft und Teilnahme, S. 40 f.; *Meyer*, Ausschluss der Autonomie durch Irrtum, S. 235 f.; *Mitsch*, JuS 1995, 891 f.

406 *Mitsch*, JuS 1995, 891.

Grenzsituation, in der sich die Verantwortung völlig dem Handelnden zurechnen lässt, deshalb irrtümlich vorgetäuscht wird, – abgesehen davon, ob die Täuschung und die Reaktion rechtlich beachtlich ist – sei dann sein Entschluss zum Suizid nicht mehr eigenverantwortlich.[407]

Nach anderer Auffassung ist entscheidend, nicht allein nach der Opferperspektive, sondern nach den rechtlich relevanten Maßstäben zu beurteilen.[408] Nach *Neumann* ist der Motivirrtum dann beachtlich, „wenn die Suizidhandlung eine nachvollziehbare Reaktion auf fragliche Fehlvorstellung darstellt".[409] Somit stellt sich noch die Frage, wann der Suizid als ein „nachvollziehbarer" Erfolg gegen die Täuschung zu bewerten ist.

3. Stellungnahme

Dass die Anwendung der Exkulpationslösung bei der Beurteilung der Freiverantwortlichkeit zum Suizidentschluss, wenn sie auf die Regelungen über die strafrechtliche Verantwortlichkeit für die Fremdschädigung zurückgreift, eine klare Lösung liefert, ist nicht zu bestreiten. Die Exkulpationslösung bietet gewiss die überzeugenderen Gründe als die Einwilligungslösung im Hinblick auf die Rechtssicherheit[410] sowie die Abgrenzungssicherheit – denn, abgesehen von der

---

407 Vgl. MüKo-*Schneider*, vor §§ 211 ff. Rn. 52.

408 NK-*Neumann*, vor § 211 Rn. 67; *ders.*, JA 1987, 252 ff.

409 Dazu krit. MüKo-*Schneider*, vor §§ 211 ff. Rn. 52.

410 Tatsächlich ist auch fragwürdig, ob die von der Exkulpationslösung verschaffte Rechtssicherheit wirklich so bestimmt ist. Für die Rechtssicherheit soll die klare Lösung bei der Entscheidung der Freiverantwortlichkeit durch die Kriterien der Exkulpationslösung, insb. durch die Anwendung des § 20 StGB oder § 35 StGB gefunden werden. Aber wie löst die theoretische Auseinandersetzung aufgrund der dort jeweils begegnenden unbestimmten Tatbestandsmerkmale? Die aus §§ 20, 35 StGB entstehende Auslegungsproblematik stellt sich als ein schwieriges Problem i.V.m. Schuldebene dar. Beispielsweise kann die Freiverantwortlichkeit im Sinne der Rechtssicherheit mit der Anwendung des § 20 StGB, darin die psychisch-biologische Faktoren und psychologisch-normative Aspekte kombiniert, tatsächlich überzeugend bestimmt werden, ob die Schuldunfähigkeitsmerkmale des § 20 StGB, wie eine krankhafte seelische Störung, eine tiefgreifende Bewusstseinsstörung, Schwachsinn oder eine andern schwere seelische Abartigkeit und auch die Einsichtsunfähigkeit, dem Suizident beim Suizidentschluss nicht vorliegen? Die Rechtssicherheit der Exkulpationslösung liegt günstigenfalls nur darin, dass die Kriterien gesetzlich im Gesetzbuch verankert sind. Im Hinblick darauf, dass es wieder dem theoretischen Argument bezüglich der Auslegungsprobleme gem. §§ 20, 35 StGB bei der materiellen Entscheidungsstadium bedarf, ist die Rechtssicherheit der Exkulpationslösung

gesamten Bewertung beider Ansätze, wenn man nur die theoretische Stabilität und die rechtliche Vorhersehbarkeit der jeweiligen Resultate berücksichtigt, sind die Kriterien für die wirksame Einwilligung bei der Einwilligungslösung und die strafrechtliche Übernahme der – vorrechtliche – Ergebnissen der modernen Suizidforschung noch flexibel. Zudem erscheint dieser Entscheidungsprozess prima facie erheblich einer normativen Bewertung zu bedürfen, sodass eine willkürliche Abgrenzung bzw. Rechtsunsicherheit droht. Schließlich ist es der Kern dieser Frage, welcher Lösungsansatz der wesentlichen Problem bei der Freiverantwortlichkeit – d.h. der Frage, ob man eigenen Tod ernstlich wünscht, völlig über seinen Tod reflektiert und in einer von jedem Irrtum und Täuschung befreienden Situation entscheidet – eine überzeugendere Antwort geben kann.

Gewiss liefern beide Ansätze keine mangelfreien Lösungen zu dieser Frage. Wie die Verfechter beider Lehren anerkennen, „weist jede Seite Stärken und Schwächen bei der Lösung einzelner Fallgruppen auf."[411] Vor diesem Hintergrund geht jeder Ansatz nur von einem unterschiedlichen Ausgangspunkt aus, der sich auf theoretische Streitpunkte, kriminalpolitische Fragen sowie auch moralische, ethische Aspekte bezieht. Beide haben von vornherein kein wesentliches Übergewicht. Einwilligungslösung und Exkulpationslösung beruhen ohnedies auf analoger Heranziehung der allgemeinen strafrechtlichen Regeln. Wenn man die Vorhersehbarkeit und die gleichwertige theoretische Balance zwischen der Selbstschädigung und der Fremdschädigung im Hinblick auf die Rechtssicherheit für wichtig hält, führt das Ergebnis notwendigerweise zu der Exkulpationslösung. Hingegen wird die Einwilligungslösung vertreten, sofern man sich auf die normative Besonderheit der Selbstschädigung und die Ergebnisse der modernen Suizidforschung einstellt.

III. Die Ernstlichkeit des Verlangens i. S. v. § 216 StGB

Im deutschen Strafgesetzbuch wird die durch das ausdrückliche und ernstliche Verlangen des Getöteten herbeigeführte Tötung nach § 216 StGB milder bestraft. Diese Vorschrift ist nach h.M. im Verhältnis zu § 212 StGB eine unselbstständige Privilegierung[412] und geht als abschließende Spezialregelung dem § 212 StGB und

nicht anders als die der Einwilligungslösung. Schließlich behauptet sich die Exkulpationslösung die „relative" Rechtssicherheit im Vergleichen zur Einwilligungslösung und die Sicherheit bleibt nur superfiziell und förmlich.

411 MüKo-*Schneider*, vor §§ 211 ff. Rn. 55.

412 *Kinderhäuser*, BT I, § 3 Rn. 8; *Lackner/Kühl*, § 216 Rn. 1; *Kühl*, Jura 2010, 86; *Rengier*, BT II, § 6 Rn. 3; *Wessels/Hettinger*, BT I, Rn. 69; a.M. Sch/Sch-*Eser*, vor § 211

auch § 211 StGB vor.[413] Bei der Verwirklichung von Mordmerkmalen gem. § 211 StGB ist jedoch die entsprechende Tat durch die sog. Sperrwirkung des milderen Gesetzes nur nach § 216 StGB strafbar.[414] Der Streit, ob § 216 StGB im Verhältnis zu § 212 StGB ein selbständiger Tatbestand ist oder nicht, ist daher „müßig"[415].

Der Rechtsgrund für die Privilegierung der Tötung auf Verlangen liegt in der Unrechtsminderung,[416] die sich aus der gesteigerten Einwilligung des Opfers herleiten lässt, bzw. in dem Rechtsgutverzicht und auch in der Schuldminderung[417] infolge einer Konfliktlage des Täters bzw. Mitleidskonflikt, Hilfsmotivation. Mit der Berücksichtigung der Motivation des Täters bei der Privilegierung dieser Vorschrift trägt die sog. Sperrwirkung des § 216 StGB dem zugleich verwirklichten Mordmerkmal des § 211 StGB nicht Rechnung. Freilich ist die Motivation bzw. die Gewissensentscheidung des Täters im Schuldbereich nicht völlig sinnlos. § 216 StGB setzt jedoch nicht Gesinnungselemente des Täters voraus und fordert nur das Vorliegen des Verlangens des Opfers. Daher liegt der Rechtsgrund der Privilegierung des § 216 StGB in der einwilligungsbedingten Unrechtsminderung.[418]

Die mildere Bestrafung gem. § 216 StGB gegenüber § 212 StGB stellt einerseits eine Privilegierung dar, bildet aber zugleich auch eine Ausnahme von dem allgemeinen Grundsatz „*volenti non fit injuria*", wonach die Verletzung eines Rechtsguts durch die Einwilligung des Rechtsgutinhabers gerechtfertigt wird.[419] Wenngleich die Preisgabe des individuellen Rechtsguts unter der Perspektive des verfassungsrechtlich garantierten Selbstbestimmungsrechts als personale Selbstverwirklichung[420] begriffen werden kann, wird das Unrecht der Tötung auf Verlangen nicht völlig aufgehoben, sondern nur gemindert.

Dieser Ausnahmecharakter von § 216 StGB in Zusammenhang mit der Einwilligung des Opfers, also die sog. Einwilligungssperre, legitimiert sich unter dem Gesichtspunkt der Unverfügbarkeit des Rechtsguts Leben, der Unantastbarkeit

---

Rn. 7; *Murmann*, GK § 21 Rn. 9, wonach § 216 ein selbständige Tatbestand sei, weil die Bewilligung der Tötung einen anderen Rechtscharakter verleihe; eingehend *ders.*, Selbstverantwortung, S. 493 ff., 514 ff.; siehe auch BGHSt 2, 258; BGHSt 13, 162.

413 Zur Konkurrenzproblem NK-*Neumann*, § 216 Rn. 4, 22 ff.; *Wessel/Hettinger*, BT I, Rn. 167 a; vgl. auch *Herzberg*, JZ 2000, 1093 ff.

414 NK-*Neumann*, § 216 Rn. 22; *Kühl*, Jura 2010, 86; vgl. MüKo-*Schneider*, § 216 Rn. 2.

415 MüKo-*Schneider*, § 216 Rn.1: siehe auch NK-*Neumann*, § 216 Rn. 4.

416 NK-*Neumann*, § 216 Rn. 1; MüKo-*Schneider*, § 216 Rn.1.

417 *Maurach/Schroeder/Maiwald* BT 1, § 2 Rn. 62.

418 Siehe auch MüKo-*Schneider*, § 216 Rn.1.

419 NK-*Neumann*, § 216 Rn. 1.

420 MüKo-*Schneider*, § 216 Rn. 2.

fremden Lebens sowie aufgrund praktischer Gründe (Missbrauchsgefahr, insbes. Verbot der aktiven Sterbehilfe).

Die Legitimation dieser Vorschrift ist jedoch umstritten. Ungeachtet des ernstlichen Verlangens und sogar der eiligen Entscheidung des Opfers liegt der Eingriff in die Rechtsgüter einer Person dann vor, wenn der Täter einen anderen tötet. Aber dies wiederum wirft unter Rückgriff auf den aus dem römischen Recht überlieferten Grundsatz *„volenti non fit iniuria"* und auf das Selbstbestimmungsrecht gem. Art. 2 I GG die Frage auf, ob eine solche Handlung wirklich nicht gerechtfertigt ist. Überdies stellt diese Divergenz bei Berücksichtigung der geltenden Rechtslage, in der der freiverantwortliche Suizid in einem ähnlichen Sachverhalt straflos bleibt, eine schwierige Problematik dar.

Bezüglich der Legitimationsfrage von § 216 StGB, d.h. bezüglich der Gründe für die Einwilligungssperre, werden im Schrifttum zwei Ansichten vertreten. In erster Linie wird das Verbot der Fremdtötung auf Verlangen als Vorschrift zum Schutz der Allgemeininteressen gemäß dem Grundsatz der Unantastbarkeit der Menschenwürde[421] verstanden.

Die Vorschrift der Tötung auf Verlangen gem. § 216 StGB spielt die Einwilligungssperre beim Fall der täterschaftliche Fremdtötungshandlung; d.h. einerseits der freie Suizidwille von dieser Vorschrift eingeschränkt wird, andererseits zugleich das „ernstliche Verlangen" des Suizidwilligen als die Selbstbestimmung respektiert wird, so dass die Strafe vom Tötungsdelikt dadurch privilegiert wird. Das Verlangen, das rechtlich gem. § 216 StGB als beachtlich angesehen wird, ist mehr als bloße Einwilligung und dessen Ernstlichkeit ist gegeben, wenn das Opfer sowohl frei von Zwang und Irrtum als auch mit der Einwilligungsfähigkeit verlangt.

IV. Einwilligungslösung für die Freiverantwortlichkeit, aber das Beste?

Aus bisher erörterten Betrachtung folgen folgende Fazit als Kriterium für die Freiverantwortlichkeit ziehen:

1. Die Einwilligungslösung ist vorzugswürdiger als die Exkulpationslösung.
   - Da die Exkulpationslösung nur eine formelle Qualifikation darstellt und zudem auch die Rechtssicherheit fragwürdig ist, liefert sie keine befriedigende Lösung.

421 *Otto*, Gutachten des 56. DJT, D 53 f.; vgl. MüKo-*Schneider*, § 216 Rn. 3.

- Bei der Suizidproblematik handelt sich es nicht um die Fähigkeit, mit der man die Verbotsnorm zum Schutz von fremdem Rechtsgut beachten kann, sondern darum, ob der Rechtsgutsträger sein Rechtsgut vor der Preisgabe gerecht einsehen und urteilen kann.
- An die Verfügung des Suizidwilligen über das eigene Leben können keine geringeren Anforderungen gestellt werden als es bei einer Einwilligung in eine Körperverletzung der Fall ist.

2. Die Einwilligungslösung erweitert die Strafbarkeit des Beteiligten am Suizid.
   - Einer restriktiven Tendenz der Rechtsprechung und der modifizierten Einwilligungslösung zufolge, wobei das Kriterium der Ernstlichkeit des Tötungsverlangens im Sinne von § 216 StGB inhaltlich vollständig zur Bestimmung der Freiverantwortlichkeit herangezogen wird, werden die meisten Suizide in letzter Instanz einheitlich als unfrei beurteilt.
   - Die Fähigkeitsprüfung sowie die natürliche Einsichtsfähigkeit und die Urteilsfähigkeit betreffen in der Einwilligungslösung in gewissem Sinne eine Qualifikation der „freien Willensbildung"; daher sie ist für die inhaltliche bzw. wesentliche Bewertung über die Willensbildung des Suizidentschlusses noch nicht hinreichend.
   - Der Schwachpunkt der Einwilligungslösung besteht darin, dass sie die Perspektive des Beteiligten am Suizid nicht umfassend genug betrachten kann[422]. In Bezug auf die häufig angeführten Fälle von Nötigungen und bösartigen Täuschungen bietet infolgedessen nur überspitzten Lösungen: Einerseits die Annahme der Fremdtötung in mittelbarer Täterschaft nach Einwilligungslösung, andererseits deren Ablehnung gemäß der Exkulpationslösung.
3. An die Freiverantwortlichkeit des Suizidentschlusses können weniger strenge Anforderungen innerhalb der Einwilligungslösung gestellt werden.
   - Die Autonomie begründet das Selbstbestimmungsrecht, zugleich greift das Verantwortungsbewusstsein bzw. die Pflicht zum Selbst in sich.
   - Die Mangelfreiheit der Willensbildung sowie die Befreiung von Zwang und zielgerichteter Täuschung gehören nicht allein zum Mitwirkenden, sondern gleichermaßen auch zum Verantwortungsbereich derjenigen Person, die ihr eigenes Leben preisgibt.
   - Im wichtigen Scheideweg soll der Suizident den Suizidwillen mit einer Sorgfältigkeit und Überlegungen bestimmen, die dem höchsten Wert entspricht.

422 Feldmann, Die Strafbarkeit der Mitwirkungshandlungen am Suizid, S. 167 ff.

Daher bedarf es noch einem normativen Merkmal zum Einwilligungslösung, damit die Freiverantwortlichkeit des Suizidentschlusses im konkreten Einzelfall wesentlich beurteilt. Es muss von Autonomiekonzept ausgehen, sodass darum harmonisch entscheiden kann, ob sich der Suizident mangelfrei sowie frei von jedwedem Zwang bzw. bösartiger Täuschung entschließt, und ob seine Willensbildung und deren Verläufe dem normativen Gebot entsprechen, das die Rechtsordnung dem Rechtsgutspreisgebenden erwartet. Hier würde ich die Überwindbarkeit als normativen Maßstab für die Bestimmung der Freiverantwortlichkeit des Suizidentschlusses vorschlagen.

V. Überwindbarkeit des Suizidenten als Herr des eigenen Lebens

Wenn der Vorsatz der Selbstschädigung dem unmittelbar handelnden Opfer fehlt (Quasi-Tatbestandsirrtum), wie z.B. dann, wenn der Täter dem Opfer eine vergiftete Speise vorsetzt, oder wenn das Opfer durch Vortäuschung in einer dem § 35 StGB entsprechenden Zwangssituation handelt (Quasi-Putativnotstand), liegt eindeutig eine mittelbare Täterschaft vor.[423] Als Beispiel dient ein von *Roxin* angeführte Fall, bei dem A den B unter den Bedingungen einer Diktatur dadurch zum Suizid treibt, dass er ihm eine bevorstehende Abholung durch die Geheime Staatspolizei vorspiegelt. [424]

Dagegen spitzt sich der Unterschied zwischen der Einwilligungslösung und der Exkulpationslösung zur Bestimmung der Freiverantwortlichkeit des Suizids in solchen Fällen zu, bei denen der Suizid durch Nötigung unterhalb der Schwelle des § 35 StGB oder durch Hervorrufen von Motivirrtümern veranlasst wird. Nach der Exkulpationslösung fasst der Suizident den Entschluss zu seinem Suizid im Zustand voller Schuldfähigkeit und ist dann auch selbst für seinen Tod verantwortlich. Daher liegt keine mittelbare Täterschaft des Hintermannes (des Beteiligten) vor.

Demgegenüber bejaht die Einwilligungslösung die mittelbare Täterschaft in solchen Fällen, sodass geringere Anforderungen an die Nötigung oder das Hervorrufen der Irrtümer zur Begründung einer mittelbaren Täterschaft gestellt werden. Die von der Einwilligungslösung vorgesehene „erhebliche" Ausdehnung der mittelbaren Täterschaft wird heftig von den Verfechtern der Exkulpationslösung angegriffen, die sich dabei im Wesentlichen auf zwei Argumente stützen. Erstens kritisieren sie das unklare Kriterium, das Willensmängeln bei der Einwilligung

---

423 Vgl. MüKo-*Schneider*, vor §§ 211 ff.; LK-*Schünemann*, Rn. 106.

424 LK-*Roxin*, § 25, Rn. 106; *ders.*, TuT, S. 226; vgl. auch MüKo-*Schneider*, vor § 211 ff., Rn. 47; LK-*Schünemann*, § 25, Rn. 106.

in der Suizidkonstellation zu Grunde liegt. Zweitens gebe es keine überzeugende Begründung dafür, warum ein Motivirrtum des Vordermannes für die mittelbare Täterschaft des Hintermannes ausreichen solle.[425]

Um diesen Einwänden zu begegnen, soll im Folgenden die normative Differenz zwischen der Fremd- und der Selbstschädigung erläutert und die Vagheit des Kriteriums für die Unwirksamkeit der Einwilligung ausgelöst werden, damit für die Bestimmung der Freiverantwortlichkeit des Suizidentschlusses funktionieren kann.

1. Normative Differenzen zwischen Fremdschädigung und Selbstschädigung

Wie *Schünemann* bemerkt, gelte folgender Grundsatz: „Während man bei der Verletzung von Rechtsgütern Dritter daran zweifeln kann, ob das (normalerweise vom gesetzlichen Verbot „blockierte“) Tatmotiv des Vordermannes immer auch als „Grund des Erfolges“ zu qualifizieren ist, ist beim Suizid eine besondere Konstellation gegeben: weil das Individuum weder rechtlich gehindert ist, sich selbst zu verletzen oder gar zu töten, noch dabei ein anderes Hindernis als den eigenen Lebenswillen überwinden muss.“[426]

Neumann hat allenfalls unter Bezugnahme auf *Roxins* Auffassung[427] zur Strukturdifferenz darauf hingewiesen, dass es bei der Fremdschädigung um ein Delikt geht, während es sich beim Suizid grundsätzlich um ein tatbestandsloses Tun handelt.[428] Daraus – so *Neumann* – resultiere der Unterschied zwischen der Fremd- und der Selbstschädigung hinsichtlich des rechtserheblichen Sinngehaltes der Tat. Ein Fall von Fremdschädigung wird deshalb mit dem rechtserheblichen Sinngehalt der kriminellen Tat bezeichnet. Dagegen sei die Selbstschädigung bzw. die Selbsttötung nicht tatbestandlich erfasst, weshalb „keine abstrakte Norm ihren Sinngehalt festlege.“ Deshalb sei es naheliegend, diesen durch Motivation des Handelnden bestimmen zu lassen (mit der Konsequenz, dass auf seinen, eine unheilbare Krankheit des Suizidenten vortäuschenden Hintermannes eine „sinngestaltende Überdetermination“ vorliege, die zu mittelbarer Täterschaft des Hintermannes führe).[429]

---

425 So *Dölling*, FS-Maiwald, 2010, S. 119 ff.; *Roxin* in: FS Goltdammer’s Archiv, S. 177 ff.; MüKo-*Schnieder*, vor §§ 211 ff. Rn. 54 ff.; *Klinger*, Die Strafbarkeit der Beteiligung, S. 94; vgl. auch LK-*Schünemann*, § 25 Rn. 107.

426 LK-*Schünemann*, § 25 Rn. 107.

427 *Roxin*, TuT, 228; aber vgl. auch *ders.*, NStZ 1984, 72.

428 *Neumann*, JA 1987, 251; siehe auch *Roxin*, TuT, S. 228 ff.

429 *Neumann*, JA 1987, 251 f.; siehe auch NK-*Neumann*, vor § 211, Rn. 61.

Des Weiteren kann die Differenz im Hinblick auf die normative Erwartung gefunden werden. Anders sieht es bei der rechtlichen Wertung über den Erfolg zwischen der Fremdschädigung und der Selbstschädigung aus. Im Fall der Fremdschädigung gilt die vom Hintermann provozierte Handlung des Tatausführenden rechtlich als eine verbotene Handlung. Daher kann die Rechtsordnung von dem (potentiellen) Täter im Falle der Fremdschädigung ein Unterlassen der Handlung normativ erwarten.[430] In diesem Fall darf der Täter trotz der Täuschung des Hintermannes nicht zur Tatausführung bestimmen. Dem Täter ist ein Verbot der unmittelbaren unrechtmäßigen Handlung nach der Rechtsordnung normativ geboten und der Hintermann ist nicht als mittelbarer Täter, sondern nur als Anstifter zu bestrafen.[431] Deshalb ist „der Motivirrtum, den der Hintermann bei dem Täter einer Fremdtötung erregt, – im Regelfall – irrelevant, weil er die normativen Erwartungen der Rechtsordnung nicht berührt."[432]

Dagegen fehlt es – wie *Neumann* zutreffend anmerkt – in der Suizidkonstellation an „einer eigenen durch die Kategorien „rechtmäßig"/„unrechtmäßig" strukturierten Interpretation durch die Rechtsordnung, die der individuellen Sinngebung des Handelnden entgegengesetzt werden könnte."[433] Im Falle der durch die vom Hintermann erregten Motivirrtümer begeht der unmittelbare Täter ein Fremdtötungsdelikt, während die Handlung und der Erfolg des Tatausführenden dem selbst rechtlich unbeachtlich ist. Bei der Fremdschädigung wird deshalb – von den Motivirrtümern einmal abgesehen – vom Täter ein Unterlassen seiner Handlung unmittelbar erwartet. Dagegen erwartet die Rechtsordnung von derjenigen Person, die sich unter den gleichen Umständen selbst tötet, ein solches Verbot.[434]

Aus dieser Strukturdifferenz sind die Motivirrtümer, die der Hintermann zur Tatausführung des Handelnden hervorruft, in beiden Fällen gleichermaßen nicht zu behandeln. Daraus leitet *Neumann* zutreffend folgende Schlussfolgerung ab: „die Verlagerung der Verantwortlichkeit auf den Hintermann ist deshalb in den Fällen der Veranlassung einer Selbsttötung (Selbstverletzung) in weiterem Umfang begründet als in denen der Veranlassung einer Fremdtötung bzw. Fremdverletzung."[435]

---

430 *Neumann*, JA 1987, 252.
431 *Neumann*, JA 1987, 252; LK-*Schünemann*, § 25 Rn. 107.
432 *Neumann*, JA 1987, 252.
433 *Neumann*, JA 1987, 252.
434 NK-*Neumann*, vor § 211 Rn. 61.
435 NK-*Neumann*, vor § 211 Rn. 61; *ders.*, JA 1987, 251 ff.

2. Erheblichkeit von der Motivirrtümer anhand des Kriteriums der Überwindbarkeit des Suizidenten

Schließlich bleibt noch die Frage zu klären, inwieweit die vom Hintermann erzeugten Defizite – nämlich die Täuschung, die Nötigung, der Zwang und die Motivirrtümer – rechtlich beim Suizid als beachtlich angesehen werden können, denn alle Irrtümer des Opfers können nicht die Strafbarkeit des Hintermann bzw. des Beteiligten begründen.[436] Denn mit welchem konkreten Maßstab kann die rechtliche Relevanz eines solchen Defizits im Rahmen der Einwilligungslösung für die Freiverantwortlichkeit des Suizidentschlusses entschieden werden? Zu dieser Frage ist entscheidend, wie die von der Einwilligungslösung vorausgesetzte Einsichts- und Urteilsfähigkeit bzw. die Ernstlichkeit des Suizidwunsches für die Freiverantwortlichkeit konkret gegenüber den inneren Einflussfaktoren des Beteiligten reagieren soll.

In diesem Zusammenhang muss die Wesentlichkeit des Suizids noch einmal beachtet werden.[437] Unabhängig von der moralischen Problematik des Suizids und der Lauterkeit der Suizidmotive handelt es sich beim Suizidentschluss phänomenologisch um eine Entfaltung des Selbstbestimmungsrechts, nämlich von der Autonomie des Suizidenten. Diese Autonomie des Suizidenten wird im Kontext der Eigenverantwortlichkeit unter einem doppelten Vorbehalt unterstützt: zum einen von der Freiverantwortlichkeit des Sterbewillens, zum anderen vom eigenhändigen Vollzug des letzten, unwiderruflich zum Tode führenden Aktes. Ebenso wie der für die Straflosigkeit des Mitwirkenden erforderliche, eigenhändige Vollzug liegt die finale Entscheidung zum Suizid selbst beim Suizidenten; d.h., der Suizident muss in erster Linie selbst sowohl die unbestrittene, straflose Beihilfe als auch die umstrittene, vom Beteiligten gelegte defizitäre Faktoren einsehen und dann entscheiden.

Vor diesem Hintergrund dient die These hauptsächlich zur Konkretisierung der Kriterien von der Einwilligungslösung, behandelt also die Fragen, was man vom Suizidenten für den ernstlichen, freiverantwortlichen Suizidwillen rechtlich erwarten kann bzw. was zumutbar ist. Bei der Frage nach dem „wovon" geht es nach der Einwilligungslösung um die Einsichts- und Urteilsfähigkeit. Die Rechtsordnung erwartet vom Suizidenten, die Bedeutung und die Tragweite seines Entschlusses verstandesmäßig zu überblicken und dann abzuwägen.[438] Aber „wie"

436 Vgl. *Meyer*, Ausschluss der Autonomie durch Irrtum, 1984, 235 f.; *Mitsch*, JuS 1995, 892 f.

437 Siehe o. Teil. 1, IV.

438 *Kühl*, Jura 2010, 85.

kann man dann bewerten, ob eine solche Fähigkeit für die Annahme der Freiverantwortlichkeit in jedem einzelnen Fall hinreichend ist? Diese Frage kann mit der Entscheidung beantwortet werden. Im Falle des durch Täuschung, Nötigung unterhalb der Schwelle des § 35 StGB oder durch Motivirrtümer veranlassten Suizids würde diese dann lauten: Kann der Suizident solche Defizite überwinden und sich damit nicht zum Suizid bestimmen, oder ist ihm mit seiner Einsichts- und Urteilsfähigkeit die Überwindung der Defizite gegenüber dem Einfluss nicht zumutbar, weshalb er sich nicht freiverantwortlich zu seinem Suizid entschließt?

3. Kritische Würdigung

Die „Überwindbarkeit" als ein normatives Kriterium bedeutet nicht das bloße, fiktive Vermögen des Suizidenten im Hinblick auf die Frage, ob er Defizite wie Nötigung, Täuschung und Fehlvorstellungen durchschauen und vermeiden kann. Im Rekurs auf die Überwindbarkeit muss daher ermittelt werden, ob er seinen Tod trotz eines solch defizitären Einflusses ohne Zweifel gewollt und solche Defizite mindestens in Kauf genommen hätte. Im Falle des vorgetäuschten Doppelsuizids kann die Rechtsordnung vom Suizidenten deshalb nicht erwarten, dass er die Wahrheit des Willens des Partners erkennen und daher die Täuschung durchschauen musste.[439] Vielmehr geht es um die Entscheidung der Frage, ob der Suizident die Bedeutung des Todes des Partners bei der Entscheidung seines Todes und Lebens überwinden könnte. Im Falle der Vorspiegelung einer unheilbaren Krankheit ist es auch dem Suizidenten nicht zumutbar, dass er von Experten überprüfen lassen muss, ob die Krankheit tatsächlich vorliegt.[440] Eine Art von der Sorgfaltspflicht, den Vorgetäuschten zu solchen Erkundigungen zu verpflichten, muss vielmehr als eine – inakzeptable – Pflicht zum Weiterleben i. w. S. verstanden werden. Daher muss man sich hier daran orientieren, ihn nicht in die hypothetische Sorgfaltspflicht zu nehmen, derzufolge der Suizident die geeigneten Maßnahmen treffen musste, um eine Vorspiegelung zu vermeiden. Vielmehr geht es darum, die durch die vorgetäuschte, unheilbare Krankheit betrübten zu erwartenden Leiden im weiteren Leben überwinden zu können.

Die Bestimmung der Freiverantwortlichkeit mittels der Überwindbarkeit kann dem Wert der dem Suizid immanenten Autonomie und der darauf basierenden Selbstverantwortung entsprechen; dabei kann er eine relevante Rolle für

439 Vgl. MüKo-*Schneider*, vor §§ 211 Rn. 51; LK-*Roxin*, § 25 Rn. 112; *ders.*, AT II, § 25 Rn. 71; *Bottke*, Suizid und Strafrecht, 266 f.

440 *Roxin*, AT II, § 25 Rn. 72; aber wie soll er dann tun, wenn der Täuschende ein berühmte, prominente Arzt wäre?

die positiven Nachweise einer hinreichenden Einsichts- und Urteilskraft bei der Abgrenzung der Straflosigkeit des Beteiligten am Suizid von der Annahme der mittelbaren Täterschaft spielen.

VI. Betrachtung aus der Perspektive der Suizidprävention

Das Strafrecht ist, wie *Schneider* bemerkt, „kein geeignetes Instrument sozialer Suizidprophylaxe“[441] und verfolgt auch nicht ab ovo die vollkommende Suizidprävention. Aber es ist nicht die einzige Funktion des Strafrechts, ein Delikt schlechthin unter Strafe zu stellen. Im Falle von Sterbehilfe werden deren Begriffe, Arten und Rechtsfolgen nicht ausdrücklich im Strafgesetzbuch geregelt. Die Sterbehilfe wird jedoch von der Rspr. und dem Schrifttum samt und sonders im Teil des Delikts gegen Leben behandelt, wobei ein gängiges strafrechtliches Feld durch die Auslegung der §§ 211, 212 StGB konstruiert wird.

Wenn in der frühen Disputation von Sterbehilfe bloß auf die Entscheidung von deren Strafbarkeit abgezielt worden wäre, wären wissenschaftliche Ergebnisse kaum zu erwarten; so z.B. die in der Rspr. und in der Literatur anerkannte und gleichgewichtige Betrachtung zwischen dem Leben und der Selbstbestimmung des Patienten, das praxistreue Problembewusstsein zwischen Recht und Medizin und ferner die – freilich noch heftig umstrittene – gesetzliche Regelung der Patientenverfügung im BGB.

Solche Ergebnisse müssen weder von Rspr. und Literatur grundsätzlich befürwortet noch einstimmig bestimmt werden. Die langfristig eingesetzte und noch verlaufende Diskussion um die Sterbehilfe zielt nicht auf deren Legitimität und die Rechtfertigung ab. Freilich ist das Für oder Wider bei Sterbehilfe in rechtswissenschaftlichen und anderen Bereichen noch ein heftig diskutiertes Thema. Die Diskussion über die Sterbehilfe in der Rechtswissenschaft entwickelt sich darüber hinaus mit dem prozeduralen Bestrebe; dadurch wird die Spannungs- und Konfliktlage zwischen dem Lebensschutz und dem Respekt vor dem Selbst-

---

441 MüKo-*Schneider*, vor §§ 211 ff. Rn. 63; siehe auch *Schöch*, Strafrechtliche Verantwortlichkeit von Ärzten bei Suizidhandlung, in: Pohlmeier/Schöch/Venzlaff (Hrsg.), Suizid zwischen Medizin und Recht, 1996, 93; zu dieser Ansicht vor allem *Roxin*, FS-Dreher, 1977, 352 ff.: das Strafrecht ist „als Instrument umfassender Selbstmordprophylaxe nicht nur ungeeignet, sondern sogar schädlich. […] Das Strafrecht ist bekanntlich die ultima ratio der Sozialpolitik: Wenn geeignete andere Methoden der Selbstmordprophylaxe zur Verfügung stehen, ist es falsch, eine Strafbarkeit zu fordern, die nur allzu leicht als Alibi für die Unterlassung anderer wirkungsvoller Maßnahmen dienen kann; und es ist doppelt falsch, wenn eine Strafvorschrift voraussehbarerweise die Zahl der Selbstmorde nicht meßbar verringern kann.“

bestimmungsrecht des Patienten aufgelöst, wobei die entgegengesetzten Werte aber von beiden aufrechthalten werden muss. Diese hing nicht einem abstrakten, moralischer-ethischer Anweisung zugrunde legenden Sozialwert, der z.B. die Sterbehilfe verbieten oder erlauben soll. Vor diesem Hintergrund konnten solche Bemühungen zu der jetzigen Rechtslage über die Sterbehilfe führen. Durch eine solche Reihe von Perspektiven gelangt die Sterbehilfeproblematik zu einer gesellschaftlichen Übereinstimmung, vor allem aber zu einer zwischen Ärzteschaft und Patienten balancierenden Begründung.

Aus dem Spiegelbild des Verlaufs der Entwicklungsdebatte über Sterbehilfe führt das strafrechtliche Argument über Suizidproblematik nicht unmittelbar zur Suizidprävention, sondern gewinnt dadurch vielmehr eine Art soziales Netz. Dem sozialen Sicherheitsnetz ist primär eine Funktion immanent, damit der Normadressat richtig über das Unrecht seiner Handlung entscheiden kann. Allerdings gewinnt die die Rechtssicherheit der zu begründenden Exkulpations-Lösung in diesem Kontext prima facie die Überzeugungskraft. Über diese Verteilung der Verantwortungsbereiche hinaus stellt sie sozusagen einen Ausweg für das Ausweichen der Verantwortlichkeit des am Suizid mitwirkenden Beteiligten sicher, ist dabei jedoch nicht die alleinige Aufgabe der Rechtsordnung.

Im Falle der Sterbehilfe obliegt es dem Arzt, nicht nur einen Verantwortungsbereich für seine Straffreiheit in gebührender Weise zu bemessen, sondern auch mangelfrei die Bedeutung und die Tragweite seiner Entscheidung und Handlung zu erkennen. Ebenso wie die Verpflichtung dem Arzt, den wirklichen Sterbewillen des (potentiellen) Opfers zu ermitteln, nimmt unsere gesamte Rechtsordnung dem Beteiligten am Suizid solche Sorgfältigkeit in Anspruch.

Vor diesem Hintergrund könnte die Wirkung der Suizidprophylaxe durch die Hinzufügung einer zusätzlichen Absicherung, d.h., die gegenüber der Exkulpations-Lösung streng geforderte Schwelle im Sinne der Einwilligungslösung für die Freiverantwortlichkeit des Suizids bzw. die weitende Prüfung über die nach beiden Lösungen nicht übereinstimmend erwartet werden; dies gilt insbesondere in Fällen, bei denen ein psychisch labiler Zustand gegeben ist. Wenngleich die Mitwirkung des Beteiligten ex post ohnedies als straflos beurteilt werden könnte, so kann diese durch zusätzliche Untersuchungen über die Freiverantwortlichkeit eine Rolle, den angeblich geeilten Suizidentschluss vorzubeugen, spielen. Möglich wäre auch, dass wenn die Mitwirkung des Beteiligten ebenso als strafbar beurteilt würde, solch ein strenge Aufforderung eine Möglichkeit, die Mitwirkung zurücktreten zu unterlassen, oder die rechtlich haltbare Begründung über die nach dem Suizid verteilte Verantwortlichkeit und Strafe zu garantieren, weil die ihm liegende Schwelle, hinter der er noch straflos bleibt, überschreitet und seine

Veranlassung, Ermöglichung, Förderung sowie Einleitung zum Suizid in den Verlauf des Suizids fortsetzt.

Bei der Bestimmung der Freiverantwortlichkeit nach der Exkulpations-Lösung, gemäß welcher selbige anhand ausdrücklicher Regelungen im Gesetzbuch im Sinne der §§ 19, 20, 35 StGB und § 3 JGG zur unzweideutigen Resultate führt, treten für das Befürworten der Exkulpationslösung vor allem die Vorhersehbarkeit der Ergebnisse[442] und die Abgrenzungssicherheit[443] in Vordergrund. Ironisch reduzieren sich diese Vorzüge aber auf die Schwäche in der Realität der Suizidsituation, weil die Mitwirkung am Suizid schnell durchgeführt werden kann, wie die Freiverantwortlichkeit des Suizids nach Exkulpationslösung schleunig beurteilt. Allenfalls beschränkt sich die Überzeugungskraft der Exkulpationslösung auf die dogmatische Klarheit unter Rechtssicherheit.

Ebenso wie dem voreilig getroffenen, kurzschlüssigen Entschluss zum Suizid vorzubeugen ist, ist auch der ohne Hemmung schnell durchgeführte Suizidverlauf abzuwenden. Wie eine Rechtslage, dass der Beteiligte durch das nur sehr formelle Kalkulieren über die Verantwortungsbereich ein tödliches Mittel für Suizidenten zu versorgen vermag und sogar die durch ein Motivirrtum erregenden Vortäuschung oder in der psychisch labilen Situation jemand anders zum Suizid verlassen darf, ohne ernsthaft über Leben und Tod bedacht zu erwägen und die Folge seiner Unterstützung genügend zu überlegen, führt die nach Exkulpationslösung Bestimmung der Freiverantwortlichkeit selbst beim ebenso schnell erwirkten Suizid dazu, dass die Mitwirkung des Beteiligten als ein nicht vorgeworfenes Verhalten aus dem ihm gesetzmäßig gewährenden Handlungsspielraum klassifiziert wird. Einerseits ist dieser weder von einer Person noch vom Gesetz geschützt. Andererseits fließt nur der unglückliche Todeserfolg ausschließlich zum Verantwortungsbereich des Sterbenden ein.

Warum soll ein Suizid also so schnell verlaufen? Es ist überhaupt nicht plausibel, dass jedermann einem zufällig auf der Straße getroffenen Lebensmüden unterhalb der Schwelle der Exkulpationslösung unverzüglich seinen Wunsch erfüllen darf.

So liegt hierin der Grund, warum sich der Abstand zum Bereich der Freiverantwortlichkeit des Suizidenten verringert, dass die Exkulpationslösung die strafrechtlichen Entschuldigungsregeln für Fremdschädigung heranzieht und die Grenzlinie der Verantwortlichkeit beim Suizid bestimmt. Daher ist der Beteiligte relativ nachlässig tätig bei Suizidsituation.

---

442 *Roxin* in: FS Goldtdammer's Archiv, 179; MüKo-*Schneider*, Vor §§ 211 ff. Rn. 62.

443 *Roxin* in: FS Goldtdammer's Archiv, 179; MüKo-*Schneider*, Vor §§ 211 ff. Rn. 55; siehe auch *Vöhringer*, Tötung auf Verlangen, 2008, 117.

Vor diesem Hintergrund verdient die strenge Aufforderung nach der Einwilligungslösung, also ein Kriterium mit der Möglichkeit, zu bestimmen, dass die Verantwortlichkeit des am Suizid Beteiligten in weiterem Umfang als die Konstellation der Fremdschädigung bejaht werden kann,[444] und demnach in Hinblick auf die Suizidprävention den Vorzug vor der Exkulpationslösung erhält.

VII. Fazit

Wenn der Fokus bei der Suizidproblematik nur auf einer theoretischen Konsequenz liegt, wird ein Suizid insoweit sehr wohl isolierend aus der Gesellschaft und der Rechtsordnung nonchalant sein, als der Außenstehende beim Suizidentschluss und Ausführungsstadium nicht mitwirkt. Die gesellschaftliche Sorge und ihr Interesse lohnen sich in diesem Fall nicht. Nichtsdestoweniger ist das Motiv und der Entschluss des eigenen Todes sehr skurril und beklagenswert.

Demgegenüber ist einwandfrei zu begründen, dass die Aufgabe der Rechtsordnung in einer Gesellschaft nicht nur darin begrenzt besteht, zu entscheiden, bis zu welcher Grenze es dem Adressanten zusteht, die aus strafrechtlichen Gründen dem Verantwortlichkeitsbereich befreiende Grenzlinie zu bestimmen. Daher kann sich dieser aus der Strafbarkeit entfernen, wogegen der Suizident allein in seinem eigenen Verantwortlichkeitsbereich davon zu trennen ist.

Warum soll das Strafrecht am „unrechtswidrigen" Tod interessieren? Der Bereich des Strafrechts hat ein besonderes Interesse am Suizid, obwohl weder Dritte noch die Allgemeinheit verletzt werden, weil über die Verantwortlichkeit eines Todes im Falle eines Suizids entschieden werden muss. Das Strafrecht greift nicht in der Konstellation von reinen, echten Suizid, sondern in der Suizidkonstellation, in welcher der Suizident und ein daran Beteiligter zusammen ein endgültiges Ergebnis bewerkstelligen, ein. Mit dem Strafrecht müsste es aufgeklärt werden, wer die Verantwortlichkeit für einen Tod und eine Beihilfe übernehmen muss, der Suizident oder der Beteiligter?

Die vorrangige Aufgabe des Strafrechts bei der Suizidproblematik ist das normative Werturteil. Dies sagt aus, ob eine Selbstbestimmung zum eigenen Tod vollends die Verantwortlichkeit des Beteiligten ausschneiden kann und daher im strafrechtlichen Kontext respektiert werden kann.

Im Hinblick auf die strafrechtliche Entscheidung über die Selbstbestimmung des Suizidenten ist es bedeutsam zu überlegen, welche wesentliche Merkmale bei

---

444 Diese Begründung hat eine gewisse Ähnlichkeit mit der normativen Differenz zwischen der Fremdschädigung und der Selbstschädigung; dazu statt vieler *Murmann*, Selbstverantwortung, 473 ff.; siehe auch NK-*Neumann*, vor § 211 Rn. 61.

der Suizidkonstellation für die Freiverantwortlichkeit anzufordern sind. Dies ist bereits vor der Anwendung der dogmatischen Kriterien wie Exkulpationslösung und Einwilligungslösung, anzuwenden.

Von dem Hintergrund der modernen Suizidforschung, dass ein eigenverantwortliches Handeln des Suizidenten nur in Ausnahmefällen liegt,[445] besteht die Gefahr, dass die Debatte um die Freiverantwortlichkeit bloß im spekulativen, fiktiven Bereich bleibt. Um die mögliche, überflüssige Normativität der Freiverantwortlichkeit zu vermeiden, ist nur die analoge Anwendung der an der Fremdverletzung zugeschnittenen Regelung nicht zureichend. Wer den Suizid begehen kann und darf? – solche Qualifikation vom Handlungssubjekt bei der Feststellung von der Wesentlichkeit der Freiverantwortlichkeit ist bedingt berechtigt. Um dies besser zu bestimmen, sind die dem Suizident konfrontierten, umfassenden Umstände zusätzlich zu betrachten. In diesem Sinne taucht die Überwindbarkeit als eine Alternative auf.

445 *Schreiber*, Strafbarkeit des assistierten Suizides? FS-Jakobs, 2007, 615 ff.

Zusammenfassung

In der Suizidproblematik kann die Frage nach der Verantwortlichkeit zwischen dem Suizidenten und dem Beteiligten nicht gemäß den allgemeinen Regeln des Strafrechts zur Teilnahmelehre, sondern nur mit dem Prinzip der Eigenverantwortlichkeit beantwortet werden. Daher muss eine angemessene Beurteilung der strafrechtlichen Suizidprobleme wie folgt lauten: Die Strafbarkeit des am Suizid Beteiligten ist insoweit auszuschließen, als der Suizident seine Tötungshandlung eigenverantwortlich vornimmt, also seitens einer äußeren Handlung mit der Entscheidung agiert, den unmittelbar zum Tod führenden Akt selbst zu vollziehen. Damit ist die straflose Beihilfe bzw. die angeblich strafbare mittelbare Täterschaft von der strafbaren Tötung auf Verlangen bzw. der Strafbarkeit gem. §§ 211, 212 StGB abzugrenzen; erfolgt der Suizid seitens einer inneren Perspektive mit der Entscheidung darüber, ob der Suizidentschluss auf mangel- bzw. fehlerfreien Entscheidung beruht, dann ist die straflose Beihilfe zum Suizid von der strafbaren mittelbaren Täterschaft abzugrenzen.

Problematisch ist demgegenüber die Bestimmung der Freiverantwortlichkeit des Suizids, wobei zu klären ist, unter welchen Voraussetzungen sich die Freiverantwortlichkeit des Suizidentschlusses ermitteln ließe. Dabei geht es also um die Frage, unter welchen Voraussetzungen der Suizident freiverantwortlich die Entscheidung zu seinem Suizid fällt, und ob ein Erfolg des durch die Tat initiierten Todes überhaupt vollumfänglich seinem Verantwortungsbereich zugerechnet werden könnte. In dieser Frage werden im Schrifttum zwei verschiedene Ansätze vertreten – die sog. Exkulpationslösung und die sog. Einwilligungslösung. Bei der Ersten von beiden handelt es sich um ein Prinzip, das die Freiverantwortlichkeit gemäß den Kriterien der strafrechtlichen Verantwortlichkeit in der Fremdschädigung, also §§ 19, 20, 35 StGB und § 3 JGG beurteilt. Die Letztgenannte, bei welcher es sich mittlerweile bereits um die herrschende Auffassung handelt, wird die Freiverantwortlichkeit grundsätzlich anhand der Maßstäbe für die Wirksamkeit einer rechtfertigenden Einwilligung bzw. nach der in § 216 StGB geforderten „Ernstlichkeit" des Sterbewillens ermittelt.

Im deutschen Strafgesetzbuch gelten die Vorschriften grundsätzlich nur für die fremde Rechtsgutbeeinträchtigung, nicht aber im Falle einer Selbstschädigung, wie sie durch Suizid hervorgerufen wird. Aus diesem Grunde ziehen beide Lösungsansätze analog zu der allgemeinen strafrechtlichen Regeln heran. Aus der Abwägung jeder der ins Feld geführten Ansätze folgt, dass sich unter dogmatischen oder kriminalpolitischen Gesichtspunkten keiner der beiden durch einen klaren Vorteil auszeichnet: die Exkulpationslösung wird im Wesentlichen aus Gründen der Rechtssicherheit bzw. der Vorhersehbarkeit der Ergebnisse sowie wegen der im Vergleich zur Einwilligungslösung möglichen Ausdehnung der Strafbarkeit vertreten. Im Gegensatz dazu befindet sich die Einwilligungslösung vor allem wegen der Berücksichtigung der normativen Differenz zwischen Fremd- und Selbstschädigung, der Suizidprävention, der modernen Suizidforschung sowie der Strafbarkeitslücke bei der Exkulpationslösung in strengerer Position. Vor dem Hintergrund dieser Pattsituation hängen die Maßstäbe der Freiverantwortlichkeit davon ab, wie groß die Gewichtung Suizidproblematik ausfällt.

Die vorliegende Dissertation geht grundsätzlich *a priori* von der Einwilligungslösung aus, gemäß welcher es beim Suizidproblem letztlich um das Rechtsgut Leben geht, so dass „bei einer Verfügung über das eigene Leben keine geringeren Anforderungen an die Mangelfreiheit der Willensbildung gestellt werden dürfen als bei der Einwilligung in eine Körperverletzung und bei der in § 216 StGB geforderten „Ernstlichkeit" des Sterbewillens". Vornehmlich ist es sehr fragwürdig, ob die Freiverantwortlichkeit des Suizidentschlusses wesentlich mit der negativen Prüfungsstruktur der Exkulpationslösung verifiziert werden kann. So zum Beispiel in einem Suizidfall, in welchem der Suizident volljährig ist und keinen schuldausschließenden seelischen Störungen mitsamt Notstandslage unterliegt, jedoch in Folge einer Kurzschlussreaktion, auf Grund von Impulsivität bzw. wegen einer Fehlvorstellung bzw. -information, die u.U. durch einen Beteiligten entstanden sind und ihn dazu veranlasst haben, den Suizid durchzuführen. Denn wäre ein Suizidentschluss dann tatsächlich noch als freiverantwortlich zu werten?

Bei der Überprüfung der Freiverantwortlichkeit der Suizidentenentscheidung soll eine korrelative Betrachtung herangezogen werden. Einerseits wird es darum gehen, der auf seiner Autonomie beruhenden Selbstbestimmung so stark wie möglich Rechnung zu tragen. Andererseits soll der unrechtserhebliche fremde Eingriff zu barrikadiert werden. Allerdings wird es nicht damit getan sein, das faktische Phänomen nur zu ermitteln. Vielmehr ist es erforderlich, unter gebührender Berücksichtigung des normativen Standpunktes das Gesamtgeschehen zu bewerten. Im gleichen Kontext darf dabei aber die Beeinflussung des Beteiligten nicht außer Acht gelassen werden. Freilich kann jeder Eingriff des Beteiligten zur Willensbildung des Suizidenten nicht automatisch zu seiner Verantwortlichkeit führen. Denn letztlich obliegt die endgültige Entscheidung über den Suizid immer dem Suizidenten.

In Fällen, in denen die Entscheidung der Freiverantwortlichkeit auf Kriterien der Einwilligungslösung beruht, ergibt sich schließlich noch eine letztlich Frage; nämlich inwieweit die Einsichts- und Urteilsfähigkeit bei der Suizidkonstellation eingeschränkt wird und wie normativ die Einwirkung des Beteiligten im Stadium der Willensbildung zu bewerten ist. Bei der Suizidproblematik genügt die Einsicht des Suizidenten in die Bedeutung und Tragweite seiner Handlung gewissermaßen als Vorsatzproblematik von Wissen und Wollen, wenn dieser sich des eigenen Todes im Sinne eines Erfolges genau bewusst wäre. Hierzu ist eine Entscheidung auszuschließen, ob der den Suizid induzierende Anlass von der Warte eines allgemeinen Blickwinkels hinzunehmen ist. Dies ist als rein subjektive Sache für das Motiv zu verstehen. Auch wenn sich der Entschluss auf einen skurrilen oder unvernünftigen Anlass ohne Mitwirkung des Außenstehenden gegründet, fällt der Tod dennoch in den Verantwortungsbereich des Suizidenten.

Der Beteiligte wird jedoch nicht der Verantwortlichkeit enthoben, wenn seine Einwirkung auf den Suizidentschluss die von vornherein immanente, eingeschränkte Urteilsfähigkeit des Suizidenten zusätzlich wesentlich beeinträchtigt oder aber ein durch Willensmängel verursachtes Defizit schafft. Demgemäß kommt die Strafbarkeit des Beteiligten in mittelbarer Täterschaft sogar in umstrittenen Fällen der Täuschung, des Irrtums sowie der Nötigung unterhalb der Schwelle des § 35 StGB in Betracht. Die finale Entscheidung obliegt zwar ausschließlich der Entscheidungsgewalt des Suizidenten, doch kann der böswillige Wunsch des Beteiligten, den Suizidenten sich selbst zu töten zu lassen, nicht mit Strafvorschriften geregelt werden; allerdings ist es unhaltbar, durchaus den Suizidenten dafür verantwortlich zu machen, die von Dritten geschaffenen bzw. durch ihr Wirken verschlechterten, defizitären Umstände zu überwinden.

Dabei spielt die Überwindbarkeit der vom Beteiligten verursachten Defizite als normatives Kriterium eine entscheidende Rolle. Hierzu zählen die sich selbst auslösenden – auf subjektivem Charakter beruhenden – Defizite sowie die vom Beteiligten induzierten, ausgenutzten bzw. bloß bekannt gemachten Defizite, die dem Ziel dienen, die Entscheidungsfähigkeit des Suizidenten in hohem Maße abzuschwächen. Darüber hinaus kommt es in Hinblick auf die normative Bewertung der Freiverantwortlichkeit darauf an, ob der Suizident solche Defizite selbst verhindern oder überwinden kann. Dabei kommt es darauf an, dies im Rekurs auf suizidspezifische Einsichts- und Urteilsfähigkeit zu entscheiden.

Die normative Entscheidung der Überwindbarkeit entspricht der in der Suizidkonstellation wesenhaft angelegten Autonomie des Einzelnen. Im Wesentlichen kann die Autonomie mit den Voraussetzungen der Selbstbestimmung und der damit verbindlichen Selbstverantwortung als höchsten Wert ins Dasein treten. Die Forderung der eingeschränkten Entscheidungsfähigkeit des Suizidenten gilt hier gleich, denn in der Suizidproblematik handelt es sich nicht um die objektive Mangelfreiheit, sondern um die subjektive Prüfung seitens des Suizidenten, des Selbstschädigenden sowie des selbst Handelnden. In diesem Zusammenhang ist also die normative Differenz der Selbstschädigung in vollem Umfang zu berücksichtigen.

Literaturverzeichnis

Ach, Johann S. Selbstbestimmt sterben, in: Ach/Bedenbecker-Busch/Kayß (Hrsg.), Grenzen des Lebens – Grenzen der Medizin, 1997, 137 ff.

Achenbach, Hans Beteiligung am Suizid und Sterbehilfe, Jura 2002, 542 ff.

Amelung, Knut Baustein des europäischen Strafrechts, in: Schünemann/Dias (Hrsg.), Coimbra-Symposium für Claus Roxin, 1995, 247 ff.

Améry, Jean Hand an sich legen. Ein Diskurs über den Freitod, 13. Aufl., 2008

von Aquin, Thomas Summa Theologiae, zitiert nach in: Speer (Hrsg.), Die Summa Theologiae: Werkinterpretationen, 2005

Arzt, Günther/Weber, Ulrich Strafrecht Besonderer Teil, Lehrbuch, Bielefeld 2000

St. Augustinus, Aurelius De civitate dei, Erstes Buch, Kap. 20., abgedruckt in: Horn (Hrsg.), Klassiker Auslegen, Bd. 11, 1997

Baltz, Petra Lebenserhaltung als Haftungsgrund, Berlin 2010

Baumann, Ursula Vom Recht auf den eigenen Tod, Die Geschichte des Suizids vom 18. Bis zum 20. Jahrhundert, Weimar 2001 (zitiert: *Baumann*, Vom Recht auf den eigenen Tod)

Bernsmann, Klaus Suizid und Depression, in: Bernsmann/Ulsenheimer (Hrsg.), Bochumer Beiträge zu aktuellen Strafrechtsthemen. Vorträge anlässlich des Symposions zum 70. Geburtstag von Gerd Geilen, 2003, 9 ff.

Benzenhöfer, Udo Der gute Tod?, Göttingen 2009

Beppel, Antje Ärztliche Aufklärung in der Rechtsprechung, Die Entwicklung der Rechtsprechung zur ärztlichen Aufklärung in Deutschland, Österreich und der Schweiz, Diss. Jur. Göttingen, 2007

Binding, Karl/Hoche, Alfred Die Freigabe der Vernichtung lebensunwerten Lebens: ihr Mass und ihre Form, Leipzig 1920 (zitiert: Binding/Hoche, Die Freigabe der Vernichtung lebensunwerten Lebens)

Brandts, Ricarda/Schlehofer, Horst Die täuschungsbedingte Selbsttötung im Lichte der Einwilligungslehre, JZ 1987, 442 ff.

Bott, Ingo/Volz, Sabine Die Anwendung und Interpretation des mysteriösen § 228 StGB, JA 2009, 421 ff.

Bottke, Wilfried Das Recht auf Suizid und Suizidverhütung, GA 1982, 346 ff.

Bottke, Wilfried Suizid und Strafrecht, Berlin 1982

Bottke, Wilfried Problem der Suizidbeteiligung, GA 1983, 22 ff.

Bringewat, Peter Die Strafbarkeit der Beteiligung an fremder Selbsttötung als Grenzproblem der Strafrechtsdogmatik, ZStW 87(1975), 623 ff.

Bronish, Thomas Der Suizid – Ursachen, Warnsignale, Prävention, München 1995 (zitiert: Der Suizid)
(z.B Fn. 62, 63 zitiert)

Brudermüller, Gerd/Marx, Wolfgang/Schüttauf, Konrad (Hrsg.) Suizid und Sterbehilfe, Würzburg 2003

Charalambakis, Aristotelis Selbsttötung aufgrund Irrtums und mittelbare Täterschaft, GA 1986, 485 ff.

Chatzikostas, Konstantinos Die Disponibilität des Rechtsgutes Leben in ihrer Bedeutung für die Probleme von Suizid und Euthanasie, Frankfurt am Main 2001 (zitiert: *Chatzikostas*, Die Disponibilität des Rechtsgutes Leben)

von Dellingshausen, Ulrike Sterbehilfe und die Grenzen der Lebenserhaltungspflicht des Arztes, Düsseldorf 1981

56. Deutscher Juristentag Verhandlung des 56. Deutschen Juristentages Berlin 1986, Bd. II Sitzungsberichte, München 1986

66. Deutscher Juristentag Verhandlung des 66. Deutschen Juristentages Stuttgart 2006, Bd. II/2 Sitzungsberichte, München 2006

Dölling, Dieter Fahrlässige Tötung bei Selbstgefährdung des Opfers, GA 1984, 71 ff.

Dölling, Dieter Suizid und unterlassene Hilfeleistung, NJW 1986, 1011 ff.

Dölling, Dieter Zur Strafbarkeit der Mitwirkung am Suizid, in: FS-Maiwald 2010, 119 ff.

Dreier, Horst Grenzen des Tötungsverbotes, JZ 2007, 261 ff. und 317 ff.

Durkheim, Émile Der Selbstmord, 1. Aufl., Suhrkamp Verlag 1983.

Duttge, Gunnar Anm. zu BGHSt 46, 279, NStZ 2001, 546 ff.

Duttge, Gunnar Sterbehilfe aus rechtsphilosophischer Sicht, GA 2001, 158 ff.

Duttge, Gunnar Lebensschutz und Selbstbestimmung am Lebensende, ZfL 2004, 30 ff.

Duttge, Gunnar Der Alternativ-Entwurf Sterbebegleitung (AE-StB) 2005, Ziel erreicht oder bloße Etappe auf langen Weg zu einer Gesamtregelung?, GA 2006, 573 ff.

Duttge, Gunnar Preis der Freiheit, Reichweite und Grenzen individueller Selbstbestimmung zwischen Leben und Tod, 2. Aufl., Frankfurt am Main 2006

Duttge, Gunnar Erfolgszurechnung und Opferverhalten – Zum Anwendungsbereich der einverständlichen Fremdgefährdung, Festschrift für Harro Otto zum 70. Geburtstag, 2007, 227 ff.

Duttge, Gunnar Der assistierte Suizid aus rechtlicher Sicht, Menschenwürdiges Sterben zwischen Patientenautonomie, ärztlichem Selbstverständnis und Kommerzialisierung, Zeitschrift für medizinische Ethik 2009, 257 ff.

Duttge, Gunnar Selbstbestimmung am Lebensende, Intensivmedizin mit 39. Ergänzungslieferung 2010, 1 ff.

Duttge, Gunnar Der Arzt als Unterlassungstäter, Festschrift für Heinz Schöch, 2010, 599 ff.

Duttge, Gunnar Arbeitsteilige Medizin zwischen Vertrauen und strafbarer Fahrlässigkeit, ZIS 2011, 349 ff.

Duttge, Gunnar Stellungnahme zum Referentenentwurf des BMJ „Gesetz zur Strafbarkeit der gewerbsmäßigen Förderung der Selbsttötung", ZfL 2012, 51 ff.

Eisele, Jörg Strafrecht, Besonderer Teil I, 2008

von Engelhardt, Dietrich Die Beurteilung des Suizids im Wandel der Geschichte, in: Wolfslast, Gabriele/Schmidt, Kurt W.(Hrsg.), Suizid und Suizidversuch, 2005, 11 ff.

Engländer, Armin Anm. zu OLG Nürnberg NJW 2003, 454, JZ 2003, 747 f.

Engländer, Armin Selbsttötung in mittelbarer Täterschaft, Jura 2004, 234 ff.

Enquete-Kommission des Deutschen Bundestages Schlussbericht: Recht und Ethik der modernen Medizin, v. 15. 5. 2002, BT-Drucks. 14/9020

Eser, Albin Sterbewille und ärztliche Verantwortung (Zugleich Stellungnahme zum Urteil des BGH im Fall Dr. Wittig), MedR, 1985, Heft 1, 6 ff.

Eser, Albin Freiheit zum Sterben - Kein Recht auf Tötung (Beitrag zum 56. DJT 1986), JZ 1986, 786 ff.

Eser, Albin Selbsttötung-juristische Beurteilung, Staatslexikon. Freiburg; Basel; Wien: Herder. 7 Aufl., Bd. 5 (1989), 1160 ff.

Feldmann, Mirja Die Strafbarkeit der Mitwirkungshandlungen am Suizid: ein Vergleich der Rechtslage in Deutschland und Spanien unter Berücksichtigung der historischen Entwicklung in beiden Ländern mit rechtspolitischer Ausrichtung, Berlin 2009

Fenner, Dagmar Gibt es überhaupt den „freien" oder „Bilanzsuizid"?, in: Petermann, Frank-Thomas (Hrsg.), Sterbehilfe, Grundsätzliche und praktische Fragen, Ein interdisziplinärer Diskurs, 249 ff.

Fink, Udo Selbstbestimmung und Selbsttötung, Verfassungsrechtliche Fragen im Zusammenhang mit Selbsttötungen, Köln 1992

Fücke, Ralf Das Vertrauen auf Selbstbestimmung, in: Von der Heinrich-Böll-Stiftung (Hrsg.), Die Freiheit zu sterben. 1.Aufl., Berlin 2007

Führ, Thorsten Die Abgrenzung von Tun und Unterlassen im Strafrecht, Jura 2006, 265 ff.

Gavela, Kallia Ärztlich assistierter Suizid und organisierte Sterbehilfe, Berlin-Heidelberg 2013

Geilen, Gerd Suizid und Mitverantwortung, JZ 1974, 145 ff.

Geilen, Gerd Examenklausur Strafrecht, Jura 1979, 201 ff.

Gropp, Walter Suizidbeteiligung und Sterbehilfe in der Rechtsprechung, Zugleich eine Besprechung des BGH-Urteils im Fall Wittig, NStZ 1985, 97 ff.

Große-Vehne, Vera Tötung auf Verlangen (§ 216 StGB), „Euthanasie" und Sterbehilfe, Reformdiskussion und Gesetzgebung seit 1870, Berlin 2005

Grundgesetz-Kommentar Münch, Ingo von/Kunig, Phillip (Hrsg.), Bd.1, 5. Aufl., München 2000

Günzel, Florian Das Recht auf Selbsttötung, seine Schranken und die strafrechtlichen Konsequenzen, Frankfurt am Main 2000

Haeckel, Ernst Ewigkeit. Weltkriegsgedanken über Leben und Tod, Religion und Entwicklungslehre, Berlin 1915

Heinrich, Bernd Strafrecht Allgemeiner Teil I, 2. Aufl., 2009.

Heller, Birgit Sterbehilfe im Hinduismus und Buddhismus: Gut Sterben unter den Bedingungen von Karma und Wiedergeburt, Religionswissenschaft Band16, Berlin 2008

Hellmann, Uwe Einverständliche Fremdgefährdung und objektive Zurechnung, in: Festschrift für Claus Roxin, 2001, 271 ff.

Henseler, Heinz Narzißtische Krisen: Zur Psychodynamik des Selbstmords, 2. Aufl.,1984

Herzberg, Rolf Dietrich Täterschaft und Teilnahme, München 1977

Herzberg, Rolf Dietrich Der Fall Hackethal: Strafbare Tötung auf Verlangen?, NJW 1986, 1635 ff.

Herzberg, Rolf Dietrich Straffreie Beteiligung am Suizid und gerechtfertigte Tötung auf Verlangen, JZ 1988, 182 ff.

Herzberg, Rolf Dietrich Straffreies Töten bei Eigenverantwortlichkeit des Opfers?, NStZ 1989, 559 ff.

Herzberg, Rolf Dietrich Eigenverantwortliche Selbsttötung und strafbarere Mitverursachung, Jura 2004, 670 ff.

Herzberg, Rolf Dietrich Vorsätzliche und fahrlässige Tötung bei ernstlichem Sterbebegehren des Opfers, NStZ 2004, 1 ff.

Hillenkamp, Thomas 40 Probleme aus dem Strafrecht, Besonderer Teil, 10. Aufl., 2004

Hirsch, Hans-Joachim Anm. zum BGH Urt. v. 18. 7. 1978, JR 1979, 429 ff.

Hoerster, Norbert Rechtsethische Überlegung zur Freigabe der Sterbehilfe, NJW 1986, 1786 ff.

Hohmann, Ralf/König, Pia Zur Begründung der strafrechtlichen Verantwortlichkeit in den Fällen der aktiven Suizidteilnahme, NStZ 1989, 304 ff

Ingelfinger, Ralph Grundlagen und Grenzbereiche des Tötungsverbots, Das Menschenleben als Schutzobjekt des Strafrechts, Heidelberg 2003 (zitiert: *Ingelfinger*, Grundlagen und Grenzbereiche des Tötungsverbots)

Ingelfinger, Ralph Tötungsverbot und Sterbehilfe, ZfL 2005, 38 ff.

Ingelfinger, Ralph Patientenautonomie und Strafrecht bei der Sterbebegleitung, JZ 2006, 821 ff.

Jakobs, Günther Zum Unrecht der Selbsttötung und der Tötung auf Verlangen, in: Festschrift für Arthur Kaufmann, Heidelberg 1993, 459 ff.

Jakobs, Günther Tötung auf Verlagen, Euthanasie und Strafrechtssystem, München 1998 (zitiert: Jakobs, Tötung auf Verlangen)

Janes/Schick Sterbehilfe-im Spiegel der Rechtstatsachenforschung, NStZ 2006, S. 484 ff.

Jescheck, Hans-Heinrich/Weigend, Thomas Lehrbuch des Strafrechts, Allgemeiner Teil, 5 Aufl., Berlin 1996

Jost, Adolf Das Recht auf den eigenen Tod, Göttingen 1895

Kämpfer, Ulf Das Recht auf den eigenen Tod - Sterbehilfe im deutschen Verfassungsrecht, in: hrsg. Von der Heinrich-Böll-Stiftung, Die Freiheit zu sterben. 1.Aufl., Berlin 2007

Kaufmann, Arthur Euthanasie - Selbsttötung - Tötung auf Verlangen, MedR 1983, 121 ff.

Kindhäuser, Urs Lehrbuch des Strafrechts Besonderer Teil I, 3. Aufl., 2007

Klinger, Alfred Die Strafbarkeit der Beteiligung an einer durch Täuschung herbeigeführten Selbsttötung, Dissertation, Bielefeld 1992

Klinkenberg, Henning Die Rechtspflicht zum Weiterleben und ihre Grenzen, JR 1979, 182 ff.

Klinkenberg, Henning Die Rechtspflicht zum Weiterleben und ihre Grenzen, Die Strafbarkeit der Teilnahme am Suizid, JR 1978, 441 ff.

Köhler, Michael Medizinische Forschung in der Behandlung des Notfallpatienten, NJW 2002, 853 ff.

Kreß, Hartmut Ärztlich assistierter Suizid, in: Huster/Sass/Vollmann/Zenz (Hrsg.), medizinethische Materialen, Heft 192, 2012

Krey, Volker/Heinrich, Manfred Strafrecht Besonderer Teil, Bd. 1, 14 Aufl., Stuttgart 2008

Kubiciel, Michael Tötung auf Verlangen und assistierter Suizid als selbstbestimmtes Sterben?, JZ 2009, 600 ff.

Kühl, Kristian „Wer einen Menschen tötet" – Der objektive Tatbestand des Totschlags gemäß § 212 StGB, JA 2009, 321 ff.

Kühl, Kristian Der Umgang des Strafrechts mit Moral und Sitten, JA 2009, 833 ff.

Kühl, Kristian Beteiligung an Selbsttötung und verlangte Fremdtötung, Jura 2010, Heft 2, 81 ff.

Kühl, Kristian Strafrecht Allgemeiner Teil, 7. Aufl., München 2012

Kühne, Hans-Heiner Strafrechtliche Aspekte der Suicid-Anwendung in Strafanstalten, NJW 1975, 671 ff.

Küpper, Georg Der Täter als „Werkzeug" des Opfers? – BGH, NJW 2003, 2326, und OLG Nürnberg, NJW 2003, 454, JuS, 2004, 757 ff.

Kusch, Roger Tabu Sterbehilfe, NJW 2006, 261 ff.

Kusch, Roger In Würde sterben – nur im Ausland?, NStZ 2007, 436 ff.

Kutzer, Klaus Strafrechtliche Grenzen der Sterbehilfe, NStZ 1994, 110 ff

Kutzer, Klaus Überlegungen zur Suizidrechtsprechung des Bundesgerichtshofes, in: Festschrift für Schöch 2010, 481 ff.

Laber, Jörg Der Schutz des Lebens im Strafrecht, Frankfurt am Main 1997

Lackner, Karl/Kühl, Kristian Kommentar zum Strafgesetzbuch, 26. Aufl., München 2007

Laskowski, Antje Vom Sterben und Tod im Mittelalter über Selbstmörder, ungetaufte Totgeburten, Sterbehospize und Leprakranke, Religionswissenschaft Band 16, Berlin 2008

Lasson, Maximillian Eigenverantwortliche Selbstgefährdung und einverständliche Fremdgefährdung, ZJS 4/2009, 359 ff.

Laufs, Adolf/Uhlenbruck, Wilhelm (Hrsg.) Handbuch des Arztes, 3. Aufl., München 2002 (zitiert: Laufs/Uhlenbruck-*Bearbeiter*, Handbuch des Arztrechts)

Leipziger Kommentar Jähnke, Burkhard/Laufhütte, Heinrich Willhelm/Odersky, Walter (Hrsg.), Großkommentar zum Strafgesetzbuch, Bd. 5, 11. Aufl., Berlin 2005 (zitiert: LK-*Bearbeiter*)

Lind, Vera Selbstmord in der Frühen Neuzeit: Diskurs, Lebenswelt und kultureller Wandel am Beispiel der Herzogtümer Schleswig und Holstein, Göttingen 1999 (zitiert: Lind, Selbstmord in der Frühen Neuzeit)

Lipp, Volker Selbstbestimmung und Vorsorge, in: Hrsg. Von der Heinrich-Böll-Stiftung, Die Freiheit zu sterben. 1. Aufl., Berlin 2007

Maurach, Reinhart/Schroeder, Friedrich-Christian/Maiwald, Manfred Strafrecht. Besonderer Teil, Tb.2, Straftaten gegen Gemeinschaftswerte, 8. Aufl., Heidelberg 1999

Merkel, Reinhard Teilnahme am Suizid – Tötung auf Verlangen – Euthanasie, Fragen an die Strafrechtsdogmatik, in: Hegselmann/Merkel (Hrsg.), Zur Debatte über Euthanasie: Beiträge und Stellungnahmen, 1. Aufl., Frankfurt am Main 1991, 71 ff.

Merkel, Reinhard Das Dammbruch-Argument in der Sterbehilfe-Debatte, in: Fateh-Moghadam/Sellmaier/Vossenkuhl (Hrsg.), Grenzen des Paternalismus, zum 60. Geburtstag Ulrich Schroth, 1. Aufl., 2010, S. 285 ff.

Meyer, Maria-Katharina Ausschluss der Autonomie durch Irrtum, Köln u.a. 1984

Mitsch, Wolfgang Bespr. von Amelung, Irrtum und Täuschung als Grundlage von Willensmängeln bei der Einwilligung des Verletzten, JZ 1999, 513 ff.

Mitsch, Wolfgang Grundfälle zu den Tötungsdelikten, JuS 1995, 888 ff.

Mittelstädt, Andrea Die rechtliche Struktur der ärztlichen Behandlung, in: hrsg. Von der Heinrich-Böll-Stiftung, Die Freiheit zu sterben. 1.Aufl., Berlin 2007

Momsen, Carsten Die Zumutbarkeit als Begrenzung strafrechtlicher Pflichten, Baden-Baden 2006

Murmann, Uwe Die Selbstverantwortung des Opfers im Strafrecht, Berlin, 2005

Murmann, Uwe Mittelbare Täterschaft, Grundwissen zur mittelbaren Täterschaft (§ 25 I 2. Alt. StGB), JA 2008, 321 ff.

Murmann, Uwe Grundkurs Strafrecht, 2. Auflage, 2013 (zitiert: GK)

Müller-Heidelberg, Till Das Recht auf Selbstbestimmung, in: hrsg. Von der Heinrich-Böll-Stiftung, Die Freiheit zu sterben. 1.Auflage Berlin. 2007

Müller, Thomas Die Lehre vom rechtsfreien Raum im Lichte des Suizids. Eine strafrechtsdogmatische, rechts- und moralphilosophische Studie am Grenzbereich des Rechts, Aachen 1999

Münchener Kommentar zum Strafgesetzbuch Joecks, Wolfgang/Miebach, Klaus (Hrsg.), 2. Aufl., München 2013 (zitiert: MüKo-*Bearbeiter*)

Neumann, Ulfrid Abgrenzung von Teilnahmen am Selbstmord und Tötung in mbT-BGHSt 32, 38, JuS 1985 S.677ff

Neumann, Ulfrid Die Strafbarkeit der Suizidbeteiligung als Problem der Eigenverantwortlichkeit des Opfers, JA 1987, 244 ff.

Neumann, Ulfrid/Saliger, Frank Sterbehilfe zwischen Selbstbestimmung und Fremdbestimmung, Kritische Anmerkung zur aktuellen Sterbehilfedebatte, HRRS 2006, 280 ff.

Niestroj, Christa Die rechtliche Bewertung der Selbsttötung und die Strafbarkeit der Suizidbeteiligung, Dissertation Göttingen 1983

Nomos Kommentar zum Strafgesetzbuch Kindhäuser, Urs/Neumann, Ulfrid/Paeffgen, Hans-Ullrich (Hrsg.), 4. Aufl., Baden Baden 2013 (zitiert: NK-*Bearbeiter*)

Oppenheim, Lassa Das ärztliche Recht zu körperlichen Engriffen an Kranken und Gesunden, Basel 1892

Otto, Harro Recht auf den eigenen Tod? Strafrecht im Spannungsverhältnis zwischen Lebenserhaltungspflicht und Selbsttötung, Gutachten D für den 56. Deutschen Juristentag, München 1986 (zitiert: *Otto*, Gutachten zum 56. DJT)

Otto, Harro Eigenverantwortliche Selbstschädigung und -gefährdung sowie einverständliche Fremdschädigung und -gefährdung, in: Jescheck, Hans-Heinrich/Volger, Theo (Hrsg.), Festschrift für Herbert Tröndle zum 70. Geburtstag, Berlin 1989, 157 ff.

Otto, Harro Die Bedeutung der eigenverantwortlichen Selbstgefährdung im Rahmen der Delikte gegen überindividuelle Rechtsgüter, Jura 1991, 443 ff.

Otto, Harro Anm. zum BayObLG, Beschluß v. 14. 2. 1997, JZ 1997, 521 ff.

Otto, Harro Grundkurs Strafrecht, 7. Aufl., 2004

Otto, Harro Patientenautonomie und Strafrecht bei der Sterbebegleitung, NJW 2006 S. 2217 ff

Pohlmeier, Hermann/Schöch, Heinz/Venzlaff, Ulrich Suizid zwischen Medizin und Recht, Stuttgart, 1996

Puppe, Ingeborg Die Selbstgefährdung des Verletzten beim Fahrlässigkeitsdelikt, ZIS 2007, 247 ff.

Puppe, Ingeborg BGH, Urt. v. 21.12.2011–2 StR 295/11, ZIS 2013, 45

Renzikowski, Joachim Eigenverantwortliche Selbstgefährdung, einverständliche Fremdgefährdung und ihre Grenzen, Besprechung zu BGH v. 20. 11. 2008–4 StR 328/08, HRRS 2009, 347 ff.

Ringel, Erwin Der Selbstmord: Abschluss einer krankenhaften psychischen Entwicklung, 10. Auflage, 2008

Rönnau, Thomas Voraussetzungen und Grenzen der Einwilligung im Strafrecht, Jura 2002, 665 ff.

Rönnau, Thomas Die Einwilligung als Instrument der Freiheitsbestätigung, Jura 2002, 595 ff.

Roxin, Claus Die Mitwirkung beim Suizid – ein Tötungsdelikt?, in: Jescheck, Hans-Heinrich/Lüttger, Hans (Hrsg.), Festschrift für Eduard Dreher zum 70. Geburtstag, Berlin 1977, 331 ff.

Roxin, Claus Abgrenzung der Tötungstäterschaft von Selbsttötungsteilnahme, Anm. zu BGH, Urteil vom 05.07.1983–1 StR 168/83 (SchwurGer. Baden-Baden), NStZ 1984, 70 ff.

Roxin, Claus Beteiligung an vorsätzlicher Selbstgefährdung, Anm. zu BGH, Urt. V. 14.2.1984(=NStZ 1984, 410), NStZ 1985, 410 ff.

Roxin, Claus Die Sterbehilfe im Spannungsfeld von Suizidteilnahme, erlaubtem Behandlungsabbruch und Tötung auf Verlangen, Zugleich eine Besprechung von BGH, NStZ 1987, 365 und LG Ravensburg NStZ 1987, 229, NStZ 1987, 345 ff.

Roxin, Claus Die Abgrenzung von strafloser Suizidteilnahme, strafbarem Tötungsdelikt und gerechtfertigter Euthanasie, Zu Reinhard Merkels „Fragen an die Strafrechtsdogmatik“, in: Wolter, Jürgen (Hrsg.), 140 Jahre Goltdammer’s Archiv für Strafrecht, Eine Würdigung zum 70. Geburtstag von Paul-Günter Pötz, Heidelberg 1993, 177 ff. (zitiert: Roxin, FS-GA)

Roxin, Claus Strafrecht, Allgemeiner Teil, Bd. I, 3. Aufl., München 1997

Roxin, Claus Zur einverständlichen Fremdgefährdung (Bspr. BGH, Urt. v. 20. 11. 2008), JZ 2009, 399 ff.

Roxin, Claus Täterschaft und Tatherrschaft, 3. Aufl., Berlin 1975; 8. Aufl., Berlin 2006 (zitiert: *Roxin*, TuT)

Roxin, Claus Selbstmord durch Einschaltung eines vorsatzlosen Tatmittlers, in: Dannecker, Gerhard [u. a.] (Hrsg.), Festschrift für Harro Otto zum 70. Geburtstag, Berlin-München 2007, 441 ff.

Roxin, Claus Tatbestandslose Tötung auf Verlangen, in: Pawlik, Michael/Zaczyk, Rainer (Hrsg.), Festschrift für Günther Jakobs zum 70. Geburtstag, München 2007, 571 ff.

Roxin, Claus Zur strafrechtlichen Beurteilung der Sterbehilfe, in: Roxin/Schroth (Hrsg.), Handbuch des Medizinstrafrechts, 4. Aufl., 2010, 75 ff.

Saliger, Frank Selbstbestimmung bis zuletzt, Rechtsgutachten zum Verbot organisierter Sterbehilfe, 2015

Scheffler, Uwe Aktive Sterbehilfe ist erlaubt!, in: Jan C. Joerden / Josef N. Neumann (Hrsg.), Medizinethik, Frankfurt am Main 2001, 45 ff.

Scheffler, Uwe Die Rechtsprechung des Bundesgerichtshofes zur Strafbarkeit des Mitwirkung am Suizid – besser als ihr Ruf?, Jahrbuch für Recht und Ethik 1999, 341 ff.

Schillig, Georg Abschied von Teilnahmeargument bei der Mitwirkung zur Selbsttötung, JZ 1979, 159 ff.

Schmidhäuser, Eberhard Selbstmord und Beteiligung am Selbstmord in strafrechtlicher Sicht in: Stratenwerth, Günter [u. a.] (Hrsg.), Festschrift für Hans Welzel zum 70. Geburtstag, Berlin 1974, 801 ff.

Schmitt, Rudolf Der Arzt und sein lebensmüder Patient – Zugleich eine Besprechung des Urteils des BGH vom 4. 7. 1984–3 StR 96/84, JZ 1984, 866 ff.

Schmitt, Rudolf Ärztliche Entscheidungen zwischen Leben und Tod in strafrechtlicher Sicht, JZ 1985, S. 365

Schmitt, Rudolf Die Pflicht zur Verhinderung von Selbsttötungen, JZ 1987, 400 ff.

Schöch, Heinz Strafrechtliche Verantwortlichkeit von Ärzten bei Suizidhandlung, in: Pohlmeier/Schöch/Venzlaff (Hrsg.), Suizid zwischen Medizin und Recht, Stuttgart 1996, 81 ff.

Schöch, Heinz Die Aufklärungspflicht des Arztes und ihre Grenzen, in: Roxin, / Schroth (Hrsg.), Handbuch des Medizinstrafrechts, 4. Aufl., 2010, 51 ff.

Schöch, Heinz Unterlassene Hilfeleistung, in: Roxin /Schroth (Hrsg.), Handbuch des Medizinstrafrechts, 4. Aufl., 2010, 161 ff.

Schöch, Heinz Strafbarkeit einer Förderung der Selbsttötung?', Festschrift für Kristian Kühl zum 70. Geburtstag, 2014

Schöch, Heinz/Verrel, Torsten Alternativ-Entwurf Sterbebegleitung (AE-StB), GA 2005, 553 ff.

Schönke, Adolf/Schröder, Horst (Hrsg.) Kommentar zum Strafgesetzbuch, 28. Aufl., München 2010 (zitiert: Sch/Sch-*Bearbeiter*)

Schreiber, Hans-Ludwig Das Recht auf den eigenen Tod – zur gesetzlichen Neuregelung der Sterbehilfe, NStZ 1986, 344 ff.

Schreiber, Hans-Ludwig Das ungelöste Problem der Sterbehilfe – Zu den neuen Entwürfen und Vorschlägen, NStZ 2006, 473 ff.

Schreiber, Hans-Ludwig Strafbarkeit des assistierten Suizides ? Festschrift für Günther Jakobs, Köln 2007

Schreiber, Hans-Ludwig Gesetzliche Regelung der Sterbehilfe in: Duttge (Hrsg.), Göttinger Schriften zum Medizinrecht, Band, Universitätsverlag Göttingen, 2007

Schroeder, Friedrich-Christian Beihilfe zum Selbstmord und Tötung auf Verlangen, ZStW 106(1994), 565 ff.

Schroth, Ulrich Ärztliches Handeln und strafrechtlicher Maßstab; Medizinische Eingriff ohne und mit Einwilligung, ohne und mit Indikation, in: Roxin / Schroth (Hrsg.), Handbuch des Medizinstrafrechts, 4. Aufl., 2010, 21 ff.

Schroth, Ulrich Schwerpunkt: 66. Deutscher Juristentag 2006, Sterbehilfe als strafrechtliches Problem, Selbstbestimmung und Schutzwürdigkeit des tödlich Kranken, GA 2006, 549 ff.

Schumann, Eva Dignitas-Voluntas-Vita: Überlegungen zur Sterbehilfe aus rechtshistorischer, interdisziplinärer und rechtsvergleichender Sicht, Göttinger Antrittsvorlesung im Januar, Göttingen 2006 (zitiert: Schumann, Dignitas-Voluntas-Vita)

Sternberg-Lieben, Detlev Anmerkung zu BGH, Urteil vom 7.2.2001–5 StR 474/00, JZ 2002, 153 ff.

Sternberg-Lieben, Detlev BGHSt 49, 34 ff. m. abl. Bespr., JuS 2004, 954 ff.

Sowada, Christoph Strafbares Unterlassen des behandelnden Arztes, der seinen Patienten nach einem Selbstmordversuch bewusstlos auffindet? - BGH, Urt. v. 4. 7. 1984–3 StR 96/84 = BGHSt 32, 367, Jura 1985, 5 ff.;

Spenden, Günter Fahrlässige Teilnahme an Selbst- und Fremdtötung, JuS 1974, 749 ff.

Stoecker, Ralf Ein wirklich ernstes philosophisches Problem, Philosophische Reflexionen über den Suizid, in: Zeitschrift für Bürgerrechte und Gesellschaftspolitik Nr. 175, Heft 3/2006, Sterben und Selbstbestimmung, 4 ff.

Stooss, Carl Chirurgische Operation und ärztliche Behandlung: eine strafrechtliche Studie, Berlin 1898

Spickhoff, Andreas Die Patientenautonomie am Lebensende: Ende der Patientenautonomie? Zur Feststellbarkeit und Durchsetzbarkeit des realen oder hypothetischen Willens des Patienten, NJW 2000, 2297 ff.

Strätling, Meinolfus W.M. Die Freiheit zu sterben: Anmerkungen aus Sicht der Medizin und der systematischen Medizinethik, in: Von der Heinrich-Böll-Stiftung (Hrsg.), Die Freiheit zu sterben. 1.Aufl., Berlin 2007

Systematischer Kommentar zum Strafgesetzbuch Rudolphi, Hans-Joachim/ Horn, Eckhard/Günther, Hans-Ludwig/Samson, Erich (Hrsg.), (zitiert: SK-*bearbeiter*)

Tenthoff, Christian Die Strafbarkeit der Tötung auf Verlangen im Lichte des Autonomieprinzips, Berlin 2008

Tolmein, Oliver Hilft eine gesetzliche Regelung von Patientenverfügungen die Konfliktlagen am Lebensende zu lösen?, in: Von der Heinrich-Böll-Stiftung (Hrsg.), Die Freiheit zu sterben. 1.Aufl., Berlin 2007

Ulsenheimer, Klaus Arztstrafrecht in der Praxis, 4. Aufl., Heidelberg 2008

Venetz, Petra Suizidhilfeorganisationen und Strafrecht, Luzern 2008

Verrel, Torsten Selbstbestimmungsrecht contra Lebensschutz, JZ 1996, 223 ff.

Verrel, Torsten Patientenautonomie und Strafrecht bei der Sterbebegleitung, Gutachten C zum 66. Deutschen Juristentag, München 2006 (zitiert: Verrel, Gutachten zum 66. DJT)

Vöhringer, Caroline Tötung auf Verlangen, Die Abgrenzung des § 216 StGB zur straflosen Beihilfe zum Suizid sowie das Verhältnis von privilegierenden zu qualifizierenden Tötungsumständen, Frankfurt am Main 2008 (zitiert: Vöhringer, Tötung auf Verlangen)

Wessels, Johannes/Beulke, Werner Strafrecht Allgemeiner Teil, 37. Aufl., Heidelberg 2007

Wessels, Johannes/Hettinger, Michael Strafrecht Besonderer Teil 1: Straftaten gegen Persönlichkeits- und Gemeinschaftswerte, 36. Aufl., Heidelberg 2012

Will, Rosemarie Für die Legalisierung von Sterbehilfe und Patientenverfügung, in: hrsg. Von der Heinrich-Böll-Stiftung, Die Freiheit zu sterben. 1. Aufl., Berlin 2007

Wittwer, Hector Selbsttötung als philosophisches Problem-Über die Rationalität und Moralität des Suizids, Paderborn 2003

Wolfersdorf, Manfred/Etzersdorfer, Elmar Suizid und Suizidprävention, Stuttgart 2011

Wolfslast, Gabriele/Schmidt, Kurt W (Hrsg.) Suizid und Suizidversuch, Ethische und rechtliche Herausforderung im klinischen Alltag, München 2005

Zaczyk, Rainer Strafrechtliches Unrecht und die Selbstverantwortung des Verletzten, Heidelberg 1993

Abkürzungsverzeichnis

a.A.	andere(r) Ansicht
a.a.O.	am angegebenen Ort
abl.	Ablehnend
Abs.	Absatz
abw.	Abweichend
AE-StB	Alternativ-Entwurf Sterbebegleitung
AE-Sterbehilfe	Alternativ-Entwurf eines Gesetzes über Sterbehilfe
ähnl.	ähnlich
allg.	allgemeine(r)
ALR	Allgemeines Landrecht für die Preußischen Staaten
Angekl.	Angeklagte
Anm.	Anmerkung
Art.	Artikel
AT	Allgemeiner Teil
Aufl.	Auflage
ausfl.	ausführlich
BÄK	Bundesärztekammer
BayObLG	Bayerisches Oberstes Landesgericht
BBl	Bundesblatt
Bd.	Band
Beschl.	Beschluss
BGB	Bürgerliches Gesetzbuch
BGH	Bundesgerichthof
BGHSt	Entscheidungen des Bundesgerichthof in Strafsachen [zitiert nach Band und Seite]
BR-Drs.	Bundesratsdrucksache
bsp.	Beispiel
bspw.	beispielweise
BT	Besonderer Teil
BT-Drs.	Bundestagsdrucksache
BtMG	Betäubungsmittelgesetz
BVerfG	Bundesverfassungsgericht
BVerfGE	Entscheidungen des Bundesverfassungsgerichts

bzgl.	bezüglich
bzw.	beziehungsweise
d.h.	das heißt
DÄBl.	Deutsches Ärzteblatt
ders.	derselbe
dies.	dieselbe; dieselben
Diss.	Dissertation
DJT	Deutscher Juristentag
EGMR	Europäischer Gerichthof für Menschenrechte
EMRK	Europäische Konvention zum Schutz der Menschenrecht und Grundfreiheiten vom 4. 11. 1950
Erg.	Ergebnis
e.V	eingetragener Verein
f.	folgende(r)
ff.	fortfolgende
Fn.	Fußnote
FS	Festschrift
GA	Golddammer's Archiv für Strafrecht
gem.	gemäß
GG	Grundgesetz für Bundesrepublik Deutschland
ggf.	gegebenenfalls
h. A.	herrschende Ansicht
h. L.	herrschende Lehre
h. M.	herrschende Meinung
HRRS	Online-Zeitschrift für Höchstrichterliche Rechtsprechung im Strafrecht
Hrsg.	Herausgeber
i. E.	im Ergebnis
i. S.	im Sinne
i. S. d.	im Sinne der(des)
i. S. v.	im Sinne von
i. V. m.	in Verbindung mit
ins.	insbesondere
JA	Juristische Arbeitsblätter
jStGB	Japanisches Strafgesetzbuch
JGG	Jugendgerichtsgesetz

Jura	Juristische Ausbildung
JuS	Juristische Schulung
JZ	Juristenzeitung
krit.	kritisch
kStGB	Koreanisches Strafgesetzbuch
LG	Landgericht
Lit.	Literatur
LK-StGB	Leipziger Kommentar zum Strafgesetzbuch
m. w. N.	mit weiteren Nachweisen
MedR	Medizinrecht
MüKo-StGB	Münchener Kommentar zum Strafgesetzbuch
NJW	Neue Juristische Wochenschrift
nlStGB	Niederländisches Strafgesetzbuch
Nr.	Nummer
NStZ	Neue Zeitschrift für Strafrecht
o.	oben
OLG	Oberlandgericht
OLGSt	Entscheidungen der Oberlandgerichte zum Straf- und Strafverfahrensrecht
öStGB	Österreichisches Strafgesetzbuch
OWiG	Gesetz über Ordnungswidrigkeiten in der Fassung der Bekanntmachung v. 19. 2. 1987 (BGBl. I S. 602), zuletzt geändert durch Art. 2 des Gesetzes v. 29. 7. 2009 (BGBl. I S. 2353)
Prof.	Professor
PrStGB	Strafgesetzbuch für die Preußischen Staaten
RG	Reichsgericht
Rn.	Randnummer
Rspr.	Rechtsprechung
RStGB	Strafgesetzbuch für das Deutsche Reich
S.	Satz, Seite
s.	siehe
s.o.	siehe oben
schwStGB	Schweizerisches Strafgesetzbuch v. 21. 12. 1937 (SR 311.0) (Stand am 1.1.2011)
sog.	so genannte(r)
StGB	Strafgesetzbuch

StPO	Strafprozessordnung
str.	strittig
s. u.	siehe unten
u.	unten, und
u.a.	unter anderem, und andere
usw.	und so weiter
v.	von
v. a.	vor allem
Var.	Variante
vgl.	vergleiche
z.B.	zum Beispiel
ZfL	Zeitschrift für Lebensrecht
ZIS	Zeitschrift für Internationale Strafrechtsdogmatik
zit.	zitiert
z. T	zum Teil
zust.	zustimmend
zutr.	zutreffend
ZStW	Zeitschrift für die gesamte Strafrechtswissenschaft

www.ingramcontent.com/pod-product-compliance
Ingram Content Group UK Ltd.
Pitfield, Milton Keynes, MK11 3LW, UK
UKHW021940290926
8980IPUK00016B/1722

9 783631 792704